高等院校通识教育课程"十三五"规划教材

认识武汉
An Introduction to Wuhan

主　编◎邓院方
副主编◎段浩伟　袁小轶　李旭冉
　　　　王　萍　高　嫄　沈　娟
　　　　王栗鹍　徐严华　李霓虹
　　　　彭国平

中国·武汉

内容简介

本书为适应人文通识课"认识武汉"而编写,在遵循史实叙事、把握发展规律的基础上,突出其浓郁的地域人文风情,从纵向的武汉先民奋斗求生进至城市近代化、现代化发展的史诗脉络,到横向的城市外围率先崛起逐渐聚焦中心的地理纹路。本书对帮助大学生提升政治素养、明确使命担当、培育和践行社会主义核心价值观、坚定理想信念具有重要的作用。希望学生通过本书的学习,能正确分析武汉的历史和现状,能正确预估武汉的未来,能为武汉的建设贡献自己的聪明才智,找准人生定位,实现自我价值。

图书在版编目(CIP)数据

认识武汉/邓院方主编. —武汉:华中科技大学出版社,2018.4(2025.1重印)
ISBN 978-7-5680-3944-4

Ⅰ.①认… Ⅱ.①邓… Ⅲ.①武汉-概况-高等职业教育-乡土教材 Ⅳ.①K926.31

中国版本图书馆 CIP 数据核字(2018)第 068287 号

认识武汉　　　　　　　　　　　　　　　　　　　　　　　　　邓院方　主编
Renshi Wuhan

策划编辑:张　毅
责任编辑:张　毅
封面设计:杨玉凡
责任校对:刘　竣
责任监印:朱　玢
出版发行:华中科技大学出版社(中国•武汉)　　电话:(027)81321913
　　　　　武汉市东湖新技术开发区华工科技园　　邮编:430223
录　　排:华中科技大学惠友文印中心
印　　刷:武汉邮科印务有限公司
开　　本:710mm×1000mm　1/16
印　　张:15
字　　数:302 千字
版　　次:2025 年 1 月第 1 版第 7 次印刷
定　　价:49.80 元

本书若有印装质量问题,请向出版社营销中心调换
全国免费服务热线:400-6679-118　竭诚为您服务
版权所有　侵权必究

前言 QIANYAN

"黄鹤楼中吹玉笛,江城五月落梅花。"唐代大诗人李白的兴会之作,赋予了武汉之城风雅千年的文化底蕴和传承至今的文教晟景基因。武汉,是我国著名的历史文化名城,位于祖国的人文地理中心,长江、汉水交汇,千峰、百湖相依,物华天宝、人杰地灵。今之武汉,作为在校大学生人数最多的青春之城,是百万游子负笈求学的第二故乡,其文博名胜星棋、高端赛会云集,莘莘学子学于斯、成于斯,是文情激扬、汗水挥洒的求学圣地。新时代的武汉之城,以其磅礴气势、卓越品质、亲和魅力、恢宏手笔,吸引和凝聚着四方贤才,精细描绘规划的长江新城,精心擘画的"武汉2049蓝图",撑起民族复兴中部崛起的战略支点。城因人才兴、人以城事旺,青年大学生增添了武汉之城"青春、梦想、活力、创新"的底色,而武汉亦以其开放包容、追求卓越、改革创新的情怀意志,为大学生提供了优良的成才之境。

作为武汉城市大家庭的重要成员,了解武汉、认识武汉可以丰富大学生业余精神生活,满足大学生主体成长的内在需要;提升其综合文化素质,坚定爱国主义信念;增强中国特色社会主义自信,自觉践行社会主义核心价值观,自觉担当起新时代的历史使命。习总书记在北大师生座谈会上讲道:"当代大学生是可爱、可信、可贵、可为的。"引导大学生认识武汉进而热爱武汉,既是完全可能的,也是有现实必要的。中共武汉市委为贯彻习近平新时代中国特色社会主义思想、认真执行中央惠汉的发展战略规划,结合武汉市市情实际,在政策上实施"人才强市"的"大学生留汉工程",同时因时应势,决定在市属高校率先开设"认识武汉"的人文通识课程,回应复兴大武汉的时代人才之需。

习总书记在全国高校思想政治工作会议的重要讲话中指出,引导学生"正确认识时代责任和历史使命,用中国梦激扬青春梦,为学生点亮理想的灯、照亮前行的路。"武汉城市的发展愿景就是大学生现实触摸的中国梦,认识武汉具有不言而喻的发展性育人功能。"认识武汉"的课程价值目标既定,教材建设至关重要。如何将流动的城市文明史、生动的城市发展进程以及璀璨明丽的现代化远景勾勒描

绘,将武汉之城的文明基因、城市气质以及精神特质形象展示出来,需要编者的高端的思想视野、深厚的学术功底、精致的话语叙事能力,而作为高校通识人文课程的教材,既要遵循内容的科学性、思想的学术性,还要符合"95后"大学生的阅读趣味、认知规律、学习方式和需求特点等,综合要求至高。

作为以"武汉城市"命名,且培养"服务于城市现代化"人才的高校,武汉城市职业学院尝试并探索"认识武汉"课程教材建设责无旁贷。现实中高校开创地方教育的人文通识课,没有先导的程式可依循,尤其是关于"认识武汉"主题的教育读本,只能发扬求真务实之精神,边做边学以臻至善。借此我校组织一批敬业教师团队,通过积极的内部研究探讨,外出学习求教,在充分调研的基础上研制和编写这本《认识武汉》教材(读本),以期突出思想人文教育导向,体现武汉城市精神底蕴,展现武汉之城魅力。全书以习近平新时代中国特色社会主义思想为指导,站在社会主义新时代发展的历史方位,以武汉城市的人文知识为元素,以武汉文明的历史进路为主线,以武汉民俗雅趣的流变为视角,涵盖民生经济、军事政治、社会风俗、历史流变、名人胜景等历史文化景观。

通读全书,我认为本书除了在相关内容的教材中较早成型,面向大学生群体之外,还有以下特点:

1. 学术性与可读性

在编写过程中,本书编委会多次召开会议,协商本书的整体架构、叙事体例、行文风格、内容原则、写作规范等,编委成员各司其职,分工合作。既有常态化的内部探讨论证,也有常规化的外出求询请教,力图在详尽占有相关资料的基础上,结合武汉史研究大家、地方志学者的意见,观照学术最新前沿研究成果,力图实现内容的学术体系能够有效转化为学生的知情意信行一体的人文素质体系。因此,全书在编写体例上,遵循人文通识读本的阅读兴趣规律,突出知识的雅致与俗趣共赏,突出理论的纵深与横路交织,以生动活泼、形象趣意的文风,图文并茂、理实交融的叙事体例,为大学生了解武汉、认识武汉、热爱武汉、融入武汉,以及增强自身人文素养和社会能力提供了工具性学习资源。本书在贴近大学生学习生活的基础上增强了可读性,实现了课堂认识武汉与课外体验武汉的有机融合。

2. 人文性与通俗性

武汉城市的丰富人文资源决定了本书的人文特色,"大江大湖大武汉"的开放情怀,码头商埠都市文化的雅俗互动,提供了本书的通俗品性。本书从俗至雅、大雅而寓大俗,推陈出新孕育武汉之城的人文品位。从遥远的石器时代"汉阳人"到青铜文明"盘龙古城"、从郤月、夏口双城矗立至汉口开埠、从民国武汉三镇合并到新中国成立以来大武汉复兴,武汉城市精神孕育、凝聚、生发,及至新时代之熠熠生辉,"敢为人先、追求卓越"的价值品质凝结为城市文化品格的精神内核。作为大学生学习的通识读本,希望学生通过自己的兴趣阅读和教师的趣味指导,能够在对武汉的认知、情感、意识、信念和行为各个层面深化、通透,既满足认识的兴趣需求,也能指导实践的趣味体验,促进人与城的融汇共生,城与人的和谐共进。在最具体的日常生活之境、最生动的城市风情之中,既以衣食住行的生活俗趣观照,也将武汉之城的人文内涵以通俗化的表述生成,达成大学生人文综合素质的优化与提升。

3. 知识性与趣味性

认识武汉的历史文化和社会风俗,既包括常识性的人文知识厘清与史诗脉络把握,也包括学术性的知识内涵与文化关联。古希腊先哲苏格拉底认为知识即是美德,培根也认为,知识就是力量。了解"第二故乡"武汉之城的"前世今生"及发展愿景,既是大学生文化素质综合构建的需要,也是其面向未来可持续发展的动力之源。故而本书呈现了丰富的知识群组,在知识的组织体系中注重思想教育的渗透,坚持知识叙事的科学性和未定认知的辩证理性。如在第一篇的章节叙事中,可以定论的"汉阳人"考古推断为新石器时代,盘龙城遗址为殷商时期,北方青铜文明南下扩散形成的"江汉文化遗迹",而未定结论的八分山勇夫洞遗址、元古代"汉阳鱼"的进化考证等则陈述较为辩证开放。本书在知识的叙事中,善于将学术性的史学概念、社会学理论,用趣味化的话语表达,用趣味性的素材传递展示,让静态的知识理论呈现出动态的鲜活生命力量。

4. 理论性与实践性

大学生作为知识理论修养相对较高的群体,也是理论发展需求较强的人群,必要的理论传递、理论探讨和理论建构,有利于其思维能力的发展,有利于拓展其人文素质的深度和广度。本书立足于学界当下可证的文史资料,在文史知识的传递中突出其思想性和理论性,而在理论的逻辑演绎中,注重理论联系实际,注重方法论的实践性引导。如书中大量的武汉城市景观的游历指南、武汉知名菜品小吃的文化底蕴、武汉著名高校的文化特色、武汉历史文化名人的成长经历等,不仅提供形而上的方法论指引,而且提供形而下的社会实践指南,力图使大学生正确理

解武汉发展现状和未来蓝图,力图使得大学生在丰富的实践体验中,知情内化而自觉外行。

本书由邓院方担任主编,段浩伟、袁小轶、李旭冉、王萍、高嫄、沈娟、王栗鹃、徐严华、李霓虹、彭国平担任副主编。具体编写分工如下:李霓虹和段浩伟编写第一章到第三章,李旭冉和彭国平编写第四章到第六章,王萍和高嫄编写第七章、第八章和第九章第二节,袁小轶编写绪论、第九章第一节和第十章第一节,沈娟编写绪论和第十章第二节,王栗鹃编写第十一章和第十二章,徐严华和彭国平编写第十三章到第十四章。全书由邓院方审稿、彭国平统稿。

我们期待这本书能够较好地满足大学生认识武汉、了解武汉的素质需求,满足大学生丰富的精神文化生活需要,能够反映我们对武汉之城的过去、现在和未来的教学、研究水平,给武汉地区城市通识人文教育带来新的气息与活力。为此,我们的编委会成员、教师团队竭尽全力、倾力付出,希望本书能够得到读者朋友的认可和喜爱。当然,由于水平有限,也希望借以抛砖引玉,得到更多专家学者之批评指正。

编　者

2018 年 3 月

目录 MULU

绪　论　武汉之概况 …………………………………………………… 1

第一篇　汉口开埠前的武汉

第一章　武汉之源 ……………………………………………… 16
第一节　揭开远古之谜 ……………………………………… 16
第二节　远古遗迹之探 ……………………………………… 17

第二章　武汉之根 ……………………………………………… 28
第一节　盘龙城之初见 ……………………………………… 28
第二节　盘龙城之文化 ……………………………………… 32

第三章　武汉之成 ……………………………………………… 39
第一节　三镇之源 …………………………………………… 39
第二节　三镇之成 …………………………………………… 43

第二篇　汉口开埠后到新中国成立前的武汉

第四章　武汉之兴 ……………………………………………… 50
第一节　汉口开埠 …………………………………………… 50
第二节　经济之生 …………………………………………… 56

第五章　武汉之幸 ……………………………………………… 59
第一节　武汉崛起之幸 ……………………………………… 59
第二节　武汉反帝之幸 ……………………………………… 64

第六章　武汉之宕 ……………………………………………… 68
第一节　武汉之涤宕 ………………………………………… 68
第二节　武汉之遁宕 ………………………………………… 75

第七章　武汉之荡 ……………………………………………… 93
第一节　武汉之动荡 ………………………………………… 93

  第二节 武汉之沦荡 ………………………………… 99
  第三节 武汉之虚荡 ………………………………… 103
第八章 武汉之变 ……………………………………………… 107
  第一节 武汉之革命 ………………………………… 107
  第二节 武汉之保卫 ………………………………… 115
  第三节 武汉之解放 ………………………………… 121

第三篇 新中国成立后到改革开放前的武汉

第九章 武汉之力 ……………………………………………… 128
  第一节 发展之骏力 ………………………………… 128
  第二节 发展之韧力 ………………………………… 134

第四篇 改革开放后及未来的武汉

第十章 武汉之谋划 …………………………………………… 140
  第一节 武汉之开放 ………………………………… 140
  第二节 武汉之战略 ………………………………… 143
第十一章 武汉之复兴 ………………………………………… 169
  第一节 武汉之机遇 ………………………………… 169
  第二节 武汉之趋势 ………………………………… 171
第十二章 武汉之愿景 ………………………………………… 175
  第一节 武汉之畅想 ………………………………… 175
  第二节 武汉之亮点 ………………………………… 186

第五篇 大 美 武 汉

第十三章 武汉之美景 ………………………………………… 192
  第一节 武汉之名胜 ………………………………… 192
  第二节 武汉之地名 ………………………………… 204
第十四章 武汉之人文 ………………………………………… 213
  第一节 武汉之人物 ………………………………… 213
  第二节 武汉之文化 ………………………………… 221
参考文献 …………………………………………………………… 231

绪 论 武汉之概况

我们生活、学习的这座城市叫作武汉,简称"汉",俗称"江城"。"江城"之称源自诗仙李白的一首诗《与史郎中钦听黄鹤楼上吹笛》:"一为迁客去长沙,西望长安不见家。黄鹤楼中吹玉笛,江城五月落梅花。"

武汉是湖北省省会,中国中部六省唯一的副省级城市和特大城市,中国中部地区的中心城市,中国重要的工业基地、科教基地和综合交通枢纽。武汉约有3500年建城史,是中国历史文化名城、楚文化的重要发祥地,也是中国近代工业重要发祥地和辛亥革命武昌首义之地。

武汉地处江汉平原东部、长江中下游,世界第三长河长江及其最大支流汉江在城中交汇,将武汉中心城区一分为三,形成武昌、汉口、汉阳三镇隔江鼎立的格局。其境域湖泊星罗棋布,号称"百湖之市",形成水系发达、山水交融的多态地形。武汉全市下辖13个行政区,土地总面积8569.15平方公里,2017年末常住人口1089.29万人,全市城镇化率80.04%,城市发展指数位列中部各城之首。

武汉边境东连鄂州市、黄石市和团风县,西临仙桃市、孝感市,南接咸宁市、洪湖市,北抵大悟县、红安县、麻城市。东端在新洲区徐古街将军山村,西端在蔡甸区侏儒山街国光村,南端为江夏区湖泗街刘均堡村,北端为黄陂区蔡店街李冲村。长江干流自西向东横贯汉南、蔡甸等区,市境流程达132.1公里。汉江从西向东由汉川市流入市境,在汉口集家嘴汇入长江,境内流程达62公里。长江、汉水在市区中心交汇,奔赴大海,形成通江达海的地理优势和"江汉朝宗"的壮丽景观。《尚书·禹贡》云:"江汉朝宗于海。"意思是说,江、汉二水由此汇合,一齐奔向大海。宗者,尊也。天下百川都以海为宗,如诸侯同心尊天子而朝事之。

武汉素有"九省通衢"之称,古时,从武汉循长江水道行进,可西上巴蜀,东下吴越,向北溯汉水而至豫陕,经洞庭湖而南达湘桂。如今,武汉地处长江黄金水道与京广高速铁路大动脉的十字交汇点,是中国内陆最大的水陆空交通枢纽之一。它距离北京、上海、广州、成都、西安等大城市都在1000公里左右,高铁网络辐射大半个中国,是中国经济地理的"心脏",具有承东启西、沟通南北、维系四方的作用。武汉拥有国际及地区航线数量58条,是华中地区唯一可直航亚、欧、美、澳四

大洲的城市,国际及地区年客运量突破200万人次,连年保持中部第一。

在中华民族辉煌璀璨的历史长河中,武汉这座城市留下了许多熠熠生辉的故事,她深厚的历史文化积淀、独特的个性魅力,是武汉人永远的骄傲。

一、武汉的行政区划

武汉市下辖江岸、江汉、硚口、汉阳、武昌、青山、洪山、东西湖、汉南、蔡甸、江夏、黄陂、新洲13个行政区。武汉市人民政府驻江岸区沿江大道188号。

1. 江岸区

江岸区是武汉市7个中心城区之一,位于长江北岸、武汉三镇之一汉口的东部,东邻黄陂区武湖街道,西沿江汉路、三眼桥路与江汉区接壤,南濒长江与武昌区、青山区和洪山区天兴乡隔江相望,北接东西湖区。江岸区是汉口的核心组成部分,是中共武汉市委、武汉市人民政府、武汉市人大常委会和武汉市政协所在地。江岸区现下辖16个街道,区人民政府驻江岸区六合路1号。

江岸区人文景观丰富,历史文化底蕴深厚,是具有光荣革命传统的城区:这里爆发过京汉铁路工人二七大罢工;第二次国内革命战争时期,中共领导武汉各界群众经过斗争,收回英租界,取得反帝斗争的胜利,使武汉成为革命中心;中共中央在这里召开了中共党史上著名的八七会议,等等。江岸区优秀历史建筑文化特色明显,自汉口开埠起,先后有英、俄、法、美、德等20多个国家在此设立领事馆,保留了原美国领事馆、原法国领事馆、宋庆龄故居等一批优秀历史建筑,形成了历史建筑街头博物馆。在鄱阳街、洞庭街、胜利街一带坐落着中国共产党八七会议会址、中华中国总工会旧址等,还有以历史优秀人物命名街道和学校,如岳飞街、黄兴路、向警予中学等。此外,江岸区还拥有解放公园、汉口江滩、古德寺等风景名胜。

2. 江汉区

江汉区位于汉口地区中部,是武汉市7个中心城区之一。江汉区境南临长江、汉江交汇处,分别与武昌区、汉阳区隔江相望;北抵张公堤,与东西湖区接壤;东、西两面各与江岸区、硚口区相邻。江汉区下辖13个街道,区人民政府驻江汉区新华路255号。

江汉区因地处长江与汉水交汇处而得名,自开埠以来,就是中国著名的大商埠、华夏"四大名镇"之一汉口的发源地。"楚中第一繁盛处"、"十里帆樯依市立,万家灯火彻宵明"正是当时江汉繁荣繁盛的生动写照。位于武汉市江汉区的江汉路步行街是中国最长的步行街,有"天下第一步行街"的美誉。它南起沿江大道,贯通中山大道、京汉大道,北至解放大道,是武汉著名的百年商业老街。此外,江汉区还拥有中山公园、武汉博物馆、武汉杂技厅、武汉广播电视台、武汉外国语学校、武汉市第一中学、华中科技大学同济医学院附属协和医院、武汉亚洲心脏病医院、武汉红十字会医院、汉口文化体育中心等文化、教育、卫生、体育机构。

3. 硚口区

硚口区是武汉市7个中心城区之一、汉口的核心组成部分。硚口区位于武汉市汉口西部,东接长江,与江汉区毗邻;南滨汉江,与汉阳区隔水相望;西抵舵落口、额头湾,北至张公堤与东西湖区接壤。硚口区下辖11个街道,区人民政府驻硚口区沿河大道518号。

硚口区地理区位独特,紧邻汉口火车站和天河国际机场,江汉一桥、江汉二桥、晴川桥、月湖桥等纵向启开汉口大门,分别连通市区内环线和中环线,十分便捷。此外,硚口区还拥有中国人民解放军海军工程大学、华中科技大学同济医学院附属同济医院、湖北省第三人民医院、武汉体育馆等文化、教育、卫生、体育机构。

4. 汉阳区

汉阳区是武汉市7个中心城区之一,地处武汉市西南部,东濒长江,北依汉水,与汉口、武昌隔江鼎立构成武汉三镇。汉阳区下辖11个街道,区人民政府驻汉阳区芳草路1号。汉阳交通发达,基础设施完善。全区沿江岸线32公里,拥有大小码头42个。杨泗港吊装码头可常年停靠5000吨级货轮。从汉阳中心区到武汉最大的铁路客运、货运站仅5公里,距武汉天河机场仅28公里。汉阳以都市工业、房地产业、文化旅游业、现代服务业四大产业为发展重点。

汉阳,知音的故事在这里发生,一曲高山流水使士大夫俞伯牙与樵夫钟子期在这里结为知己。汉阳是中国近现代工业的发祥地,汉阳铁厂、汉阳兵工厂享誉世界。汉阳至今还流传着大禹治水、俞伯牙钟子期高山流水遇知音、关羽洗马、李白夜游的传说,还有古琴台、归元禅寺、钟子期墓、祢衡墓、晴川阁、龟山、郎官湖、南纪门、武汉动物园、琴断口、升官渡等风景名胜。

5. 武昌区

武昌区是武汉市7个中心城区之一,位于武汉市东南部,与汉阳区、江汉区、江岸区隔江相望,北至余家头罗家港与青山区毗邻,东、南与洪山区洪山街道、青菱乡交错接壤,西傍长江,是湖北省委、省政府所在地。武昌区下辖14个街道,区人民政府驻武昌区中山路307号。

武昌区历史文化悠久,旅游资源丰富:中央农民运动讲习所旧址纪念馆、辛亥革命博物馆等被列入全国百个爱国主义教育示范基地;黄鹤楼公园、湖北省博物

馆、武昌首义文化旅游区、武汉市革命博物馆入选国家级旅游景区。此外,楚望台遗址公园、楚河汉街及户部巷、昙华林、都府堤等特色历史文化街区也是武昌旅游的新亮点。此外,武昌区还拥有武汉大学、湖北大学、武汉音乐学院、湖北美术学院昙华林校区、湖北省武昌实验中学、武汉中学、武汉大学人民医院、武汉大学中南医院等文化、教育、卫生机构。

6. 洪山区

洪山区是武汉市7个中心城区之一,位于长江之畔,东湖之滨。洪山区自西向东呈半圆形,东抵鄂州市,南与江夏区接壤,西与武昌、青山两区相邻,北与黄陂区、新洲区隔江相望,是武汉的东大门。洪山区下辖9街1乡,是武汉市以城带郊的中心城区,区人民政府驻洪山区珞狮路300号。

洪山区建立的时间并不久远,但在这块土地上演绎的人类繁衍与社会变迁的历史,却可以上溯到新石器时代。洪山区的历史文化底蕴十分深厚:关羽在伏虎山下卓刀取水以饮兵马;李白在东湖边放鹰吟诗以明志;民国两任总统黎元洪就安葬在洪山区的土公山上,等等。此外,洪山区还拥有华中科技大学、华中师范大学、华中农业大学、中南财经政法大学、中南民族大学、中国地质大学(武汉)、武汉理工大学等著名高等学府,以及武汉东湖生态旅游风景区、武汉九峰森林动物园、宝通寺、卓刀泉寺等风景名胜。

7. 青山区

青山区是武汉市7个中心城区之一,东与洪山区接壤,西南与武昌区毗邻,南倚武汉东湖生态旅游风景区,西北濒长江,与天兴洲隔江相望。青山区下辖10个街道,区人民政府驻青山区临江大道868号。

青山区是"一五"计划时期国家投资建设的新型工业基地,素有"十里钢城"的美誉,形成了冶金、化工、环保、电力、机械、船舶、建筑、建材八大支柱产业。

8. 远城区

武汉市远城区是对较晚划入武汉市行政区划的区的一种非正式称谓,与之相对的为主城区(或称中心城区)。主城区与远城区在执行政策、法规等方面有所区别。武汉市远城区有6个:东西湖区、江夏区、黄陂区、蔡甸区、汉南区、新洲区。

二、武汉的自然环境

1. 地质、地貌

武汉市地质结构以新华夏构造体系为主,几乎控制全市地质构造的轮廓。地貌属鄂东南丘陵经江汉平原东缘向大别山南麓低山丘陵过渡地区,中间低平,南北丘陵、岗垄环抱,北部低山林立。全市低山、丘陵、垄岗平原与平坦平原的面积分别占土地总面积的5.8%、12.3%、42.6%和39.3%,海拔高度在19.2米至873.7米之间,大部分在50米以下。

2. 气候

武汉市属北亚热带季风性(湿润)气候,具有常年雨量丰沛、热量充足、雨热同季、光热同季、冬冷夏热、四季分明等特点。年平均气温15.8~17.5 ℃,年无霜期一般为211~272天,年日照总时数1810~2100小时,年总辐射104~113千卡/平方厘米,年降水量1150~1450毫米;降雨集中在每年6—8月,占全年降雨量的40%左右。

3. 土壤

武汉市土壤种类繁多,共有8个土类、17个亚类、56个土属、323个土种。其中水稻土地面积占土地总面积的45.5%,黄棕壤土地面积占土地总面积的24.8%,潮土土地面积占土地总面积的17.0%,红壤土地面积占土地总面积的11.2%,石灰土、紫色土、草甸土、沼泽土等土地面积共占土地总面积的1.5%。

4. 水资源

武汉市江河纵横,河港沟渠交织,湖泊星罗棋布,滠水、府河、东荆河等从市区两侧汇入长江,形成以长江为干流的庞大水网。全市总水域面积达2217.6平方公里,占全市土地面积的26.1%。其中,5公里以上的河流有165条。全市有湖泊166个,其中城区内有湖泊43个。各类水库277座,其中大型水库3座,中型水库6座,总容量9.25亿立方米。共有塘堰8.51万口,蓄水能力3.3亿立方米。据测算分析,在正常年景,地下水静储量128亿立方米,地表水总量达7145亿立方米,其中境内降雨径流38亿立方米,过境客水7047亿立方米。水能资源理论蕴藏量2万千瓦。

5. 矿藏

武汉市已发现矿产33种,潜在经济价值8400多亿元。其中,冶金辅料和建筑材料储量最大,拥有全国最大的熔剂石灰石、白云岩、石英砂岩基地,膨润土矿储量1.18多亿吨,居全国第一位。现发现优质矿泉水、热泉8处。此外,还发现金矿点11处,铜矿点9处,锰矿、磷矿点各2处,并有5处发现石油、天然气的"油气显示"。

6. 植被

武汉市植物区系属中亚热带常绿阔叶林向北亚热带落叶阔叶林过渡的地带。据不完全统计,全市的蕨类和种子植物有 106 科、607 属、1066 种,兼具南方和北方植物区系成分。常绿阔叶林和落叶阔叶林组成的混交林是全市典型的植被类型。长江、汉江以南以樟树、楠竹、杉木、叶茶油茶、女贞、柑橘为代表;长江、汉江以北以马尾松、水杉、法桐、落羽松、栎、柿、栗等树种为主。

7. 动物资源

武汉市动物资源种类繁多,有畜禽、水生、药用、毛皮羽用、害虫天敌、国家保护动物等动物资源。畜禽动物主要有猪、牛、鸡等 10 余种、70 多个品种。鱼类资源有 11 目、22 科、88 种,主要经济鱼类有草、青、鲢等 20 余种。武昌鱼(团头鲂)在国际市场上享有较高的声誉,武汉已有大量繁殖。水禽有雁、鹳、鹅等 8 目、14 科、54 种。白鹳是国家一类保护的珍贵稀有水禽。特种经济水生动物有白鳍豚、江豚、鳖等。

三、武汉的交通建设

武汉地处我国中部、湖北省东南部,具有承东启西、接南纳北、通江达海、得天独厚的区位优势。

1. 公路

截至 2017 年底,武汉公路基本通达全省市州。国道/省道有 316 国道、318 国道、106 国道、107 国道等国道以及 16 条省道。高速公路有京珠高速公路、沪蓉高速公路、汉十高速公路、武汉机场高速公路、武汉天河机场第二高速公路、武汉外环线高速公路、汉蔡高速公路、汉宜高速公路、和左高速公路、武荆高速公路、汉洪高速公路、硚孝高速公路、岱黄高速公路、汉麻高速公路、武英高速公路、青郑高速公路、武黄高速公路、武汉三环线高速公路等高速公路。武汉内环线、武汉二环线是城市快速路。

另外,武汉正在积极建设武汉中心城区至武汉绕城公路(武汉外环线)卫星城镇及远城区半小时交通圈、武汉至"1+8"城市圈中的 8 个城市 1 小时交通圈、武汉至周边省会城市 4 小时交通圈。

2. 铁路

武汉素有九省通衢之称,是中国四大铁路枢纽之一。能把铁路枢纽如此集中

绪论 武汉之概况

地布局在一个城市,全国仅有北京、上海、广州、武汉四城。武汉是中国六大铁路客运中心之一,同时也是中国首个拥有三个特等客运火车站的城市,且三大客运火车站的运力日趋均衡,为缓解巨大的交通客流压力起到了极大作用。2013年,武汉的铁路客运量首次超越北京和广州,达到1.21亿人次,位居全国第一,武汉已成为全国最大的铁路运输中转站之一。2014年7月1日,随着宜万铁路正式通行动车,沪汉蓉铁路全线驶上"快轨",以武汉为中心,以沪汉蓉铁路与京广高铁交会的十字架为支撑,中国高铁稠密的"米"字网正式形成,武汉从此升级成为中国的"高铁之心"。

武汉未来铁路枢纽规划(2016—2030年)已获中国铁路总公司和湖北省政府批复,规划路网既有京广、合武、汉宜高铁,京广、武九、武康铁路及京九铁路汉麻联络线,以及武咸、武冈、武黄、汉孝城际铁路;也有武九高铁、武西高铁孝感东—十堰段、武汉新港江北铁路;还有规划铁路(近期(2020年)建设武西高铁武汉直通线及新汉阳站—京广高铁乌龙泉东站通道、武汉(黄冈)—黄梅铁路、京广铁路与武康铁路西北环线及相关联络线等;规划期(2030年)建设武汉—麻城(合肥)城际铁路及武汉枢纽直通线、武汉—天门城际铁路等)。武汉枢纽将逐步形成衔接京广、武西、武九高铁,汉孝、武咸、武冈、武天荆城际铁路及京广、武九、武康、合武、汉宜铁路,汉麻联络线等13条干线引入的环形放射状大型枢纽。客运系统布局将规划形成武汉、汉口、武昌、新汉阳以及流芳、天河北站"四主两辅"的客站布局。

3. 航空

武汉是华中地区航空中心,武汉先后曾有过南湖机场、王家墩机场、天河国际机场三个客运机场。在南湖机场迁往天河国际机场后,武汉也曾出现一座城市两个客运机场同时使用的情况。其后因武汉市城市开发的需要和航空业务的发展,原在王家墩机场运营的武汉航空公司(现中国东方航空武汉有限责任公司)也迁往武汉天河国际机场。

武汉天河国际机场位于武汉市黄陂区,距武汉市中心城区25公里,为4F级民用国际机场,是中国八大区域性枢纽机场之一、国际定期航班机场、对外开放的一类航空口岸及国际备降机场。2015年5月,机场成为实行72小时过境免签政策的航空口岸。

截至2017年7月,武汉天河国际机场拥有3座航站楼,总面积65.98万平方米;拥有2条跑道,长度分别为3400米和3600米;共有机位153个,货库2万平方米;可满足年旅客吞吐量3500万人次、货邮吞吐量44万吨、飞机起降40.4万架次的需要;共开通国内外航线170条,其中国际(地区)航线53条。

2016年,武汉天河国际机场旅客吞吐量2077.2万人次,同比增长9.7%;货邮吞吐量17.53万吨,同比增长13.3%;运输起降架次17.5万架次,同比增

长6.9%。

4. 航运

武汉是中国内河的重要港口,是长江中游航运中心和交通运输部定点的水铁联运主枢纽港,有汉南纱帽港、杨泗港、武汉港、阳逻港等港口。武汉还是中国内河通往沿海、近洋最大的启运港和到达港,武汉至上海洋山港"江海直达"航线是长江中上游地区首条通江达海的优质航线,阳逻港是国内首个也是唯一一个试行启运港退税政策的长江沿线港口。2010年,武汉新港吞吐量突破1亿吨大关,成为长江中上游首个"亿吨大港"。此外,武汉还是在长江流域和澜沧江以西(含澜沧江)区域内行使水行政主管职能的派出机构——水利部长江水利委员会的总部所在地,是中国内陆最大的船舶生产基地之一。武汉航运交易所是继上海、重庆、广州后,成立的中国第四个航交所。

近年来,国家及地方政府高度重视长江航运的开发,湖北省及武汉政府也加大了对武汉港口的投资力度,加上外资的引进,武汉港口的硬件设施将会在未来的几年里有一个质的飞跃,新增加大型船只泊位以及现代化的吊臂,以便为武汉的各个开发区的大小企业提供更好的运输服务,也为武汉的发展注入了新的活力。

5. 过江桥梁和隧道

武汉中心城区被长江及其最大支流汉江一分为三,因为独特的地理环境,武汉的过江桥梁和隧道众多。一座座形态各异的桥梁,跨越两江四岸,使得三镇间的交通、经济联系更加紧密。每多一座桥梁,便更添一分风采。

截至2017年底,武汉市域内的长江上建有武汉长江大桥(长江一桥、公铁两用桥)、武汉长江二桥、武汉白沙洲长江大桥(长江三桥)、武汉军山长江大桥(长江四桥)、武汉阳逻长江大桥(长江五桥)、武汉天兴洲长江大桥(长江六桥、公铁两用桥)、武汉二七长江大桥(长江七桥)、武汉鹦鹉洲长江大桥(长江八桥)、沌口长江公路大桥(长江九桥)7座公路长江大桥、2座公铁两用长江大桥,并正在建设武汉杨泗港长江大桥、武汉青山长江大桥。

武汉市域内的汉江上建有江汉桥(江汉一桥)、知音桥(江汉二桥)、晴川桥(江汉三桥)、月湖桥(江汉四桥)、长丰桥(江汉五桥)、古田桥(江汉六桥)、蔡甸汉江大桥等公路桥,以及汉江铁路桥等。

武汉市的过江隧道建有武汉长江隧道、武汉轨道交通2号线长江隧道、武汉轨道交通8号线长江隧道、武汉轨道交通3号线汉江隧道、武汉轨道交通6号线汉江隧道,并正在建设轨道交通7号线长江隧道(公铁两用隧道)。

绪论 武汉之概况

6. 城市公共交通

(1) 公共汽车

截至2017年12月,武汉公共汽车共有558条线路。其中城区专线209条,城区普线34条,城际专线4条,定制公交5条,微循环线82条,新城区线116条,旅游线路8条,机场大巴7条,水上公交12条,通宵巴士5条,郊区专线64条,郊区普线8条,高铁巴士3条,快速公交(BRT)1条。2017年,武汉首条快速公交(BRT)示范线正式开通运营。

(2) 轨道交通

武汉轨道交通是服务于武汉市的城市轨道交通,其首条线路——武汉轨道交通1号线于2004年7月28日开通运营,使武汉成为中国中部地区第一个开通轨道交通的城市。

截至2017年12月,武汉轨道交通运营线路共有7条,包括1号线、2号线、3号线、4号线、6号线、8号线、阳逻线,共167座车站,线路总长237公里,线路长度居中国大陆第7位。截至2017年12月,武汉轨道交通在建线路共有16条(段),包括2号线南延线、蔡甸线、5号线、7号线一期、纸坊线、8号线二期、8号线三期、11号线东段一期、11号线东段二期、12号线、前川线等线路,在建里程360公里。到2020年,武汉轨道交通将形成11条线路、总长达401公里的轨道交通线网,基本形成"主城联网、新城通线"的轨道交通网络系统。

(3) 有轨电车

武汉有轨电车大汉阳有轨电车T6线路,于2014年11月开工建设,2016年5月31日试跑,2017年7月28日通车,属于湖北省第一条有轨电车线路。光谷有轨电车T1、T2两条有轨电车线路于2018年1月18日向所有市民免费开放试乘一天。

(4) 轮渡

轮渡是武汉历史最悠久的公共交通方式,有107年的历史,往来于三镇间的轮渡线路达18条,5条线路为公交轮渡航线。有粤汉、武汉关、中华路、汉阳门、集家嘴、月亮湾、南岸嘴等近20处配套码头。轮渡鼎盛期年客运量达1.6亿人次,最高日载客量达30万人次。

四、武汉的经济发展

武汉,作为中国九省通衢的交通枢纽,自古就是一个"大码头"。码头的功能就是集散和流通,而城市也就是集散和流通的产物。武汉城市的发展变迁,与武汉码头的兴衰流变息息相关。从古至今,武汉的码头经济大约可划分为三个发展

阶段。

1. 内河经济时代

武汉的码头最早起源于内河,武汉有名可考的码头最早是1736年在汉江上修建的汉口天宝巷码头,码头停泊木船最大吨位约900吨。但在此以前,武汉就因横跨东西的长江和连通南北的汉水而成为重要的交通枢纽和战略要地。至明末清初,随着商品经济的发展,汉口即成为中部地区集散商货的著名码头。鸦片战争前,汉水口北岸即有"二十里长街八码头"之称谓。湖北、江西、四川等省及下江商人、徽商来汉进行贸易的商船,均有停泊的码头。当时汉水两岸所停泊的船只常在24000艘上下,一派繁忙景象,清人曾用"十里帆樯依市立,万家灯火彻宵明"的诗句将之喻为"不夜港"。

随着水上航运规模的扩大,汉水两岸港区已不能满足需要,码头开始向武昌江岸发展,人们在武昌城北武胜门外塘角(今武昌三层楼附近),开凿了一条人工小河,名下新河,用于专泊来自下江的盐船,"河中所泊盐船常绵延十余里",场景十分壮观。这是武汉码头发展的第一个大的阶段,被定义为"内河经济时代"。

2. 大江经济时代

19世纪60年代汉口开埠后,武汉码头的发展进入"大江经济时代"。随着租界建立和长江近代轮船运输的日益发展,临长江沿岸开始相继拓建一批近代轮运码头。1863年,英国宝顺洋行在今天津路建宝顺栈五码头,该码头为汉口港首座轮船码头。兴旺发达的港口码头使得武汉成为近代中国最重要的对外贸易口岸之一,汉口码头的年货物吞吐量仅次于上海,水陆航线可达海外诸国。20世纪七八十年代,武汉码头的航运依然繁盛。进入20世纪九十年代后,随着陆路、航空的迅猛发展,长江航运业"风光不再"。经历了二十年的整体萧条后,武汉码头如今显现出"复苏"的势头。2004年,长江中上游首家内地与港合资的武汉阳逻集装箱码头一期工程建成投产,其货物可在"48小时"通江达海。它将成为中国中西部直达海外的国际港和水水、水陆中转的枢纽港。武汉的码头正迈入第三大发展阶段——"海洋经济时代"。

3. 海洋经济时代

在工业经济发展到一定规模后,作为中部崛起领军城市的武汉要成为国际大都市,必将向以物流、金融、高新技术及服务业等产业为主导的现代商贸金融经济格局发展,其航运主业开始由长江向海洋延伸,并由单一码头(主要是水运)向立体大码头(水运、铁路、公路、航空及信息港等)转型,其码头文化也正面临从传统向现代的转型,一个全新的大码头文化格局正在中国中部重镇的武汉展开。

五、武汉的教育科研

1. 武汉智力之优

承担着国家全面创新改革试验、创新型城市试点任务的武汉,是国家重要的科教基地,是仅次于北京、上海的中国第三大科教中心。

2017年2月28日,武汉创造性地提出"百万校友资智回汉工程",邀约全球武汉校友智力回归、资本回归,助推武汉赶超发展。一批知名校友热烈响应,"回武汉"成为潮流。2017年5月26日,在汉高校校友总会联盟成立,统筹在汉高校校友的组织、协调、联络等工作,让校友资源不断向武汉聚集。截至2017年11月26日,武汉共举办9场"百万校友资智回汉"专场活动,校友签约项目总投资达13 014亿元,占2017年全市招商签约总额的五成多,形成强大气场,开创城市"校友经济"新模式。

(1) 人才新政提升城市核心竞争力

2017年以来,武汉市紧紧抓住在汉大学生和在汉高校校友两大关键群体,创造性地提出"四大资智聚汉工程",即"百万大学生留汉创业就业工程""百万校友资智回汉工程""高校科研成果转化对接工程""海外科创人才来汉发展工程"。目前,武汉市以"四大资智聚汉工程"为抓手,着力打通相关政策壁垒,积极营造起引才、留才、用才的浓厚氛围,在短时间内密集出台的一系列简明、务实、高效的具体措施已初见成效。

武汉以担当国家战略的生力军和排头兵为己任,将招才引智作为党政"一把手工程"列入"十项全局重点工作"之一,先后部署"四大资智聚汉工程",努力探索"人才引领创新、创新驱动发展"的新路子,打造"青年之城、梦想之城、创新之城、活力之城",建设全国重要的科技创新中心、具有全球影响力的产业创新中心。

(2) 首提全国开放无门槛大学生落户

2017年,武汉放宽落户条件,毕业3年内的普通高校大学生,凭毕业证、创业就业证明可申请登记为武汉市常住户口。武汉将推出三大核心举措:首先在全国放开无门槛大学生落户;争取让大学生以低于市场价20%的价格买到房子;率先出台大学生最低年薪标准,给大学生增加工资。

首开"百万校友资智回汉工程"大学专场,武汉成立了招才局和"在汉高校校友总会联盟",开启华中科技大学和武汉大学专场,汪潮涌、陈宗年、龚虹嘉、陈东升、孙宏斌、雷军等校友悉数回归。

首设"市科研成果转化局",武汉探索创立科技成果就地转化的新体制新机制,出台突破性政策举措,搭建科技转化服务平台,开展线上线下对接活动,促进

科技与资本、企业精准对接,努力把在汉高校院所的科研成果这个"富矿"充分挖掘出来,促进就地产业化,使武汉科教资源优势变成发展优势和竞争胜势,形成源源不断的现实生产力。

2. 武汉教育之优

作为中部地区的教育文化中心是武汉城市功能的一大特征。自元代开始,武汉即成为湖广地区的行政中心。明清以来,汉口成为中西部地区的经济中心。随着商品、资本、人才的不断聚集,武汉作为中部地区教育文化中心的地位始得以形成。近代武汉是华中地区经济与政治中心,其作为中部地区教育文化中心的地位也获得相应的发展。

武汉在长期的历史发展中成为中国重要的科教基地,是中国高等教育资源最集中的五大城市之一,拥有包括武汉大学、华中科技大学、华中师范大学、华中农业大学、中国地质大学、武汉理工大学等80多所高校,在校大学生多达130万人,是全世界大学生最多的城市。各类科研机构100多所,国家实验室1个(武汉光电国家实验室),国家级重点实验室27个,中国科学院与工程院院士65名。"中国光谷"所在地武汉东湖地区是中国较大智力密集区,在光通信(华中科技大学)、生物工程(华中农业大学、武汉大学)、激光(华中科技大学)、微电子技术(武汉理工大学)、农药学(华中师范大学)、地质及地质资源和新型材料(中国地质大学)等领域,科技开发实力处于全国领先地位。

(1) 教育发展跃上新台阶

学前教育基本普及,办园水平不断提升。实施两轮学前教育三年行动计划,积极扩大公办学前教育资源,江岸、黄陂等6个区成功创建"湖北省学前教育示范区"。

义务教育实现区域基本均衡,发展水平位居全国前列。在完成公办初中标准化建设的基础上,进一步完成430所公办小学标准化建设,创建254所素质教育特色学校,积极探索义务教育学区制管理模式和小班化教学,组建12个特色学校发展共同体,初步形成区域优质教育资源共享机制。

高中阶段教育全面普及,普职教育协调发展。通过"有保有调"措施大力推进高中阶段学校布局调整,优化教育结构,全市中等职业教育(含技工教育,下同)与普通高中招生规模保持大体相当,高中阶段教育发展更趋协调。积极推进普通高中优质多样化发展,教育质量不断提升。

职业教育快速发展,服务能力不断增强。中高职衔接立交桥成功搭建,产教融合、校企合作不断深入。

高等教育内涵发展,品牌专业、重点学科建设不断深化。特殊教育、民族教育持续发展,社会影响力进一步扩大。特殊教育、工读教育服务社会能力增强。

(2)教育公平迈出新步伐

学校布局更加均衡。2014年,武汉市人民政府颁布《武汉市普通中小学布局规划(2013—2020年)》,将普通中小学规划布局由主城区扩展到整个武汉市域,建立了城乡均衡分布的规划布局体系。

教育投入更有保障。以政府为主的教育投入机制进一步完善,各学段生均公用经费标准处于全国同类城市前列,学校运转保障能力得到进一步加强。教育经费向农村和边远薄弱学校倾斜,全面推行城乡统一的生均公用经费拨款制度。

资助范围更为广泛。将学前教育和研究生教育纳入"十二五"全市教育资助体系,实现了教育资助体系从学前教育到高等教育全覆盖。

条件改善更加显著。全面实施教育信息化建设工程,完成中小学信息化"三通"(即宽带网络校校通、优质资源班班通、网络学习空间人人通)建设。全市中心小学以上学校体育运动场实现全塑化。改善农村中小学食堂和厕所条件,农村教师居住条件初步改善。

入学招生更加规范。坚持义务教育政府通知入学制度,严格实行"划片对口、免试就近"入学,向社会公开义务教育入学范围,不断完善中考招生分配生政策,示范高中分配生比例提高到50%。

师资配置更加合理。坚持公开招聘主渠道补充和优化教师队伍,加大义务教育学校教师交流力度。

(3)教育改革取得新突破

全面深化课程改革。开展义务教育学业质量监测,形成具有武汉特色的有效德育"五大体系"、高效课堂评价标准和教学模式,有效德育、高效课堂两项工程均获首届全国基础教育教学成果二等奖。

承担多项国家级教育改革实验。中小学教育质量综合评价改革实验、国家教育云试点、中小学心理健康教育国家示范区建设稳步推进。

改革考试招生制度。减少中考统考时间和考试科目,减轻学生负担。实施"3+2"中高职分段培养改革,实施"知识+技能"技能高考,吸引了一批优质生源就读职业教育。

推进教师人事制度改革。积极推进"按需设岗,双向选择,逐级聘任,绩效考核"的中小学教师岗位聘用机制。

不断推进办学体制改革。清理规范中小学改制学校,全市7所优质高中分校全面停止招生,54所义务教育改制校11所规范为民办学校,其余全部回归公办。市级层面设立民办教育发展专项资金,扶持民办教育特色发展。

积极推进教育对外开放。出台《市教育局关于扩大教育对外开放的实施意见》和首轮《武汉市推进教育国际化三年行动计划》,全市外籍人员子女学校数量增至3所,中外合作办学项目(机构)达到21个,获得聘请外国文教专家资格单位

达220余家。

(4) 教育管理呈现新面貌

教育法治工作取得新进展。出台《武汉市中小学校安全条例》《武汉市学前教育管理办法》《义务教育学校管理规程》《武汉市校园安全视频系统建设使用管理办法(试行)》等地方性法规和文件。成立全市教育系统法律顾问团,基本完成全市中小学章程建设。创建省级依法治校示范校29所。语言文字依法治理能力和社会应用规范水平明显提升。党风廉政建设和信访安全稳定工作取得新成效。制定教育系统惩治和预防腐败体系五年规划及落实"两个责任"的实施意见。行政权力和政务服务事项得到清理和规范,教育政风行风群众满意度不断提高。总结形成《武汉市中小学校平安校园常规管理手册》,认真履行"稳定第一责任",全市教育系统持续保持和谐稳定良好局面。教育影响力不断提升。

(5) 五大发展新理念要求教育发展明确新方向

党的十八届五中全会提出的"创新、协调、绿色、开放、共享"五大发展新理念,为武汉的教育"十三五"规划指明了发展方向,是推动教育改革与发展的重要指南。

城市发展的新定位对人才培养提出新要求。国家赋予武汉"超大城市"的新定位,建设国家中心城市、国家创新型城市的新愿景,对武汉的城市功能和人才培养结构、方式均提出了新的更高的要求,迫切需要武汉教育进一步变革人才培养模式,注重学生创新精神、实践能力与社会责任感的培养,主动适应新技术革命对教育带来的新挑战;迫切需要发挥武汉高校人才智力资源优势,提高科技创新能力,助推产学研深度融合;迫切需要培养与武汉市经济社会发展相适应的有文化、有道德的文明市民,为发挥超大城市的引领作用、打造内陆开放型经济高地服务。

人口变化的新趋势要求教育做好新应对。国家户籍制度改革、计划生育政策调整以及区域协调发展政策的实施,对教育人口的规模、结构都将产生重大影响。武汉应主动适应人口的这种变化趋势,未雨绸缪,为新一轮学前、小学入学高峰,局部教育资源不足地区适龄人口入学,以及社会成员多元化、个性化的终身学习需求提前做好应对措施。

人民群众的新期盼要求教育做出新回应。"十三五"时期,加快形成惠及全民的公平教育、提供更加丰富的优质教育和构建体系完备的终身教育是人民群众对教育的新期盼,要通过均衡师资、均衡生源、均衡办学条件,加快缩小城乡、区域、校际之间的发展差距,并通过率先实现教育思想、教育内容、教育手段、教师队伍、教育方式、教育管理、教育评价等的现代化,实现高质量的公平教育、高水平的优质教育和可选择的多样化教育。要切实保障困难家庭子女、进城务工人员随迁子女和农村留守儿童等群体获得平等的受教育机会和条件,从公平的机会走向公平的过程和质量。

第一篇
汉口开埠前的武汉

　　回顾武汉城市的文明史,会发现三大规律:文化的演进遵循空间的外围先发而逐渐向内城包围推进;军事地位先发凸显,而经济文化价值后生延绵;东西南北多元文化交融互渗,中原文明占其主流。

　　武汉之城的古代历史叙事,沿着这三条规律展开,以当前可证共识的史实为骨干和辐射点,以文史资料、诗文吟诵、口述传说等血肉,力图营造立体多态的历史武汉。如史前文明以最典型的发现"汉阳人"为代表(汉阳人化石的研究比较成熟,影响较大,形成学理共识),以武汉其他地区各出土发掘的人类古化石为辅,揭示武汉地区先民灿若群星的活动遗迹。同理,奴隶社会时期以江北的盘龙古城为代表,其大量的青铜器和文物研究较为成熟,影响力大;封建社会时期以长江两岸的却月和夏口双城为代表,构成了近代武汉三镇的建制雏形;明代汉水改道,汉口从汉阳脱离出并日益兴盛,成为明末资本主义萌芽时期"四镇"之首,为近代武汉之城的崛起之基。

第一章 武汉之源

第一节 揭开远古之谜

  武汉这座雄踞祖国中部的中心城市,在亿万年前却是一派汪洋大海——扬子海。距今18亿到2亿年前的元古代和早古生代时期,今天的武汉市域水天茫茫。汉阳市区中心西6公里的锅顶山上发现汉阳鱼化石——一种没有下巴的古生物,就是证明。这种鱼虽无下巴,但口能张合摄食。扬子海就成了古海洋动物的乐园、汉阳鱼的故乡。随着漫长、多变的地壳运动,武汉地区多次发生海陆交替。但直到2亿年前,武汉还是汪洋一片,水下沉积的泥土,高低起伏,形成了武汉今天山系的基础。后来巨大的地质变动,将海水挤出大地,将"沧海变桑田",沉积海底的地层横出水面,上升成陆地。

  大约距今1亿5000万年到1亿年前,长江中下游发生的地壳运动把武汉地区出水的地面又隆起成山,形成的两列山系构成了武汉地形骨架。一列从汉阳汤家山、龟山至武昌小龟山、吹笛山、横山;一列从汉阳米粮山、扁担山到武昌蛇山、洪山、石门峰。山成之时,受长期风雨剥蚀和江河冲刷,武汉形成今日的山、河、湖、陆相间的地理面貌。

  约7000万年前,地壳仍在运动,武汉地层呈垂直升降、断块升降,造成了今天武汉地势的低洼。今天湘、鄂两省之交的云梦泽,在当时其东端已伸入今天的武汉地区。后云梦泽不断缩小,加上长江、汉水在这里运行、交汇,江河的冲刷和改道,也不断在改变和割裂武汉地貌。这诸多因素,使地势低平的武汉地区河网密度大,水域面积宽,出现许多湖泊和港汊,成为"百湖之市"。

  1998年5月,在湖北通山县一个采石场发现了一块距今2.3亿年的古棘鱼化石,再次证明2亿年前武汉和鄂东南还是一片海洋。

  在远古洪荒时代,万物霜天竞自由,人类也开始进入江汉地区,开凿出这里的文明史。关于武汉早期的人类文明史,在中华人民共和国建立之前一半是传说,一半是猜测,真正揭开武汉远古之谜的,是新中国成立后的一系列考古发掘。大量的考古发掘证明,不仅黄河流域是中华民族的摇篮,长江流域也是中华民族的摇篮。

在湖北地区,1956年在湖北长阳赵家堰就发掘到旧石器时代中期距今20万年的长阳人化石。在郧县则发掘到比长阳人化石更早的郧县猿人化石。1992年在郧县又发掘出南方古猿头骨化石,这具头骨距今已有五六十万年。1971年和1972年,在武汉地区的大冶石龙头也发现了旧石器时代早期遗址。

1997年,在武汉市汉南区纱帽山(见图1-1)的长江边上,汉南区干部毛凑元获得一具头盖骨化石(见图1-2),经贾兰坡等考古名家考察和检验,该头盖骨化石是距今50 000—10 000年的一位25—35岁的女性的头盖骨化石,为晚期智人类型,该女性被命名为"汉阳人"。其形态特征与四川资阳人特征相近,可能与四川资阳人、北京山顶洞人时代相当。该头盖骨的发掘,展示出人类在武汉地区的生存和活动何等古老。

图1-1　纱帽山遗址

图1-2　"汉阳人"头盖骨化石

第二节　远古遗迹之探

一、灿若群星的武汉史前遗迹

武汉地区的史前遗迹,除了"汉阳人"头盖骨化石,还有诸多其他遗存,如武汉市江夏区八分山(见图1-3),在旧石器时代就有先民居住。江夏区八分山海拔272.3米,位于纸坊城区西北,因山有水,分流如八字而得名。八分山上的主要景点有慈云寺、子午石、白云洞(见图1-4)等。1985年,江夏区八分山白云洞附近数米处一个叫勇夫洞的小石洞中,考古发掘出乳齿象、剑齿象、牛、熊、斑鹿、驯鹿、竹

图 1-3　八分山

图 1-4　白云洞

鼠等哺乳动物的牙骨角化石。经有关专家鉴定,其时间在旧石器时代晚期,大约距今 18 000—10 000 年。

以八分山白云洞的勇夫洞为先声,武汉市江夏区有新石器时代遗址 15 处,均属新石器时代晚期遗存。晚期早段为屈家岭文化,距今约 5000 年,有纸坊的棺山遗址、烽火台遗址,五里界的潘柳村遗址,金口的龙床矶遗址、香炉山遗址,山坡的铜留底遗址,郑店的锣鼓包遗址,豹澥的神墩遗址、枫墩遗址等,晚期晚段为石家河文化。

据历史学家考证,武汉地区新石器时代古人类活动遗址不下 45 处,前后承续大溪文化—屈家岭文化—石家河文化 3 个发展阶段。由此可见,旧石器时代过渡到新石器时代,在长江中游地区的考古发掘中,发现了这一时期以红陶为主的大溪文化,以黑陶、灰陶为主的屈家岭文化和稍后的龙山文化等大量遗存,分布在武汉和周边的江汉平原,进一步确证了武汉地区先民的创世活动,确证了远古武汉的人类足迹。

"汉阳人"发现于汉南纱帽山江滩,这一事实表明武汉的人类活动最初出现在武汉的外缘区。如果我们将武汉今天的市中心区——江汉交汇的武汉三镇,即武昌、汉阳、汉口作为核心区的话,城墙以外的郊野均属于外缘区。如武昌的水果湖、汉口的东西湖、汉阳的十里铺,均属当时的外缘区(今天这些地区已演变为市区了)。武汉的形成和发展首先起自外缘区,在外缘区出现人类活动遗址遗踪和人类化石,进而出现居民区和城址,如黄陂盘龙城等。新石器时代距今 10 000—5000 年,这是一个蕴藏着无数历史之谜的人类阶段,人们以血缘为纽带结成原始氏族公社,聚族而居,生息繁衍。

中华人民共和国成立后,武汉外缘区相继发现了属屈家岭文化范畴,距今 6500—5000 年的放鹰台、老人桥、马投潭、许家墩、棋子墩等 100 多个新石器时代遗址。

1965 年发掘的放鹰台遗址(见图 1-5)地处武昌东湖西岸。过去,这里也属武汉外缘区。先民们的遗存掩埋于一高出周围地面的土台,面积约 2500 平方米。

1965年对放鹰台遗址发掘,发现了大量掺杂稻壳的红烧土,这些稻壳与京山屈家岭、天门石家河等遗址的发现相同。出土的磨光石器有斧、锛、铲,陶器有鼎、甑、碗、罐、纺轮等,多为黑灰色。遗址上还保存着许多红烧土的房屋建筑遗迹。这些发现说明武汉先民此时已是一个有固定居所的原始农业氏族。由放鹰台遗址中稻壳的发现可知,距今约4000—5000年前的武汉地区开始种植水稻了。

洪山周家湾的老人桥遗址(见图1-6)于1958年发现,为一高出周围地面的台地,约9000平方米,为新石器时代末期人类聚居遗址。遗物有凿状鼎、扁平鼎、灰陶高足杯、灰陶盆、石铲、斧、锛等,属屈家岭至龙山文化遗存,距今4500—4000年。

这一时期的文化遗存在武汉地区星罗棋布,洪山区还有许家墩遗址(见图1-7)、棋子墩遗址,东西湖区有马投潭遗址(见图1-8)、余家嘴遗址,汉南区有金竹岭遗址,江夏区有潘柳村遗址、棺山遗址,蔡甸区有尸骨墩遗址、鲶鱼台遗址,新洲区有香炉山遗址、凤凰潭遗址,这些遗址包括上至屈家岭文化、中经龙山文化、下迄商周时代文化的基本历史线索,体现着武汉地区的先民从氏族社会到奴隶时代的历史进程。

图1-5　放鹰台遗址

图1-6　老人桥遗址

图1-7　许家墩遗址

图1-8　马投潭遗址

历史进行到距今大约 4500—4000 年,新石器时代进入末期,即龙山文化时期。龙山文化陶器的主要特点是,轮制技术得到普遍应用,灰陶和黑陶已占主导地位,彩陶基本消失,压印的绳纹、篮纹、方格纹成为陶器的主要纹饰,其遗存在武汉地区发现甚多。

值得注意的尤数马投潭遗址。该遗址范围约 7600 平方米,文化层厚度 2~4 米,有彩陶罐、灰陶罐(见图 1-9)、鹿角、兽角、牛牙等。在马投潭遗址发现的牛牙等,说明了原始饲养在武汉地区的发展。人类同动物的斗争已有 300 万年的历史,但动物驯养是在更晚的社会发展阶段才出现的。

图 1-9 马投潭遗址陶罐碎片

在武汉地区新石器时代各个遗址中发现的众多的农业生产工具和农业聚落所特有的生产、生活必需品,如陶罐、盆、碗、纺轮,磨光的石斧、锛、铲等器物,鲜明地标志着数千年前的"武汉人"已不是原始的渔猎部落,他们已经开始从事农业生产了。这些勤劳的远古先民依靠氏族公社集体的力量,使用简陋的木、石工具,砍伐树木,芟除荒草,播种谷物,进行原始的农耕。同时,也开始饲养家畜、制作陶器、纺纱织布,说明"武汉人"已经迈入文明时代的门槛了。当时,社会已进入母系氏族社会,"民知其母,不知其父"。妇女们在长期采集中,发现果实、种子落地后可以发芽、生长、结实,经过长期体验,进行有意识的播种,缔造出了农业文明。起初种谷子,发展到种蔬菜、果木。传说烈山氏在湖北随州烧草种田,他的儿子"能植百谷百蔬"。进而在狩猎基础上发展了家畜饲养,原始手工业如制陶等也发展了起来。母系氏族社会也进而发展为父系氏族社会。"根据原始社会每平方公里不足 2 人的概率,当时湖北境内估计有数万至十数万人。"在包括武汉、鄂州在内的鄂东地区的屈家岭文化、龙山文化遗存表明,当时的人口可能在 5 万人左右。

必须指出的是,武汉地区在新石器时代,一直是几种不同内涵的考古学文化的交汇区。江汉平原的大溪文化、屈家岭文化,是以武昌一带作为最东的界线,而东边与之大体同时的薛家岗文化,从安徽渗入湖北黄梅、武穴以后,抵达武汉东部。这说明武汉地区早在史前时期已开始了文化多元交汇。用西方文化人类学界一个时髦的词汇,这里是考古学文化连锁反应的"相互作用圈"。而其形成的根基,当与本地区所处神州中部、东西南北相通的地理位置有着内在的联系。

二、武汉史前人文始祖探源

洪荒时代的人类文明,"未知"多于"已知",清晰少于模糊,江汉地区亦复如此。今天我们对江汉远古历史的认识,仍然需要借助于未得到充分实证的传说。传说虽充满不确定性,但也或多或少残存着古代人类文明的投影。

我们的人文始祖到底是谁?今天的武汉地区和江汉地区,乃至长江流域和南中国海,自然都寻根于炎帝,构建炎黄子孙的繁衍系列。炎帝诞生于何处?一说炎、黄部族发源于甘肃、四川之交的岷山一带,他们沿着黄河向东迁进。一说炎帝诞生于湖北随州厉山,而且近来这一说法得到越来越多人的认同。位于鄂西北的原始森林神农架,亦流传着神农在此地尝百草、创世济世的神话。古书《礼记》中记"厉山氏",郑玄注释"厉山,炎帝也,起于厉山,或曰烈山氏"。炎帝又叫厉山氏,姜姓,是中国原始社会晚期氏族集团的首领,世世代代被中华民族与黄帝并称为祖神。厉山氏即烈发种田之意。厉山氏之子名柱,为部族主管农事,故又名神农,被奉为稷神。相传从商、周延续到春秋时的厉国为其后裔。湖北省随州市厉乡有神农氏遗迹。厉乡有一穴,据传为炎帝——神农所生之处,旁边还有神农社。《汉书·地理志》云:"厉乡,即厉国。炎帝裔为厉国。"《括地志》进一步界定:"厉山在随州北百里,山东有石穴,曰昔神农氏生于厉乡,所谓烈山氏也。春秋时为厉国。"唐代大诗人李白亦云:汉东之国,神农之后。

在关于炎帝的传说中,最具有创世文化价值的是,在炎帝神农时代,中国由游牧渔猎社会进入农耕社会,从迁徙转向定居,缔创了华夏农业文明。《淮南子·修务训》说:"神农乃始教民播种五谷。"我国农业起源很早,农业的出现是人类劳动经验积累和社会文明进展的结果,神农氏作为一个部族、一个时代的代表,也是人格化了的古代原始农耕社会文明的代表。在炎帝传说时代,江汉地区实实在在生活着三苗、荆蛮、百越、蒲、濮、巴、糜等土著居民,这些土著居民也可能是炎黄系列的分支,或与炎黄部族并生的部族。可以说,江汉地区是一个多氏族、多部族聚居的地区,这些氏族或部族又处于流动、变异之中。

相对于中原华夏部族而言,江汉地区的土著均属南蛮,而苗、蛮又常常同义,其中的三苗又是江汉地区主要民族。三苗又称有苗、苗民、三毛。《战国策》中云:"三苗之居,左彭蠡之波,右洞庭之水。"彭蠡即今鄱阳湖,洞庭即今洞庭湖。这两湖之间,即今两湖平原。这说明,今武汉地区和鄂中、鄂南为三苗所居之地。三苗自形成之后,和中原华夏部族发生争斗。尧与三苗战于豫鄂交界的丹水流域。三苗首领被尧所杀。当尧禅让给舜时,三苗不服。三苗反对将天下让给东夷的舜,故发生争斗。三苗被打败后南逃,据说有部分三苗人到达了南海之滨的广西南部和越南中部。当然,还有一些三苗人留在中原,融入了华夏部族,并改变了风俗习

惯。但是到了舜的晚年,三苗不服从舜令其参加治水的调遣,舜很生气,命禹对三苗进行征伐,但压而不服,舜转而施以感化说服,使三苗归服。三苗势力很强的江汉一带,仍然对舜离心离德,不听其号令。于是,舜在晚年亲自率众南征三苗,通过江汉平原,进入湖南中南部,舜本人就死在征途中的湖南宁远九嶷山。后来,禹又征伐过三苗,并打败三苗。禹用箭射中三苗首领,苗军大乱。遭到失败的三苗一部分降服于中原部族,也有一些演化成江汉山区的蛮民。

纵观从炎黄到禹平三苗为止,前后1000多年。中国众多的原始的或奴隶制部落,慢慢地走向统一的夏王朝。具有自己族源的三苗,到商周时,一些在中原地区建立了苗、邓、曼、蛮子、丹、黎等小国,逐步融入华夏集团。还有一些则从江汉一带转移到湖南、湖北、四川、贵州山林中,又融合一些当地土著,发展成为现在的苗民。

与苗蛮关系最密切的为楚族先祖祝融氏。祝融氏为颛顼之后代,居住在河南新郑。祝融后裔有八姓,繁衍多个氏族集团,后来南迁,成为楚国的祖先。西周初,楚国建都湖北之丹阳,生息于鄂西北,后进入江汉地区,与当地苗、濮原有文化结合、创新,发展成独树一帜的楚文化。

当我们的祖先迈出新石器时代,中国的社会也从原始部落迈入阶级社会,在祖国的中原建立了大禹开创的夏王朝。夏王朝大体从公元前21世纪到公元前16世纪。其中心在晋南、豫西的洛、颍水流域,并不断开拓疆土、扩散文化。于是较先进的中原华夏文化南下进入汉水以东的溾水流域和武汉地区。在今武汉市所辖郊区出土了一批陶器,其形制结构和夏代中原同类器物相近相同。这说明中原文化已渗入和影响了江汉地区,并使江汉地区土著文化相形见绌。江汉地区原先新石器时代的罐形高足鼎越来越少,到商、周时,代之而起的是中原型的商式鬲和周式鬲。很显然,江汉地区的土著文化受到中原来的华夏文化的冲击,或者局部被融解,或者局部萎缩。其总的趋势是融入华夏文化的洪流之中。在江汉地区品类繁多的古陶器中,出现了一种引人瞩目的鬲。陶鬲是古代普遍使用的煎煮器。在黄陂盘龙城王家嘴遗址下层,出土过夏代时的陶鬲。这种鬲小口,卷沿,长颈,足窝甚浅,具有独特的风格,是目前见到的同一类型的鬲的最早源头。夏代以降,商、周时这种鬲仍然存在,黄陂、江夏、蕲春、大悟、红安都有大量商周实物出土。与上述夏代考古挖掘相关的,还有武汉地区传说中的禹迹。

大禹是阶级社会前期的部族联盟的首领,是中原之共主。舜将天下禅让给禹,体现着部落成员间的原始平等和军事民主,这种"公天下"正是原始社会的不成文法的体现。唐虞三代的政治中心在黄河下游,其统治圈则从王畿扩展到长江中下游,影响所及则到了湘中湘南。江汉地区是南蛮、三苗的故乡,盘踞着苗、蛮部族,但在尧、舜的德化和武力征讨下,大部分归附中原。因此,尧、舜、禹对这里保持着松散的统治,蛮、苗部族又相对地据地自雄。禹领有九州,武汉从属于九州

第一章 武汉之源

中的荆州。

中华人民共和国成立后出土的二里头文化遗存,使夏王朝的历史从传说走向了实证。夏王朝的疆域或活动区,东至山东半岛中部东南部,东南至钱塘江附近,北至阴山一线,南至江淮、江汉地区。

传说禹治理洪水,疏导江河,建立了丰功。大禹亲自率领群众,手中拿着工具,疏导江河,手上磨去了指甲,腿上磨掉了汗毛,仍在风雨中搏斗,以至三过家门而不入。其与洪水搏斗的精神感人至深。关于大禹治水,在《孟子》《尚书》《墨子》中都有记载。《墨子·兼爱篇》云,大禹治水有西、北、东、南诸方,江汉和荆楚界定为禹治水范围之内。《尚书·禹贡》划天下为九州,凡九州的名流大川都曾为禹所导治。九州中的荆州就包括了今天的鄂、豫一带。传说大禹从中原南下,讨伐过江汉地区的三苗,也到过长江中游治水。禹以息壤堵水取得成功,息壤在湖北江陵南纪门外。

大禹的传说也流传在武汉地区,武汉东西湖区柏泉农场有一座古井,井底有树根盘曲,状如双鱼,一大一小,头端有地下泉水涌出,树根如鱼游动。相传禹植柏大别山(龟山)头,根达柏泉井中,井故名。在汉阳龟山东麓临江石矶,亦相传为大禹疏导汉水入长江之处,故名为禹功矶。元代建有禹王庙。清代立有从湖南衡山翻刻的禹功碑,碑上以神秘的"蝌蚪文"记叙大禹治水之功。据《江夏县志》云,当年元世祖登蛇山,问对岸山上石矶何名,左右父老说叫吕公矶。又一老叟曰,古传为大禹治水成功之所。世祖大喜,立禹祠于矶上,曰禹功矶。而民间则传说,大禹治水到此,三年未成,因有水妖作怪。后有一灵龟,直扑水妖,江水顿时平静,大禹治水得灵龟之助而成功。这灵龟化成一座山,叫大别山或龟山。在江夏区金口镇有一座禹观山,也是纪念大禹治水的。这些传说不可征信,只不过反映了饱受水患的武汉人对治水圣人大禹的一种心理崇拜,这也可以解释武汉人在历史实践的传承中,逐渐崇尚乃至积淀形成"敢为人先,追求卓越"的集体个性。虽以大禹时的生产力,大禹无法治理长江、汉水这样的大江大河,但从大禹到夏王朝,其疆域已到达江汉地区,其文化影响力更是覆盖武汉之域,这从武汉地区发掘的夏代文化遗存——黄陂盘龙城的陶器也得到了证实。

虽然神农诞生于武汉北部165公里的随州厉山只是一种传说,但炎帝神农部落曾在武汉及其周边地区栖息劳作,当不是纯粹的推测,因为炎帝神农部落既然以汉水中游为活动中心,自然不会画地为牢,近在咫尺的汉水下游地区不可能不吸引他们前往。不过,若以族系划分,武汉地区最主要的原始先民应是三苗,还夹杂着濮、越等古代民族,尽管他们进入武汉地区的时序不一且居留不定,都不能动摇三苗作为武汉地区主体民族的地位。随着经济、政治实力的增强,三苗已不满足于世代居住的以江汉地区为腹地的南方,为扩大地盘和发展势力,开始北上与尧、舜争锋,一场旷日持久的战争终于在南、北两大部落集团之间展开,武汉地区

因之成为重要战场之一。在武汉的黄陂盘龙城和新洲香炉山，就发现有与夏代二里头文化相当的遗存。

有夏一代，中原部落集团首领只是对江汉地区施加远距离的政治影响和近距离的军事威胁，到了商代，江汉地区便正式成为商王朝的国土——"南土"。商朝吸取夏朝的经验教训，在南方建立了直接的军事、政治统治，今武汉市北郊的盘龙城，便是商王朝设在南方的一个最大的军事重镇。此地出土的众多而精美的青铜器和玉器，标志着当时武汉地区文化的发展水平，意味着武汉地区生产力质的飞跃。

西周立国后，在江汉地区分封了众多的同姓和异姓诸侯国，其中位于武汉及其周边地区的封国和方国主要有位于黄陂的长国、位于安陆的郧国、位于应城的轸国和位于鄂州的鄂国。然而，"辟在荆山"的子男之国楚国不甘心蛰伏于穷乡僻壤，迅猛向江汉地区推进，成为江汉地区后来居上的头号强国。周王朝对楚国的强大深感不安，加之对武汉周边大冶铜绿山的铜矿觊觎已久，便连连兴师南征，周成王曾"伐楚侯"，周昭王更是两次"伐楚荆"，后一次周昭王竟葬身汉水。西周中晚期，公元前9世纪，楚王熊渠甚得江汉间民和，乃兴兵伐庸、扬越，一直打到今武汉周边的鄂国，武汉东南部一度成为熊渠中子红的封邑。

春秋早期，楚君熊通即位，自称为武王。楚武王为雄踞江汉，伐随亡邓，郧、绞、权、罗和卢戎也纷纷为其兵锋所降服。郧国疆域包括今武汉市汉阳、汉口地区于其内，楚人灭郧，说明武汉地区已属于楚国版图。从黄陂鲁台山东周墓出土文物的风格，也可窥见春秋时期楚文化对武汉地区浸染的端倪。

战国之世，武汉地区是沟通南北的重要商业枢纽。楚国封于今鄂州一带的封君鄂君启所持金节表明，鄂君庞大的船队经商运营的水路共4条，其中就有3条在武汉地区中转。作为津要之地，武汉地区经济文化得到发展。《史记·货殖列传》记载楚都纪郢之繁盛时指出："江陵故郢都，西通巫巴，东有云梦之饶。"这里所谓的"云梦"，是一个较为宽泛的概念，应包括今武汉地区在内。由此可见，尽管战国中期以降，楚国局势江河日下，但从未作过楚国政治军事中心的武汉地区，反倒因避开了战争旋涡而侥幸获得发展的机缘，这种情形与秦汉时期武汉地区的沉寂形成鲜明的对照。从先秦到秦汉属于第一期，即武汉外缘区开发期。江汉交汇处的武汉三镇为传统的市区中心，中心之外为近郊区、远郊区，今江夏区、蔡甸区、黄陂区、新洲区均属市区中心的外缘区。甚至今天的水果湖、洪山区、青山区都是古代武汉的外缘区，以后才融入市区。

总之，武汉先民史前的创世活动是以整个江汉地区为宏阔背景展开的。在人类生存尚需逐水草而居的时代，土肥水丰的江汉平原、神秘浩渺的古云梦泽，无疑是先民们生息、繁衍的"天堂"和"乐土"。到底有多少民族踏进并开垦过这片神奇的土地，恐怕历史自己也说不清楚了。可以说，江汉地区自古就有多氏族、多部族聚居。各民族、部族又处于不断地流徙和变异之中,彼此在交融中纷争,在纷争中交融。中国"古代的民族当然不能与近代的民族等量齐观,说它们是民族,无非因为以民族学的眼光去看,它们是互有区别的共同体。"从这层意义上说,其时所谓的民族,就是一个个的部落或部落联盟,但这并不妨碍我们今天从民族史的角度来探究它们。我们无法复原史前先民的真实生活。长期以来,江汉地区的各民族相互交融,纷争不已,势力此消彼长。但透过历史的云烟,结合考古资料及文献记载,我们可以发现,三苗在其中长期居于一种强势的地位,无可争辩地属于主体民族。相比之下,其他民族如百越等,则只能算作少数民族。历史证明,正是这些民族的先民们以其艰辛的劳作,共同推动着武汉及整个江汉地区一步步地走向文明时代。

三、武汉史前社会经济与文化探源

伴随着日出而作、日落而息,武汉先民的日子飞快地流转着。然而,也就在先民们对时间的淡漠中,他们手中的工具轻巧而光滑起来,吃的东西也日渐增多。他们从来没有意识到,自己是多么的伟大;他们更无从知晓,就在自己日复一日重复着的单调的木石敲打撞击中,在雨水和着汗水渗透过的原野里,已经长出了一种新的东西——文明。

根据武汉地区新石器时代文化遗址出土的遗物,尤其是其中的生产工具,并结合当地的自然环境来分析,当时的经济应以农业生产为主,其中又以水稻种植为主。为补充农业生产的不足,也兼营渔猎。而在此过程中,原始的家庭饲养业开始发展起来,这从遗址中发现的一兽骨可以得到证实。然而,家庭并没有取代氏族公社的位置,不同规模的聚落形态的存在就是无言的证明。

武汉地区新石器时代文化遗址中出土的生产工具主要是石器。按理说,当时也应该会使用木质、骨质的生产工具,而遗址中普遍没有这些工具,一则因为木质容易腐烂,很难保留到今天;二则南方雨水较多,土质多呈酸性,置于其中的骨器也就碍难保存了。同时,由于当时生产力低下,一种工具可能有多种用途,如石斧,既可以砍伐树木,又可以翻新土地,到石家河文化时期,石器制作技术日趋精良,琢制和磨制的精度越来越高,钻孔技术也得到了更好的应用。

新石器时代武汉地区的气候条件是适宜于水稻种植的。据史书记载,最晚至南朝齐(493年左右)时,武汉及周围地区还有野象活动,这说明当时的气候比现今要温暖湿润得多。又据林承坤对河姆渡文化时代长江、钱塘江中下游地区古地理环境的研究,当时的年平均温度比现在要高出3~4 ℃,年平均降雨量亦比现今约多800毫米,大致相当于现在海南岛的气候。由于雨量充沛,长江、汉水的流量加大,湖泊与沼泽较多,尽管当时长江中游的平原大部分尚未完全形成,但谷地和较

高的山谷平原都是种植水稻的理想场所。大多数考古资料已证实了这一点。

说新石器时代武汉地区的经济以农业生产为主,倒并不意味着此时先民已完全抛却了传统的渔猎采集。以农业为主,是就农业在保持氏族社会稳定和促进经济发展中的作用而言的,若单就人们的日常生活而言,在相当长的时期内,先民们仍不得不借助渔猎采集来维持生存。毕竟当时的生产力太低下了,即或是在史书记载中对先民此时"饭稻羹鱼""民食鱼稻"等的美言中,也无不透露着渔猎经济对先民生活至为重要的信息,而在大量的考古资料中,渔猎采集亦可得到某种程度的反映。

随着农业生产的发展和人们狩猎水平的提高,原始的家畜饲养也出现并发展起来。东西湖马投潭遗址中残存有牛牙,洪山放鹰台遗址个别墓葬中残存有十余个猪下颌骨。从牙齿观察,这些猪当是人工饲养的家猪。

聚落是人类进化过程中从野蛮走向文明的一种居住形态,最迟在新石器时代早期即已出现,在山区表现为洞穴,在平原地带则表现为贝丘遗址。随着社会的发展和生存、生活能力的提高,人们逐渐解脱对自然居住物的依赖,开始根据自身的需要自由地选择地方,有意识地构建房屋,形成了具有一定规模的聚落形态。从总体上看,聚落附近还有墓葬区,其选址和构建均有一定讲究,体现了先民对自然的初步认识和朴素的宗教意识。

新石器时代的武汉先民还无法知晓何为科学技术,但正是在他们默默无闻的辛勤劳作中,在寒来暑往、日复一日的不懈探寻、实践中,科学技术经过厚实的积累而开始起步,制陶、建筑、纺织等方面的初步成就,正是先民对早期科学技术的发展所做出的部分贡献。陶器是新石器时代先民广泛使用的生活用具。陶器的出现是火的运用、农业发展和熟食习惯养成的产物。在长期的生产、生活实践中,先民逐步掌握了黏土的性能,知道黏土和水后可塑性较好,阴干熔烧后,坚固、耐火且不漏水。这样,陶器便应运而生了。

当先民摆脱"依树积木以居其上"的原始状态而走向更为广阔的河谷湖边台地时,建筑就成了展现他们智慧的又一重要载体。石器时代建筑技术的进步,主要表现在建筑材料的精制和建筑设计与施工水平提高这两方面。说先民们精制建筑材料,是因为在有房屋遗迹存在的地方,经常发现有大面积的红烧土。这些掺有稻壳、茎秆等物的红烧土,正是当时人们构建房屋时最主要的材料之一。广泛选用红烧土作为建筑材料,房屋的墙体建成后须经烧制,以达到坚固、防水、防潮的要求,这是先民们面对着温和、潮湿的环境久经思索而创造出来的一种建筑技术,它为减轻潮湿对人体的危害以及加强房屋的牢固程度起到了重要的作用。

武汉地区虽然至今尚未发现新石器时代的纺织品,但某些遗址中大量出现的陶、纺轮,却有力地证明此时纺织技术已经出现。纺轮由素面到彩绘、由体大到形小的演变,更生动地折射出当时纺织技术的发展历程。屈家岭文化时期的彩陶纺轮的纹饰有三个共同点:第一,从纹饰所处的位置看,主要纹饰均绘制在纺轮的表面;第二,从纹饰色彩看,主要是红色和黑色,与纺轮胎体表面的颜色形成鲜明的对比;第三,从纹饰的组成看,纺轮表面的纹饰一般都分为12组。

  武汉新石器时代的文化面貌,有相当一部分是通过对墓葬资料的研究而揭示出来的。出于对死的恐惧、生的渴望及原始宗教意识一定程度的萌发,先民们往往把自己生前的生活样式"移植"到死后的墓葬中来,希望自己"永生"。新石器时代的墓葬以单人仰身直肢葬式为主,也有一部分是属于双人合葬的。在洪山放鹰台新石器时代遗存中清理发掘的33座墓,葬式均系单人仰身直肢葬式。新石器时代的墓葬中都有或多或少的随葬品,这反映了人们已具有一定的财富观念。但总体上随葬品差别不大,说明私有制尚不发达,贫富差别并不十分明显。洪山放鹰台遗址墓中的随葬品,一般有几件至十几件。从墓的形制来看,均为短形竖穴土坑,多数墓内填土为黄褐土,少数有专门用红烧土充填坑基的现象。

  至此,武汉地区文明的发蒙阶段——原始农耕渔猎时期,以新石器时代的"汉阳人"等诸多遗址为代表,在中原文化的辐射和影响下,特别是炎帝神农氏的农事传播,甚至是大禹治水的神迹所至,逐渐奠定了武汉早期的文明痕迹和文化特质。

第二章　武汉之根

第一节　盘龙城之初见

中华文明进入夏商周时代,社会生产力已有了长足的发展,从原始氏族社会进步到私有制阶级形态,奴隶社会正处于逐步上升的历史时期,智慧、勤劳的先民在将精美绝艳的青铜文明推向高峰的同时,也使灿烂辉煌的城市文明得到了充分发展。社会经济的迅速发展,王权政治的不断强化,阶级斗争的日趋尖锐,使得城市发展越来越成为一种需要。

有商一代,从中原王畿到周边方国,到处可见那深沟高墙、威严雄壮的城市身影。遗憾的是,在漫长岁月的湮没中,有些城市毁于兵祸浩劫,有些城市已是沧海桑田,当然也有一些至今仍深埋在地下。我们今天对殷商城市的认识,除了参考文献记载之外,更主要的是对那些幸存下来并被田野考古工作发现的古城的研究。

一、盘龙城的发现

到目前为止,我国正式被发掘的商代重要古城有7座,即:1928—1937年发掘的以小屯为中心,位于洹河两岸的河南安阳殷墟(20世纪末在其东北的花园庄一带又找到了面积400多平方米的屯北商城);在1954年发现、稍后进行发掘的湖北武汉北郊黄陂盘龙城商城(见图2-1);1955年发掘的河南郑州商城;1974年发掘的山西夏县东下冯商城;1983年发掘的河南偃师商城(20世纪末在其西南部又发现一座年代更早、面积81万余平方米的长方形小城);1985年发掘的与仰韶文化发现地——渑池县仰韶村仅一河之隔的山西垣曲商城;1991年发现、1998年发掘的河南焦作府城遗址。在这7座商代古城中,有3座是帝京王都(安阳殷墟、郑州商城、偃师商城),其余4座是方国都邑或军事重镇。不难发现,它们绝大多数都分布在中原地区,只有黄陂盘龙城位于"南土"长江之滨。单就这一点来讲,盘龙城的地位已不言自明。

图 2-1 盘龙城发掘

盘龙城在武汉北郊出现并不是偶然的,它是中原地区政治、经济、军事发展的需要,是南下的商文化与江汉土著文化,在武汉地区自新石器时代以来的历史人文积淀,与自然环境相互融合的产物。盘龙城的出现,开启了武汉城市文明的端口,开明了武汉地区有商文化的集成。就现有情况来看,说它是武汉城市发展的源头,也许并不为过。

二、盘龙城的概况

盘龙城遗址(见图 2-2)位于接近汉口中心城区北部的边缘府河北岸的二级台地上,周围河湖交错。古代扼守府河汇入长江的咽喉之地,与今汉口居于汉江汇入长江的地理形势相似,地理位置十分重要。

图 2-2 盘龙城遗址

盘龙城遗址总面积为南北长 1100 米、东西长 1000 米,其中有长、宽各达 800 米的外城和南北长 290 米、东西宽 260 米的宫城,年代仅晚于郑州商城 100 年,列全国古代都城遗址年代最早的第二位,是全国商代前期城址中保存最好的,也是长江流域最古老、最具规模、最成熟的城市遗址。盘龙城遗址的文化层,最早、最下层表现出夏文化(二里岗下层二期至二里岗上层一期)的特征,中间的主要文化层则属于商文化。

盘龙城的主要建筑有前后排列的三座大型宫殿,城壕之外有多处陶窑、铸铜作坊等,北部为一般贵族和平民居住区,东面和西面为墓葬区,其中有大型贵族墓葬。学术界有人认为盘龙城是商王朝在南土的一个方国都邑,也有人认为盘龙城是中原商朝人南下建立的一个军事据点,它是商王朝在长江中游的重要港口和通达汉江南北的交通咽喉则是确定无疑的。

三、盘龙城的地理形胜与崛起

武汉盘龙城的兴起自然亦非无本之木,其根深植于这一地区深厚的历史人文沃土之中。远在距今四五千年前的新石器时代,武汉先民便在这里聚族而居,艰难地创世,留下了丰富的文化遗址。且不说洪山放鹰台、南湖老人桥、东西湖马投潭等文化聚落的影响,单就从黄陂境内城门潭、中分卫湾、铁门坎等数十处新石器时代的文化遗址来看,无疑为盘龙城的酝酿和兴起做了长期的准备。尤其是遗址中大量存在的红烧土等建筑材料及初具规模的房屋遗址,说明先民已掌握了较为先进的筑城技术和方法。而农业的发展和丰饶的物产,则使得盘龙城的兴起成为可能,并为之提供了充足的条件。在众多的新石器时代文化遗址中,无一例外地都发现了大量的陶器(见图 2-3)或陶器残片,器形主要有鼎、罐、壶、盆、钵、釜等生活用具及纺轮等生产工具,这反映出这一时期手工业生产水平的充分发展。而手工业生产的出现及发展,正是以农业生产的发展为前提的。

图 2-3 新石器时代陶器

农业发展的另一表现是这一时期墓穴中随葬物品这一现象的出现。虽然此时的随葬品还不能反映贫富的悬殊,但它至少说明人们已有了初步的财富观念和

第二章　武汉之根

意识。如果生活中还没有剩余产品,是决不会产生这种现象的。加之武汉地区自然环境本来就很优越,平坦的地势,广阔的水域,使得鱼、贝、龟等物产极其丰富,这就能满足人们的多种需要。这样看来,在商代早期出现一座成熟而颇具规模的城市,应该说犹如水到渠成。下面再看一看盘龙城的地理形势。

盘龙城所在的黄陂区,乃"木兰拱秀,濠水包环"之地,《湖广通志》称其形胜为"东考赤壁,南骋鄂渚,西汇七泽之雄,北距三关之险"。其北面和东北面为大别山所环绕,西北面是随枣走廊,南部与江汉重镇汉口相邻。就地形而言,区境北部是大别山南段余脉的低山岗地,南部则是江汉平原的东部一隅,地势开阔,全境属由丘陵向平原过渡地带。境内山环水抱,濠水从北向南纵贯全境,至温口以南汇入长江。府河自西向东南而过,至汉口谌家矶汇入长江。盘龙城即位于府河北岸的盘龙湖西侧,处于低矮山丘与低注湖泊的交错地带。

盘龙城遗址周围河湖交错,东面除盘龙湖外,还有长湖、张斗湖、金潭湖、西汊湖,西面有滩湖、汤仁海、新教湖、麦家湖、任凯湖,西北面有马家湖、姚子海,北面有后湖,东北面有什子湖、小塞湖。城址的东、西、北三面环水,仅有西北部和陆地相连,通向西部及西北端的甲宝山和积山等丘陵岗地。

从古代的地理位置来看,盘龙城所在地正好扼居于长江与府河的交汇处,今天的汉口当时还同汉阳连成一体。汉水自鄂西北进入武汉地区后,其河道多变。古时汉水在汉阳郭茨口进入今汉口地区,形成了后湖——潇湘湖水网地带(今硚口、江汉、江岸三区,中山大道、解放大道、建设大道、发展大道的大片土地均在其中),汉水以多口汇入长江。其中有一部分就是与府河相交后,在盘龙城附近的黄陂沙口汇入长江。每逢汛期,河水泛滥,往往淹没附近湖嘴地带直至西城垣脚下,与湖水连成一片,汉口的所在地,成为长江河床的内湾,而坐落在海拔44.8米高地的盘龙城宫城,则成为汉口一带地势的制高点,其三面环水,俨然水中半岛,虎视大江南北,控锁江汉东西,地理位置十分重要。

盘龙城地处江汉平原东部,古时为云梦泽的一部分,现在黄陂境内属滨湖平原,自然条件优越。古城所在地的温口一带,土地肥沃,雨水量适中,资源丰饶,农业发达。特别是河湖交错地带孕育着丰富的水产资源,鱼、龟、鳖、蟹,种类繁多,是著名的鱼米之乡。古代虽然没有在当地发现丰富的矿产资源,但却与矿产丰富的鄂东南一衣带水,唇齿相依。鄂东南的大冶、阳新及江西瑞昌等地,与盘龙城处于同一交通轴线上,自古以来均为历代王朝开采矿藏的宝地。

盘龙城所在地自古以来水陆交通便利,尤以水路为最。在商代,盘龙城应是长江中游地区亦即商朝"南土"的一个重要港口,是中原与江汉南北交通的咽喉。由此可见,盘龙城以长江、汉水为主要航线,连接江汉湖泊,构成了纵贯南北、横贯东西的水运交通网,成为长江中游水路交通的中心枢纽。如此险要的地理位置,如此胜要的地利形势,胸怀征服江汉大计的商人又怎么会轻易放弃呢?

据湖北省文物考古研究所的考察和研究,盘龙城存在了两百多年,在商末消失。由于盘龙城兴衰没有文字记载,其消失的原因至今仍是一个谜。学者们猜测,可能是毁于战火,也可能是军事政治中心南移,导致盘龙城衰退,也可能是汉水改道,使盘龙城失去军运、民运交通之便(因盘龙城在汉水、府河之旁,古汉水都流经此处与长江交汇)。此一问题将随着考古、研究的进一步深入得到答案。

第二节　盘龙城之文化

长期以来,考古工作者为我们揭示出了盘龙城极其丰富的遗迹、遗物,正是通过这些遗迹、遗物,我们才得以管窥这座3500年前的商代古城的文化面貌。

一、盘龙城的历史遗迹与文化面貌

盘龙城已经发掘或探明的遗迹主要有:在城址东北部的高地上,发现有大型的夯土台基,其下是一般的建筑基址,其上则是大型宫殿的建筑基址;在同一水平线上,坐北朝南的三座大型宫殿基址前后并列,其中一号宫殿和二号宫殿已经发掘;在建筑遗址的周围,残存有城垣、城壕和城门等遗迹;城壕之外,则发现有多处手工业作坊遗址;其中王家嘴有两座大型陶窑,杨家湾和杨家嘴有铸铜作坊遗址;城址北面为一般贵族和平民居住区;东面、西面是墓葬区,其中李家嘴一带集中了一些大型奴隶主贵族墓葬;此外,城壕内外还分布着为数众多的灰烬坑和少量祭祀坑。

经过长期的考古发掘,从上述遗迹中清理出大量的遗物,主要有石器、陶器、铜器、玉器等,其中石器主要出在盘龙城一、二、三期。最能反映一座遗址文化面貌的陶器和铜器,在盘龙城中不仅数量众多,而且品类齐全,尤其是陶器,从盘龙城一期至盘龙城七期,始终是文化遗物的主角。

整个盘龙城遗址的文化层分为上、下两层,下层时代属于盘龙城一至三期,上层时代为盘龙城四至七期。从出土器物的特征分析,下层属于二里头期的夏文化,上层属于二里岗期的商文化,还可见一些青铜器,如在盘龙城城址西北角城垣之下的台基上,发现三处铜器坑(当为祭祀坑),其中两个坑各出土一铜器,均为高颈,扁圆腹,高尖锥空足。另一坑中出土一铜爵,长流,长尾,流尾近平,束腰。这些铜器与二里头晚期出土的同类器类似。可以看出,盘龙城文化遗存的下层在文化面貌上呈现出浓郁的二里头夏文化特色,应是商时期中原势力南下在此留下的遗迹,它为稍后在其基础上建立起的新的文化无疑做了必要的准备。

盘龙城的主体文化面貌反映在其上层,从前文可知,盘龙城始筑于二里岗下层二期至二里岗上层一期偏早,即盘龙城四期,经使用至盘龙城六期,到七期时即已沦为废墟了。盘龙城出土了这一过程中大量精美的陶器和青铜器,为探究盘龙城的文化面貌提供了丰富的材料。从整体文化特征分析,盘龙城遗址的文化特征还是以中原商文化类型为主。当然,说盘龙城商代遗址的文化特征是中原商文化系统的一个地区类型,并不意味着盘龙城文化是对中原商文化的全盘接受或中原商文化的整体移植。相反,中原商文化南下后,受到了江汉土著文化和南方古老文化的强烈影响。如盘龙城陶器以红陶为主,至六期时红陶差不多占到五成,可以看出,盘龙城遗址的文化面貌在以商文化为主体的情况下,又较多地呈现出地域的差别,说它是中原商文化的一个地区类型,应该是切合实际的。值得注意的是,盘龙城已出现了釉陶,即原始瓷器。

二、盘龙城的城市布局与建筑样式

盘龙城商代古城的真实面貌是随着考古工作的不断深入而逐步被揭示出来的。很长一段时间内,人们一提起盘龙城的布局,首先想到的便是那座平面近似长方形、南北长290米、东西宽260米、周长1100米,面积约7500平方米,被城垣及城壕围护的带有"宫城"性质的小城,而对广布于其四周、为城垣及城壕所分开的并呈现出同一文化面貌的其他遗址,几乎所有的发掘报道和相关学术论著都将其视作"宫城"的附属设施而被列入"城外遗址"。

2001年下半年,考古人员对盘龙城遗址进行了新的勘察,结果惊喜地发现在遗址的外缘存在有一大片呈带状的夯土遗迹,这一区域正是考古发现的文化堆积层密集区。以带状夯土遗迹为界,其内、外的文化堆积情况大不相同,内侧普遍存在着较厚的商代前期的文化堆积,而外侧则几乎没有或少有文化堆积。考古人员认为,这可能是当地统治者对生活其间的人们的活动范围有所限制的表现,它表明这些夯土带是作为一个整体存在的,其发挥作用的时间当在商代前期;从钻探过程中发现的少量陶片,也可以看出这一文化层相当于盘龙城四期或略早,即盘龙城始建的年代。这就更加说明,这些夯土带与盘龙城商文化遗址的其他部分有着某种甚为密切的天然联系。对于这条环绕于"城外遗址"边缘的带状夯土遗迹的性质,参与这次勘探的学者进行了充分的分析和比较,认为只有城垣的可能性最大。前城遗址外城垣的发现,第一次将"宫城"外围的各遗址作为一个整体勾勒出来,并真实地呈现在世人的面前。

在这个认识基础上,我们再来看盘龙城的城市布局(见图2-4)。

从总体上看,盘龙城的布局以内城垣直接围护的"宫城"为中心,在其东北部的高地上约向北偏东20°的位置,分布着前后排列、坐北朝南的三座大型宫殿,其方位显然与郑州商城一致;其四面城垣中部各有一个缺口,似为城门,亦与偃师尸

图 2-4 盘龙城的城市布局

乡沟商城、郑州商城大体相同。不难看出,盘龙城的布局与功能和中原商代都城颇为相似,其营建技术和样式亦与中原城市类似,盘龙城的城池、宫殿大体上可以反映当时我国最高的建筑水平。

盘龙城的主体建筑由城垣、城壕及宫殿等组成。其城垣分内、外两重,与城壕一起,组成一个严密的军事防御系统,护卫着城中宫殿群的安全。我们先以内城垣为例来看城垣的建筑结构与技术。盘龙城内城垣在1954年长江防洪紧急取土时遭到严重破坏,现今其南、西垣及北垣西端尚保存有高出地面1～3米的残垣。从城垣制面图上可以看出,其墙基宽20余米,整个城垣由主城墙及护城坡构成,断面呈梯形,其夯筑技术与郑州商城相近,即主城墙采用层层平夯、护城坡采用层层斜夯的方法,分段夯筑而成。考古工作者在北城垣一条现代排水沟的横断面上,通过铲平刮出了城垣墙体清晰的夯层土色,观察到了城垣的夯筑营建过程。城垣坡脚外侧不远处,便是城壕,壕底一般作圆底或锅底状,其走向与城垣基本一致。这种结构及设施,可能是为拦阻从外面进入城内的船只而设的木栅栏之类的障碍物,也可能是供进出船只停靠两岸的设施。总之,这些城壕应既具有军事防御功能,又具有水路交通的功能,它们与城垣一道,深沟高垒,拱卫宫城。

最能够代表和反映盘龙城建筑水平的,还是已经得到发掘的两座大型宫殿——一号宫殿和二号宫殿。在小城东北部的高地上,分布着一组大型宫殿建筑群,已发现的有三座建筑宫殿,它们前后平行,排列在一条中轴线上,方向与城垣一致。已发掘一号宫殿和二号宫殿,坐落在一个大型低矮的夯土台基之上,方位均坐北朝南。其中一号大型宫殿基址即一号宫殿,平面呈长方形,是建筑在夯土台基上的一座四周有回廊、中间为并列四室的大型宫殿建筑。

建造如此大规模的宫殿,事先必须有精心的设计,并且要具有很高的建筑水平才能胜任。从总体看,一号宫殿的建造首先是在规划好的一块平地上往地下挖坑,并用五色土在坑内层层夯筑,直至筑成高出地面一定高度的台基,再在台基面上立柱建屋。在整座台基夯筑成形后,要将其边缘修整齐平,并在其上规划出四室与回廊的准确部位,然后挖出四室的墙基槽。在回廊周边按要求布置好大檐柱(43个)的方位,下挖檐柱穴,并填充石础,同时在台基外围培筑散水护城。

二号宫殿的建造过程和营筑技术与一号宫殿的基本相同。值得注意的是,二号宫殿的排水系统除了台基四周护坡铺筑散水外,还在地下铺埋有排水管道。考古发掘中,在其西门外发现了陶制排水管道。管道横列于西门口外,走向与西面台基边线平行,这显然是雨水地面排放穿越台基的暗管。据此推测,这里原来可能有向西延伸的廊路一类的建筑,这与台基地面向西延伸至台边,显示出向西通路的情况是相吻合的。

按照一号宫殿和二号宫殿的营筑技术,可以将其初步复原,从中不难看出盘龙城宫殿建筑的特点。盘龙城的一号宫殿和二号宫殿,均坐落在高出地面的夯土台基上,这正是高台建筑的雏形。盘龙城的这种高台建筑,更为重要的还在于当地多雨潮湿的地理条件促使人们为防潮而采取的一种实用措施。盘龙城地处多雨的江汉东部,夏季盛行西南季风,冬季则受东北信风影响,逢有雨天,雨水便会随着风向的改变而向房屋四周飘洒。长此以往,墙体会因飘雨而剥蚀,承重基脚亦会因腐烂而坍塌。人们经过长期的观察和实践后发现,如果将回廊的屋檐适当延出一些,情况就会大为不同:此时若遇风雨,先前飘至台基和承重柱脚上的雨水便会被延出的屋檐挡住。

下面再来看盘龙城宫殿内部的建筑结构。一号宫殿的主体部分为位于夯土台基正中呈东西向并列的四室,位于其南面(前方)的二号宫殿的主体部分则是大空间的厅堂式建筑。《考工记》把周人的宫殿结构描述为"内有九室,九嫔居之;外有九室,九卿朝焉"。种种迹象表明,二号宫殿应是寝宫(一号宫殿)前面的议事场地,其宽敞的厅堂,足够容纳统治阶级在此聚会,就重大问题进行讨论磋商。因此,它实际上就是一方最高统治者接受朝拜,并与群僚议事的政治活动中心。如果一号宫殿的四室是"寝"的话,那么二号宫殿就是当之无愧的位于其前方的"朝",这与文献记载的"前朝后寝"的宫廷布局正好不谋而合。

盘龙城宫殿建筑还有一个显著的特点,就是充分考虑了当地气候条件对宫殿生活的影响。盘龙城所在的江汉东都,河湖密布,降水丰沛,夏季气候炎热,冬季受东北信风影响又较为寒冷。因此,一号宫殿和二号宫殿在其南面均开设有门道,其中一号宫殿的四室均有南向前门,中间两室还开有北向后门。这样,就可保证居于其内的人免受炎热、寒冷之苦。

总结起来看,一号宫殿、二号宫殿与尚未发掘的三号宫殿前后并列坐落在同一条南北向中轴线上。其周围深沟高垒,戒备森严;其内部结构完善,功能齐备。虽然至今尚不明了三号宫殿的形制与功用,但单就一号宫殿、二号宫殿来讲,其用空间结构不同的建筑物将功用有异的"朝""寝"分开,作前后构建,这比河南偃师二里头虽也分"前朝后寝"但却寓于一栋建筑之中的一号宫殿布局，无疑有了质的飞跃。在今天看来，尽管这一组建筑比较简单，但其建筑样式影响中国建筑长达数千年之久。

三、盘龙城的青铜器物文化

商代是我国青铜文化发展到顶峰的时期，厚重威严的后母戊鼎，空灵轻巧的四羊方尊，匠心独运，巧夺天工，其工艺水准令世人叹为观止。

和陶器一样，青铜器也是反映一种文化之特征的典型器物之一。盘龙城出土的青铜器，总数多达400余件，器类有36种之多，这在我国商代前期的青铜器群中可谓独占鳌头，甚至超过了作为王都的郑州和偃师。盘龙城青铜器的器形、纹饰及冶铸技术和青铜礼器的组合形式等，与郑州二里头的青铜文化类似。这些青铜器虽然出自不同地点，但其年代却差别不大，大致从盘龙城建城时的四期（少数早至三期）至盘龙城废弃时的七期，总体上属于商朝前期。为制造这些铜器，当时已形成制模、翻范、熔铸等一系列工序。

盘龙城的青铜器可分为工具、兵器和礼器等种类，其中工具有斧、凿、锯及鱼钩等，兵器可分为戈、矛、刀等，礼器数量最多。青铜工具的大量出现，是当时社会生产力取得重大进步的显著标志。从造型上来看，除锯和鱼钩之外，其他工具均有安置木柄的器口，器身一般作长条形，一端有刃，无疑是当时条件下最先进的生产工具。青铜工具已广泛用于社会经济生活的各个方面，它表明盘龙城所处的武汉地区当时社会经济已达到了相当的水平。

最能反映商代青铜文化发达程度的还是其兵器和礼器。"国之大事，在祀与戎"。兵器和礼器是统治阶级据有天下并用以"别上下，明贵贱"的主要手段。先看兵器，在战争频繁的动荡岁月，军事的胜负最终主宰着一方统治者的命运，而士卒装备的精良与否则又是决定战争胜负的直接因素。大规模的攻城略地，两军对垒的搏击所杀，战场是武器最好的评判者，当然也是统治者命运的最好也最严酷的宣判官。故大多数统治者往往把有限的铜资源优先用于铸造兵器。盘龙城出土了大量的青铜兵器，说明"商王朝在南土的统治"是以其强大的军事实力为后盾的。这些兵器中既有用于近距离刺杀的短兵器，如刀等；又有用于远程射杀的流矢箭等，而戈、矛等都是常用的实用兵器，形体一般较大，杀伤力很强。尤其值得一提的是，李家嘴2号墓中出土的一件大铜钺（见图2-5），其身近似梯形，中穿一圆孔，弧刃向两

图2-5 铜钺

侧外张,肩有两穿,内作长条形,两侧有夔纹和蝉纹装饰,全长41厘米,刃部宽26厘米。这样厚重的大铜钺,就是在中原商朝王都也较罕见。商朝的开国之君汤曾亲秉黄钺,以伐昆吾。《诗经·商颂·长发》写道:"武王载旆,有虔秉钺,如火烈烈,则莫我敢曷。"可见,铜钺不仅是一种锋利的所杀武器,而且是商代王族的神圣信物,象征着王权的力量和威严。

再看礼器。殷人重祀,祭祀是殷人社会生活的重要内容。《尚书·洪范》将其列为八政第三,仅次于食、货。所谓"夫祀,国之大节也"。殷代祭祀的对象非常广泛,天神地祇、先祖游鬼等均在祭祀之列。殷人嗜酒。"殷人毫不怀疑人神之间相互交通。但在现实生活中,头脑清醒时,人神交通很难取得出神入化的满意效果,而酒正好可以帮助人们在醉眼蒙眬、神情恍惚之际,置身于与神共处的美妙氛围。"殷人嗜酒,到了不能自持的荒酒境地。商封"酒池肉林",终致国破身亡。其教训给周人以深刻警醒。再回过头来看,无论是祭祀,还是饮酒,当然都少不了起码的礼器。祭祀作为"国之大事",自然得严肃对待,其祭坛礼器的讲究也就可想而知了。尽管嗜酒已成为一种社会风气,无论贵贱皆有此好,但王公贵族们绝对是不会因此而自掉身价、失了尊严和地位的;加之个人的喜好不同,所以这一时期饮酒器具真是异彩纷呈。盘龙城出土的青铜器中,礼器的数量是最多的,而其中尤以酒器的数量所占比例最大。初步核计,其酒器有酿酒的斝、储酒的壶、储酒备斟的尊、盛酒备送的卣、温酒的斝、烫酒的觚以及斟酒的斗、爵等,不一而足(见图2-6)。

图2-6 酒器

盘龙城的青铜礼器中不乏重器,杨家湾墓中出土了一件大铜鼎,修复后高达85厘米,在商代前期的铜鼎中位列第一(见图2-7)。李家嘴2号墓中也出土了几件大铜鼎,其中一件圆腹锥足口径31.6厘米,通高55厘米,造型与上述杨家湾所出铜鼎类似。在我国先秦时期,鼎是统治阶级拥有权力的一种象征,其形制大小与数量多寡直接反映出拥有者的地位与等级。因此,在诸多礼器中,铜鼎自然堂而皇之地被历代君王视作镇国之宝而累世相传。一旦国亡,新的统治者第一件要

图 2-7 铜鼎

完成的大事,便是毁其宗庙而迁其重器,以此作为权力交接转移的象征。后来兴起的南方楚国在步出荆山、国势强盛后,曾经一度挥师北上,陈兵周郊,欲观中国之政,并向前来质询的周天子使臣问周鼎之小大轻重。楚君醉翁之意不在酒,而在周之天下也。

盘龙城青铜礼器中还出现了一些新颖的器形,而为其他地区同时期的青铜文化所未见。铜爵本是商代青铜器中最为典型的器物之一,也是最早出现的青铜礼器之一。但盘龙城所出的铜爵造型颇为奇特:器身椭圆,长流,有尾,平底,流口立柱(有单柱、双柱之分),三棱尖锥实足,其中一足较长而外撒,身旁一鋬,正对较长的一足。盘龙城出土的铜爵不仅数量多,如李家嘴1号墓中就发现有五件铜爵,而且常常与铜斝、铜觚等共存。这种礼器的组合关系及数量多少,直接反映了其主人的社会地位。很显然,在殷商礼制中,铜爵是一种非常重要的礼器。

盘龙城青铜器的纹饰以夔纹为主体,联珠纹、涡纹和弦纹等亦有出现,体现出艺术审美创新。盘龙城青铜器的铸造工艺已经达到了较高的水平。当时人们已经掌握了不同铅、锡含量对器物影响的规律并加以应用。他们懂得将铅加入锡青铜中以提高铜液的流动性,增加满流率,使金属在凝固过程中产生的铸件缩孔及疏松得到液态金属的补充,从而获得铸件棱角清晰、表面光洁的效果。这一时期的青铜合金技术已步入成熟阶段,人们已能根据三元合金成分的变化,将不同硬度和抗拉强度的青铜用以铸造不同用途的器物的不同部件,从而有效地节约资源,提高利用效率。就铸造方法而言,大多数青铜器是浑铸而成的,亦有少数为先分铸附件再通体合铸的。

综上以观,盘龙城大量青铜器的出土,极大地丰富了商代青铜文化的内涵。其中一些成组青铜器的出现,大批青铜器生产工具的使用以及诸多新颖器形的产生,无疑又给殷商青铜文化增添了新的活力,它充分说明中原商王朝的青铜文化在"南土"特殊的环境中有了新发展。

第三章 武汉之成

第一节 三镇之源

"秦皇扫六合,虎视何雄哉。"秦始皇一匡天下,实行郡县制,设全国为36郡,武汉属于南郡,其中心在江陵。而后项羽起兵,将楚国旧地剖为四国,武汉地区一度成为临江王共敖的辖地。前201年,从南郡中析出江夏郡,江夏郡所辖沙羡县已将今武昌和汉阳纳入其境。东汉之世武汉地区的行政建制大致与之相同。通过对文献记载与考古资料相互参验和综合分析,发现自秦统一至东汉末年黄巾起义以前的400年间,武汉地区核心区与外缘区的发展处于一种不平衡的态势,当时的封建城邑文明已在今武汉市区周边的区县生成与发育,而今武汉市中心区则处于附庸状态,其城邑文明才刚刚萌芽。仅中心区而言,其发展也不同步,今武昌、汉阳发展较快,而今汉口地区则依然是一派荒草萋萋的景象,甚至地理上的汉口区域还未正式形成,有待社会历史的车轮向前驱动,碾压出适合汉口商贸发展的社会环境。

武汉作为地名和市名是在漫长的历史中形成的,其内涵在不断的变迁中凝聚,其外延也在不断变化和伸缩。回眸史册,早在春秋时期,典籍上称武昌为鄂渚,称汉阳(含汉口)为夏汭。在中华人民共和国成立初期,武汉市的区划没有现在这么大,没有包括黄陂、新洲,连当时的武昌县、汉阳县也不属于武汉市管辖,只是武昌、汉阳、汉口城区和近郊区才纳入市域。在新中国成立之前,武汉一般只指传统意义上的武汉三镇,但古代的江夏郡、郢州、鄂州、武昌府、汉阳府的面积就较大,最大时包括鄂中、鄂东南三十多个县,当时的武汉也囊括在其中。

一、武汉作为地名并不是自古就有的

从远古到明代中期的几千年中还没有出现"武汉"一词,更没有确指的地区和

城镇。到了明代中期,由于建立了武昌府、汉阳府(元代已建),才逐步形成武汉现在的地名。武昌原来指的是鄂城(即今鄂州市),武昌城即鄂州县城。由于设立了武昌府,府治设在江夏(今武昌区),于是就形成了武昌府城,江夏县城就附在武昌府城内。这样,原来的武昌县城(今鄂州市)就叫作下武昌,而武昌府城就叫作上武昌。当武昌府城(后简称为武昌城)建立时,汉阳府也早已建立了汉阳府城。明代,这两个大江两岸的府城的名字联称在一起就是武汉。不过,起初人们只是在口头上有这种称呼,未见文字记载。

现在我们所知道的"武汉"一词,最早见于明代后期万历元年(1573年)姚宏谟所写的《重修晴川阁记》。只要我们翻开《续辑汉阳县志》或者《大别山志》,就可以看到明代文人姚宏谟所写的《重修晴川阁记》中关于武汉一词的记载:"……嗣客零陵,领湖南郡,岁时以职事走会,伺酬应仓促,倏来旋往,则武汉之胜迹,莫得而恣其观游焉。"这就是关于"武汉"一词最早的记载。姚宏谟是嘉靖癸丑(1553年)进士,先后在朝廷做过史籍编修官,在湖南、湖北做过地方官。这篇《重修晴川阁记》是在湖北担任"全楚督学"、汉阳知府的程金主持第二次重修汉阳晴川阁时请姚宏谟写的。由此可见,"武汉"一词,在距今400多年前,就有了文字记载,指当时的武昌、汉阳两府城。

明崇祯年间的文人阮汉闻,曾逗留于武汉,写了不少有关武汉的诗歌,并著有《武汉纪游》一书,说明那时已有人用"武汉"一词作为书名。清道光年间(1822年),范锴在《汉口丛谈》中出现有"武汉"一词:"康熙二十七年戊辰六月,督标裁军,夏逢龙鼓噪举众作乱,巡抚柯永升自尽,遂陷武汉等郡。"继范锴20年后,清湘军创建人曾国藩在给咸丰皇帝的奏折中也用了"武汉"一词:"东南形势,则金陵为险;天下大事,则武汉为重。"在担任过湖北巡抚的胡林翼的文牍中,"武汉"一词也频频出现。

从明代中期到中华民国前期,"武汉"一词已不仅仅指明代初期的武昌府城、汉阳府城,因为在明代成化年间汉水改道后汉口出现,到明末形成了三镇鼎立的格局,因此武汉就成为武昌、汉口、汉阳的联称。但是,武汉三镇在行政上并未统一,各有统属,所以武汉作为地名、城名仍有一定的模糊性。1926年秋,国民革命军占领武汉,1927年1月国民政府迁至武汉。当时国民政府合武昌、汉口、汉阳为一市,定名"武汉"。1927年4月,武汉正式建市,历史发展到此时,武汉作为地名、市名才首次明确界定。以后武汉三镇虽有分合,而且市域也屡有变化,但武汉作为一个地方、一个城市的名称就为世人所公认了,无论是学界、社会,还是民间,武汉的城市名称终于固定下来,成为确有所指的华中大都市。

二、汉阳之名的来历

汉阳最初的地名为夏汭,按地名称谓的文化习俗,山南水北谓之阳,山北水南谓之阴。今天的汉阳在汉水之南,就不应称为汉阳了。其实,汉水河道是弯曲的,并时有变化,水的走向前后不一,而汉阳的治所前后变化也很大,当初命名为汉阳并不违反山南水北的地名习俗。

清代著名诗人陈诗编有《湖北旧闻录》一书,在第一册《汉阳县》中,根据《太平寰宇记》所载,说汉阳是"以在汉水之南,临嶂山之阳为名"。汉水是一条弯曲的河流,当时汉阳县叫沌阳县,治所在今蔡甸区黄陵矶北约4华里的精山南侧的下汊(今蒲潭),正处汉水之北,临嶂山之南。而且长期以来,汉水还有一股水流从汉阳龟山之南注入长江(面对武昌鲇鱼套)。到明成化时汉水改道,从龟山北侧入江,汉阳城由汉水之北改位于汉水之南,但汉阳之名未改。

汉阳建县始于何时,有两种不同的说法。一种说法是范锴在《汉口丛谈》中云:"东汉世祖建武元年(25年),始置沌阳县。"后来废置,并入沙羡县。晋永兴二年(305年)又复置沌阳县,治所在精山侧。晋永嘉元年(307年),沌阳县治迁至临嶂山(今城头山),并筑城,今城址尚存。晋永嘉六年(312年),著名将领陶侃曾屯守于此。隋开皇九年(589年),沌阳县隶属于沔州(后改为复州)。开皇十七年(597年),沌阳县改为汉津县。隋大业二年(606年),因汉津县的城池在临嶂山,位于汉水之北,依"水北为阳"之定例,改名为汉阳县。另一种说法是王葆心在《续汉口丛谈》中云:"按石阳,即东晋之汉阳,为汉阳始置县,在今黄陂地。""然则石阳今虽在黄陂,实则古汉阳也。"并引《元和郡县志》和《黄陂县志》,石阳"在今县北十五里,今名西城子"。石阳的确在今黄陂,而且也属于古汉阳。石阳地处长江、汉水交汇处,运输和商贸很方便,故《三国志》中有"石阳市盛"之说。王葆心指出,三国时"当时军用要地,莫如夏口;商用要地,则石阳也"。当时在石阳还建立了城池,发生过吴魏间的战争,商贸也很繁盛。但这一切均只说明石阳是古汉阳地区的一个商贸城,一个具有军事防守的城,而不能说明它是古汉阳县的治所。所以,把石阳县作为汉阳始置县很难成立。

汉阳在先秦属于郧西县。汉高祖六年设江夏安陆县时,汉阳沧河以北地区属安陆县,汉阳沿江地区则属沙羡县。汉阳本身尚无独立建制。据范锴《汉口丛谈》,汉阳建制应始自东汉建武元年(25年)所置之沌阳县,隋代改汉津县为汉阳县。此后汉阳名称一直未变。不过,范锴所云东汉建武元年设沌阳县,不知源自何典,笔者曾检索有关志书,均未著录,因此还需进一步考证。

从目前所取得的史料来看,汉阳在西汉时属安陆县、沙羡县,在东汉时为沌阳县,后为沙羡县治(郤月城),晋又改为沌阳县,后改为曲阳县,南北朝时称曲陵县,后改为汉津县。隋大业二年,改汉津县为汉阳县,县名持续到1992年汉阳县改为蔡甸区为止。不过,汉阳又有汉阳城区和汉阳县之别,习惯中所称的武汉三镇和武汉市,较长时期指的是汉阳城区,而不是汉阳县。汉阳城区是汉阳县治、汉阳府治。到民国时,纳入武汉市或汉口市范围内。中华人民共和国成立后,汉阳县辖

农村乡镇,起初不属于武汉市。汉阳城区定为武汉市汉阳区,之后汉阳县并入武汉,1992年改为武汉市蔡甸区。

三、武昌之城的来历

武昌在历史上名称变化很大。武昌最初的名称是鄂渚。鄂渚之名称源于屈原《楚辞·九章·涉江》:"乘鄂渚而反顾兮,欸秋冬之绪风"。朱熹在集注中说:"鄂渚,地名,今鄂州也。"其实,在朱熹以前,鄂渚已成为今武昌的代名词。例如:《梁书·张缵传》记载张缵于543年为湘州刺史,述职经过武昌,所作《南征赋》中有"经道途于鄂渚,迹孙氏之霸业";《太平寰宇记》中有"隋平陈,改为鄂州,取鄂渚以为州名";南宋王象之《舆地纪胜》中说得更确切,说鄂渚"在江夏西黄鹄矶上三百步",具体指明鄂渚在武昌文昌门一带,今为武昌造船厂基址。

秦代时,推行郡县制,设立鄂县。鄂县主要在今鄂州市,今武昌区、洪山区、青山区、江夏区有些地方也属于鄂县。武昌蛇山又叫黄鹄山,也叫江夏山。所以孙权建夏口城时,称"城江夏山"。可见在孙权之前,武昌就有了江夏山。后来将武昌改名为江夏,与此不无关系。

三国时,孙权将统治中心由公安移至鄂县,改鄂县为武昌,取"以武治国而昌"之义,并将其作为吴的都城,武昌之名由此确立,但当时不是指今武昌。黄武二年(223年),孙权出自拱卫都城的需要,从今武昌地区的战略地位考虑,在蛇山头筑城,因该城面对江北之夏口(汉水下游名夏水,夏水入江处名夏口,故夏口原在江北,即今汉阳、汉口一带),故取名为夏口城。从此夏口从江北移至江南,从汉阳转至武昌。

南朝刘宋时,设置郢州,夏口城为郢州治所,又称为郢城。隋唐时郢州改为鄂州,郢州城又演变为鄂州城。隋开皇九年(589年),郢州之下在今武昌设立江夏县,从此,武昌才有了江夏县之称,一直延续到清末。民国元年,将江夏县改为武昌县,又将原武昌县改为鄂城县(今鄂州市)。另一方面,由于自明代设置武昌府,府城即今武昌,江夏县附于府城之中,故明代时府城又称为武昌城。但武昌县城仍在今鄂州市,故称武昌府城为上武昌,武昌县城为下武昌。1926年12月,武昌曾设市政厅和市长。1929年、1945年再次设武昌市。武昌市含城区和近郊区,另置武昌县,不入武昌市建制。中华人民共和国成立后,武昌县、武昌区的体制和名称多次变化,原武昌市演化成今天的武昌区,而武昌县则改为江夏区。

四、汉口商镇的来历

春秋战国时期,汉口和汉阳统称为夏汭。在历史上,汉口又称为汉皋、夏口、沔口,简称为汉镇。汉口之名始见于《南史》。《南史》云:萧衍"自襄阳趋建业,邓元起会大军于夏口,筑汉口城以守鲁山"。当时南齐的萧衍进攻汉阳,在龟山西北约十里外筑城,名萧公城,又名汉口城。这是"汉口"一词第一次在史册上出现,不过当时所说的汉口城在汉阳,而不在今汉口。明代成化初年(1465—1470年),由于汉水改道使原来的汉阳地区一分为二,汉口与汉阳在地缘上分离。起初汉口包括汉水入江之口的南北两岸,后南岸归汉阳,北岸专指汉口。1898年,张之洞督鄂时,在汉口设立夏口厅,实行阳(汉阳)、夏(夏口)分治,从此汉口有了独立的建制。民国元年改夏口厅为夏口县,1929年夏口县撤销。在此之前的1926年10月26日,建立了汉口市。1927年4月16日又建立了三镇统一的武汉市。后三镇又有分有合,汉口曾定为特别市或直辖市。从总体上而言,自明代后期以来,汉口地名即已形成。今汉口含江岸、江汉、硚口三个区。从大汉口的范畴来说,东西湖也可包括在汉口之中。

第二节 三镇之成

今武汉城市的发展,早期的重心不在今武汉三镇中心城区,而在城区近郊或郊县。黄陂区、新洲区、江夏区、蔡甸区所建立的城堡、城池要先于市中心的郤月城、夏口城。赤壁大战前后,在江北新建郤月城,在江南新建夏口城,在今武汉市区中心奠定了双城机制的雏形,它标志着武汉地区城堡由外围做向心式发展,开始在江汉交汇之处形成市区中心。这是武汉城市具有里程碑意义的发展。之后,郤月城演化出鲁山城、萧公城、汉阳城,夏口城演化出曹公城、郢州城、武昌城等。

一、三镇中心地区最早的城堡郤月城

江北的汉阳一带,由于正扼守汉水入江之处,南来北往的船舶大多在此停靠,因而其发展较快。最早的一座军事城堡便出现在汉阳龟山西北坡。"沔(即汉水)左有郤月城,亦曰偃月垒,戴监军筑,故曲陵县也,后乃沙羡县治也。昔魏将黄祖所守。"可见,郤月城尽管在汉末一度成为黄祖的军事据点,但此城却始于戴监军之手。一般认为戴监军系东汉时人,可从汉宣帝时曾设监军御史,后又改他称的史实看,郤月城至迟在东汉末年已经筑成。对其规模,《元和郡县志》中有这样的记载:"郤月故城在汉阳县北三里,周回一百八十步,高六尺。"显然,郤月城规模很小,大约只有盘龙城的1/16。尽管如此,它是在今武汉市区中心出现的第一座军事城堡,更重要的是以此为依托的汉水入江口一带很快便成为船舶云集之所。

郤月城是武汉中心地区见于史籍的最早的一座城堡,它南倚龟山,北面汉水,紧扼汉水入江的交通要道,在军事上起着重要的保障作用。尽管其建筑面积不

大，但以其为屏障的居民区和军事营垒，却曾达到相当规模，尤其是作为水军据点，作为水运所需物资的起卸地，起着非常重要的作用。从其出现时起，便具备了城港一体化的原始形态，至迟在东汉末年，便发展成为"导财运货，懋迁有无"的港市。

二、夏口城和黄鹤楼的兴建

与汉阳相比，江南的武昌兴起稍晚，但随着夏口城的构建，这一带也开始得到迅速的发展。自曹丕、刘备先后称帝后，孙权为钳制魏、蜀势力的进一步扩张，采取了一系列政治、军事上的重大措施。222年，孙权在鄂县称帝建都。223年，为拱卫都城，又在今武昌蛇山东北隅构筑了夏口城。该城背靠蛇山，面向长江和沙湖，为版筑土石城。顾炎武《肇域志》谓其"依山负险，周回仅二三里"。由于其面江北夏水入江之口，故名夏口城。

孙权对夏口的重要性有着极其深刻的认识。黄武二年（223年），孙权筑城于黄鹄山（蛇山），这就是今武汉市武昌区历史上出现的第一座城——夏口城。城的范围很小，周围不过二三里，但雄踞黄鹄矶头，处于战略要地，东吴曾以重兵镇守。名扬天下的黄鹤楼本是夏口城的一处登高凭眺的瞭望台，也在此时随同夏口城一同诞生于战火硝烟之中。唐李吉甫曾明确指出："吴黄武二年，城江夏，以安屯戍地也。城西临大江，西南角因矶为楼，名黄鹤楼。"从这些记载中可以看出，夏口城和黄鹤楼的始筑，最主要的是军事功能，城为战守，楼为瞭望，都是为适应当时军事斗争的需要而诞生的。这时的夏口城完全是一座军事城堡，孙吴设夏口都督，屯兵戍守夏口城。担任夏口都督的多为东吴孙氏宗室。

夏口城是一座立于蛇山，面临长江，与汉阳遥遥相望的军事城堡，与汉末构筑的郤月城相比，大了几倍。

夏口城和郤月城建立在军事目的之上的城港一体化，奠定了今武汉三镇的初基。在此基础之上，经过两晋南北朝的特殊时段，武汉城市经济逐渐发展，并开始形成自己的特色。

三、"双城驱动"武汉核心城区形成

从东汉至三国，今武昌、汉阳已经成为军事重镇而建城，并由吴魏军事将领镇守，其地位已远远高于县治。正因为如此，在吴魏各置江夏太守，今武昌、汉阳均曾成为江夏郡治。换言之，今武昌、汉阳已成为地区性军事、政治中心。不过应注意到三国时建立的江夏郡，具有遥领性质，并不意味着完全实际拥有，号称为江夏太守者并不一定统治了江夏地区。至于郡以下所设的沙羡县、沌阳县，虽然包括了今武昌、汉阳地区，但县治主要不在今武昌区、汉阳区，而在今远城区的江夏、蔡甸。但今武昌、汉阳崛起为地区性军事、行政中心时,沙羡县治也可能已转移至今武昌、汉阳,但不久沙羡县废置。在这一时段中,由于孙权建夏口城,并从刘琦手中夺取鲁山城,因此占有夏口、鲁山二城。武汉的发展,与孙权的经营、扩建密不可分。可以说,孙权因武昌建都和夏口地区建双城而走强,而武昌和夏口也因孙权的经营而兴盛。

而后魏晋南北朝,直至隋唐宋元历史变迁,武昌城和汉阳府一方面因为战略地位突出,成为兵家必争之地;另一方面,随着唐代安史之乱和宋元时期经济中心的南移,武汉地区的交通、商贸、渔业、农耕、手工业不断兴盛,成为历朝历代的经济中心之一。同时,在宋元时期,武昌城正式确立为湖广行政区域的政治中心,是中南几省的行政中心,在元代,汉阳地区甚至成为朝廷安置流亡的安南国王和部属臣民的侨居地。

作为湖广会城的武昌,在明代初年就有了较大规模的拓展和建设。武昌城的主体是规模恢宏的楚王府。当时武昌城修筑的规格大大高于其他省会城市。这大约与朱元璋亲征过武昌的陈理,而当他的军队攻克武昌时,又值其第六子朱祯出生有关。在此基础上拓展的明代武昌城,无疑是武汉古代城市建设史上的飞跃。

明朝在汉阳设置汉阳府,下辖汉阳、汉川两县,汉阳县是汉阳府的附郭县,设有府、县两级衙门。北宋宣和三年(1121年),江河大水泛滥,汉阳城毁于水患。南宋嘉定初年,汉阳军守黄干多次呈请修复汉阳城,但因种种原因未果。直到咸淳十年(1274年)才修城,但修城后在元代倒塌。汉阳并没有城郭。明朝初年朱元璋平定楚地后,汉阳知府程瑞重修汉阳城,有朝宗、凤山、南纪三门。依据唐代汉阳古城的基础,其地理位置仍取"东南临大江,西北跨凤栖"之势。明代时期的汉阳城,既是地区性政治中心,也是经济、文化、军事中心。汉阳府、汉阳县两级衙署以及县学、文庙、书院等均设在城内。

由于武昌、汉阳两城地处长江、汉水之滨,频繁暴发的洪水对两城的经济发展和安全造成了严重威胁。自北宋开始就在鄂州兴建堤防防御洪水。到了明朝,武昌堤防的修筑进入新阶段,筑堤的规模和堤防的质量都远非宋元两代所能比拟。修筑武昌江堤最为著名的人物是明万历年间的熊廷弼。熊廷弼(1569—1625年),字飞百,湖广江夏人,万历二十六年(1598年)中进士,曾任兵部尚书兼右副都御史,后来出任辽东经略以对付正在蓬勃发展的后金政权。熊廷弼是明朝末年治理边疆的能臣,却在极端腐败的明朝政治统治下含冤而死。虽然熊廷弼一生主要的政绩是经略辽东,但是他也为故乡人民做了不少好事,如筑堤架桥,造福桑梓,并因此赢得了故乡人民对他的尊敬和怀念。他的名字曾作为武昌道路的名称。民国初年,将大东门至湖北剧场靠近当年熊廷弼故居的路段命名为熊廷弼路,后因建设长江大桥,此路向两头延伸,成为自东进入武汉,再从长江大桥以通汉阳、汉

口的最重要的交通干线,改名为武珞路。

与武昌相比,汉阳的地势更低,更易遭受水灾。汉阳堤防的修筑比武昌晚,自明朝中期以后才开始营建汉阳的沿江堤防,且堤防质量十分低劣,每遇汉江大水,汉阳一片汪洋,唯有龟山似孤岛屹立于水中。成化年间(1465—1487年),汉水下游主河道入江口形成后,汉阳才开始有了沿汉江堤防的修筑。正德年间(1506—1521年),在汉阳月湖修筑了杨柳堤,开始构成以堤护城的城市景观。

四、汉水改道之汉口成市

汉口的发展,从明代到晚清经历了四个阶段。

1. 第一阶段

第一阶段为明天顺至嘉靖年间,为汉口沿河筑圩聚居时期。汉口地势低洼,东临大江,南滨汉水,西北为后湖所围,涨水时一片汪洋,水退后遍地芦苇。据史料记载,汉口在天顺年间始有居民,民人张天爵在汉口与长江交汇的三角洲上于沿河一面盖屋居住。而滨江一面,因水大风急,难以定居。即使在沿河一面,也因地势低,常闹水灾,居民只得圈地筑圩,堆土造墩,才能聚族而居。汉口旧时地名多有名墩或坑者,原因即在此。

2. 第二阶段

第二阶段为明嘉靖至崇祯年间,汉口形成沿河市镇。在这一个阶段,漕运和盐运为汉口提供了兴起的契机。嘉靖五年(1526年)到崇祯八年(1635年),汉口在一百多年的发展中成为湖北地区最繁盛的市镇。

3. 第三阶段

第三阶段为明崇祯至清同治年间。汉口早期沿河市镇渐趋稳定,并成为"中国四大名镇"之一。汉口虽然填土筑圩,兴建民宅,生齿日繁,商贾云集,但由于地势低洼,既受到江河之水的冲刷,又有来自今东西湖和后湖的水患,每逢夏秋涨水,腹背受敌,常被淹没。而大雨连日,又有内涝之苦。明崇祯八年(1635年),汉阳府通判袁昌就地取土,于后湖以南、汉口市区以北修成一道长堤。此堤上起硚口,下至堤口,即今沿江大道马王庙附近,呈半月形,人称袁公堤。堤外掘土造成深沟,即成为运河——玉带河。此河上通汉水,在通汉水处,建有桥,此地即称为硚口,硚口地名由此而始。长堤形成后,大大减缓了汉口来自后湖方向的水患,再加上长江、汉水河段上沿江堤防的修筑,汉口形成了四面设防的市区。在这一区域中,以汉正街、黄陂街为主要街道,出现了汉口沿河闹市区。起初,汉口只有沿河码头和河街,后来由河街而正街,由正街而内街,而夹街,而里巷。明末,汉口居民已达数万人。

正街又叫官街。在清初,为了适应汉口市镇的发展,于汉口设仁义、礼智两大巡检司,又移汉阳府同知分驻汉口正街。入清以来,随着水运、商业和手工业的发展,汉口居民大大增加。其中外来人口,如外省来汉经营盐、茶、竹、木的商贾,邻近州、县出卖劳动力的农民和手工业者,占有很大的比重。雍正七年(1729年),原德安府孝感县及黄州府黄陂县划归汉阳府,黄陂、孝感人入汉帮工更为方便,以至一度在汉形成颇有名气的"黄孝帮"。据乾隆三十七年(1772年)的统计,汉口仁义巡检司(司署设于今汉正街安定巷)有14 189户、477 732人,礼智巡检司(司署在今统一街万寿巷)有18 025户、51 649人,共计32 214户、529 381人。至嘉庆二十二年(1817年),汉口镇已有居民129 100余人,汉口的经济地位已超过了武昌、汉阳,这种状况一直持续到鸦片战争前后。

4. 第四阶段

1861年开埠后,汉口逐步转为近代都市,并从沿河走向沿江。昔日汉口沿汉水而建,处于汉水、长江交汇之处。开埠后,城区向下延展,转向沿江。这种沿江发展的走向,首先起于租界的建立。列强依靠其轮船的优势,可在大江之滨起卸货物,因此将租界建立在江滨。五国租界沿江延伸,从江汉路直达卢沟桥路,这就影响到整个汉口城区的走向,拉动着华界街市与租界平行发展。1864年10月,汉阳知府钟谦钧为了加强汉口的防务,抵制捻军的进攻,在汉口后湖筑堡,建造硚口至沙包(今一元路)城堡11华里,堡基密布木桩,堡垣全砌红石,辟玉带、便民、居仁、由义、循礼、大智、通济等七门。由于汉口城堡的兴建抵挡了来自东西湖、后湖方向的水患,堡内昔日的低洼之地逐步填平为居民区,汉口城区得以扩大,汉口沿江发展亦由此扩大了地理基础。而在堡内的袁公堤已失去挡水的功能,遂被挖平,改建为街道,即今长堤街。汉口闹市中心已逐渐从沿河的汉正街、黄陂街向下推移至沿江的六渡桥、江汉路一线。筑堡时取土挖沟,形成一条运河,即护城河,外环城堡。鉴于汉口地位上升,1898年张之洞奏请将阳(汉阳)、夏(夏口)分治,在汉口设立夏口厅,划汉阳县所辖汉水以北之地,北至滠口,西至溳口,横约120华里,纵约30华里,归夏口厅管辖。夏口厅不属于汉阳县,而属于汉阳府。汉口独立建制由此而始。但此时汉口市区仍很窄。汉口的后湖因系襄河故道,淤塞后,地势低洼,不能成为街市。1905年,在张之洞的主持下修建了东起汉口堤角,西至舵落口,全长23.76公里块石护坡的张公堤。自建堤后,作为襄河故道的后湖,十几万亩(1亩≈667平方米)低洼之地上升成陆地,市区扩展了7倍,为汉口的发展创造了极为重要的条件。此时,原先的汉口城堡已失去防水功能,于1907年拆除,堡基改为马路,上起硚口,下至江汉路,名为后城马路,即今中山大道六渡桥至

江汉路段,此为汉口华界第一条近代马路,也是汉口从沿河走向沿江的标志。不久,这里就演化成汉口闹市中心,路旁店肆栉比,高楼林立。接着汉口又修建马路,自硚口至刘家庙,共辟直马路七条,横马路三条。同时京汉铁路亦在汉口西面铺设。汉口市街格局大致形成。

汉口的形成和发展展示了一个世界城市史上的奇迹。地势低洼、四面临水的汉口,从最初在墩台上设圩建房,到填土抬高地面,到修堤护卫居民区、商业区,可以说是在低滩上建造了一座城市。汉口是一座填高的城市,一座堤防护卫的城市。

第二篇
汉口开埠后到新中国成立前的武汉

汉口开埠和江汉设关是武汉市沦为半殖民地的标志性事件,同时也是武汉由封闭走向开放的开始。武汉进入半殖民地半封建社会后,无数仁人志士探索救国救民的道路,洋务运动时期,张之洞致力于武汉的发展,实业救国。

20世纪初,两湖成为民族矛盾、阶级矛盾尖锐地区。人民群众反抗斗争风起云涌,武昌起义应运而生。通过广大将领和人民的浴血奋斗,武昌起义取得了胜利,适值农历辛亥年,史称辛亥革命。辛亥革命是反帝反专制的资产阶级民主革命的高峰,是20世纪中国历史的第一次飞跃,在中华民族振兴的进程中,具有不可磨灭的历史功绩。

辛亥革命后成立了中华民国,在北洋军阀和国民党的统治下,武汉只能在曲折中缓慢发展。然而即使是这种曲折的发展,也因为全面抗战的爆发而戛然中止。在以国共合作为主体的抗日民族统一战线的旗帜下,抗日军民以武汉为轴心,以豫皖湘赣为外围,进行了一场艰苦卓绝的保卫战。

1945年8月15日,日本投降。9月18日下午3时,武汉地区的受降仪式在汉口中山公园的受降堂内隆重举行。抗日战争是鸦片战争以来,中国人民第一次取得完全胜利的民族解放战争。它洗刷了民族耻辱,成为中华民族由衰败到振兴的转折点。中国的抗日战争,对彻底打败日本帝国主义具有决定性的作用,为世界反法西斯战争的胜利和人类文明的进步做出了重大贡献。

1949年5月16日,汉口解放。5月17日,汉阳、武昌相继解放。历经忧患的大武汉终于迎来了曙光,获得了新生。

第四章 武汉之兴

第一节 汉口开埠

从武汉的现代化进程以及国际性城市着眼,1861年汉口开埠是一个重要的界标。汉口开埠后,汉口逐渐由内陆型的封闭性城市向开放性的国际性城市转变。开埠之前,武汉已经相当繁荣,交通便利,商业兴盛,往来贸易不绝,是当时中国之集政治、经济和文化于一体的重镇。尽管如此,以汉口为代表的武汉地区,与世界少有联系,仍是典型的传统内陆市镇。早于汉口的沿海一些城市的开埠通商,对中国广袤内陆腹地的影响依然微弱。

一、开埠在被动与主动之间

1840年鸦片战争迫使中国进入近代社会,然而此时西方对中国的影响还仅仅局限于沿海地区。地处内陆的武汉除了在市场上多了少许洋货外,依然在旧有的轨道上缓慢发展。直到第二次鸦片战争《天津条约》签订后,汉口被增辟为通商口岸,从此被迫走上了一条新的发展道路。

1. 汉口开埠与江汉设关

对于汉口开埠,《天津条约》本来规定:由于太平天国未平,除镇江一年后立口岸通商外,其他地区俟地方平靖再作商议。然而英国专使额尔金却迫不及待地于1858年11月8日偕同上海海关税务司李泰国等带五艘军舰沿长江逆水而上,于12月6日抵达汉口,拜会湖广总督官文。1861年初,英国又派一艘轮船抵汉,并留驻通事。3月,英国驻华参赞巴夏礼与英侵华舰队司令贺布乘舰自上海测量江水深度,不久英国单方面公布《扬子江贸易章程》和《长江通商章程十二款》,宣布汉口、九江辟为口岸,设置领事。英国新任驻汉领事金执尔也带商船涌入汉口港,抢占市场。他们用洋枪布缎兑换当地的土特产桐油、茶叶及工业原料。随着来汉经商人员日益增多,为了加强管理,严防商人走私和逃税,湖广总督官文奏请在汉设关。1861年11月11日,总理衙门议准官文之请,在汉口青龙巷设江汉关,于1862年1月开始征收关税(见图4-1和图4-2)。

图4-1 开埠后的汉口

图4-2 江汉关

汉口开埠和江汉设关是武汉市沦为半殖民地的标志性事件,同时也是武汉由封闭走向开放的开始。江汉关的设立,将武汉与外部广阔的世界联系起来,武汉由一个相对封闭的内陆城市向国际化大都市转变,武汉在全国开放口岸中的作用和地位也日渐重要。开埠后,在外力和内力的共同作用下,武汉开始沿着新的城市发展轨迹运行。在汉口开埠30余年后,1900年11月,时任湖广总督的张之洞以兴建粤汉铁路为名,奏请"开武昌城北十里外滨江之地为通商口岸"。这是一次自开商埠的行动,从表面上看,其目的似乎是增加贸易税收,但从根本上看,这是张之洞对开放与一个城市发展的关系深刻认识的结果,其目标是让武昌成为一个能与汉口媲美的"武昌大商场"。此时的汉口,在经过多年的开放后,其贸易总额已经位居全国各大口岸的前列。

2. 租界的划定与拓展

1861年3月,英国驻华参赞巴夏礼等人迫使湖广总督官文同其签订《汉口英租界租地契约》,将汉口闹市区黄陂街以下,从花楼街往东到原甘露寺江边下东角为止的地基划为英国租界。英国每年仅向汉阳县缴纳地丁漕米银92两6钱7分。《汉口英租界租地契约》还规定,"管办此地,一切事宜全归英国"。中国政府完全丧失了在这块土地上的一切权力。

继英国之后,德国于1895年借口参与迫使日本归还辽东半岛有功,强迫清政府同意其在汉口设立租界,将汉口通济门沿江官地界外起至李家冢共600亩土地设为租界(见图4-3)。

1896年5月,俄国与清政府签约,在汉口设立租界,租界上至英国租界边界界限街(今合作路),下至黄陂路与黄兴路之间,北至今中山大道,南抵江边,共占地414亩(见图4-4)。

图4-3 汉口德国租界

图4-4 汉口俄国租界

1896年6月,法国迫使清政府签订《汉口法租界租约》,设立租界,总面积为187亩。

1898年7月,日本胁迫清政府签订《汉口日本专管租界条约》,日本租界自通济门外德国租界北首起,沿江下行至燮昌小路(今郝梦龄路),面积为247亩。

此外,比利时曾在汉口刘家庙购得土地约36 000平方米,并提出以此作为租界。由于此地为卢汉铁路咽喉,其要求遭到清政府拒绝,经过交涉最后以清政府赔偿白银818 000余两作罢。美国也曾有在汉口设立租界的意图,不过没有实现。

各国在武汉设立租界不久,纷纷感到面积不足,进而要求拓展租界范围。1898年,英国迫使清政府湖北当局签订《英国汉口新增租地条款》,新增土地337亩。1901年,英租界工部局总办米勒乘八国联军占据北京、天津之机,私下与汉口地皮大王刘歆生达成协议:工部局负责将刘歆生拥有的今江汉路、扬子街一带的土地用租界中运出的垃圾、煤渣填平,刘歆生则自愿将填平地皮的一部分,包括后花楼街南至中山大道和整个扬子街的地段纳入英国租界。工部局在这块地皮上修筑了歆生路(为表彰刘歆生献地皮有功而命名)、扬子街。经过越界筑路,英国租界比原址扩大了三分之一。

《辛丑条约》签订后,法、日、德等国纷纷效仿英国,要求在汉口拓展租界。各国租界扩界后,总面积为2 826亩,加上其他名目的土地扩张,租界的实际面积超过3 300亩。1904年,在汉法国商人通过购买和胁迫手段,在今解放公园一带得到面积相当于汉口五国租界面积总和的地皮,建成西商跑马场,成为汉口"租界外的租界"。

二、开埠以后武汉社会的变迁

为了把湖北和华中地区变为他们的商品市场和原料市场,列强纷纷在武汉开设洋行,利用不平等条约,倾销本国商品,掠夺湖北资源及农产品,甚至从事非法贸易获取高额利润。同时他们还以开办银行、兴办工厂等方式向湖北地区进行资本输出。为了进一步对中国内地进行政治侵略和经济掠夺,列国竞相争夺航海权和铁路权。在进行政治压迫和经济掠夺的同时,列强还在武汉地区以传教为名,创办学校、医院等,对武汉地区的发展产生了深远的影响。

1. 从临河到滨江:对外贸易的勃兴与汉口社会经济的转型

明清之际,随着江南经济的开发和资本主义萌芽的发展,武汉有了长足的发展,但我们也必须看到,汉口的兴盛还仅仅是封建贩运经济发达的结果,其经济中心位于风浪相对平静的汉水岸边。尽管这种经济的兴盛反映了明清资本主义萌芽的发展,而且它最终也会由此走上一条新的发展道路,但这一进程还无明显表现。

1861年3月,英国官方及商界代表威利司、韦伯等人抵汉,与湖广总督官文议定通商事宜。不久英国单方面宣布汉口通商。英国及其他资本主义列强的渗入,使武汉及周边地区的经济发生了重大变迁,而这一切首先是从贸易开始的。

1862年,英国怡和洋行和德国礼和洋行首先在汉口设立分行。随后,其他列强也接踵而来。到20世纪初,在汉口的长江沿岸聚集了16个国家的140余家洋行(见图4-5),这些洋行利用不平等条约赋予的特权在武汉从事大规模的贸易活动。

图4-5　汉口长江沿岸洋行林立

自汉口开埠以来,洋货匹头进口逐年增长,品种也逐年增多,大宗商品,如棉纱、棉布、煤油、食糖、五金等,完全占据了市场,一些小商品,如铅笔、肥皂、糖果等,也成为一般商店的商品。武汉地区传统的以米、布、盐、木材为大宗商品的贸易结构开始崩溃,而以洋纱、洋布和茶叶为交换主体的新型市场体系开始建立,一方面洋货贸易形成了一股新的商品潮,另一方面大批土货也成为汉口对外的抢手货。尽管武汉开埠在时间上并不早,但它的商业贸易很快跃居国内各商埠的前列。

2. 在贸易额急剧增长的背后,是武汉社会经济的转型与变迁

首先,旧有贸易结构发生变化,武汉市场的职能与地位也随之调整。开埠后,以洋纱、洋布为代表的外国商品成为武汉地区贸易的重要内容。同时,大批土货,如牛皮、茶叶、锡、棉花等,也因对外贸易而交易量大增,其中茶叶的表现最为突出。"每逢茶节,江舟衮衮,行贾济济,问其何事,莫不曰载茶,问其何往,莫不曰到汉口。"在此季节,上海之英美茶商各路麇集武汉。汉口沿江码头,茶叶堆积。自开埠到辛亥革命,茶叶一直是汉口出口的第一大宗。茶叶在整个土货出口中占有非常重要的地位,茶叶因此成为直接制约汉口经济的重要因素。无论是棉制品进口,还是茶叶出口,都与西方资本主义国家有着密切关系。武汉市场也由原来的全国性的商品市场变成一个国际性的商品市场,并纳入到世界资本主义体系。世界市场的任何波动都将对它产生重大影响。

其次,与大规模贸易相对应,开埠后武汉地区近代金融业也发展起来。武汉地区金融早期现代化是从外国银行设立开始的。1863年夏,英国麦加利银行派专人来汉口租屋营业。1865年,该行在汉口英国租界内(今洞庭街55号)正式开业。汇隆、汇川、汇丰等银行也相继在汉口设立分行。此后随之而来的还有德国德华银行、法国东方汇理银行、俄国道胜银行、日本正金银行、美国花旗银行、比利时银行等。在各银行中,汇丰银行的资本最为雄厚。外国银行的业务,涉及贷存、汇兑、投资等,并且外国银行直接插手进出口贸易。

明清之际,伴随着国内贸易的发展,武汉地区就有不少的旧式金融机构——钱庄、票号存在。太平天国时期,旧式金融机构遭到很大的打击。开埠以后,随着局势的稳定和商业的发展,钱庄和票号等金融机构再次发展起来。关于外国银行与钱庄和票号的关系,一般观点多认为,外国银行必然会导致中国旧式金融机构的破产。不过我们在武汉看到,尽管外国银行以它雄厚的资本一直对汉口传统金融业进行打击和压迫,但在开埠初期,武汉市的钱庄、票号不但没有减少,相反迅速地发展起来。原来一些可能只有几百两银子的小钱庄,在商业发展的刺激下,也开始发挥比较重要的职能,资本也增至两千到八千两,对任何与它们有业务往来的、有地位的商贩开发期票。到19世纪70年代末,汉口资本较雄厚的钱庄已发展到40余家。

钱庄、票号的发展表明了它顽强的生命力和对环境的适应性。汉口开埠后,面对外国银行对汉口传统金融业的冲击,旧有钱庄、票号一方面试图进行抵抗,另一方面开始适应外部环境的变迁,发生了一些醒目的变化。最明显的就是它们逐新趋附于外国银行,并逐渐买办化。为开拓在汉业务,外国银行在其压制中国金融业效果不明显的情况下,转为拉拢,以借取武汉地区的金融力量谋求发展。而钱庄、票号对外国银行的这种行为则表现出较为灵活的接纳态度。外国银行与旧式金融机构的相互认同,反映了开埠后武汉贸易变迁的特征及需求。由于钱庄与中国传统商业联系紧密,又具有调节商品流通和资金周转的功能,符合了西方列强在内地开拓口岸和市场的需要,同时,钱庄也借取外国银行强大的资本扩大自己的金融活动,以博取利益,二者有着内在的利益联系。比如,汉口开埠伊始,买办就是利用庄票作为支付手段为洋行推销商品的。1865年,当洋商坚持售现货代替期票时,洋货销售顿呈颓势,迫使洋行不得不重收期票。

再次,与开埠前的手工作坊相比,开埠后武汉地区的近代企业开始发展起来。武汉地区的近代企业最初是由外国侵略者创办的。早在开埠以前,俄商就在恰克图从晋商手中购买湖北羊楼洞茶。开埠后,俄商开始直接来汉口贩茶,并在羊楼洞开设作坊制造砖茶。为了提高效率,1863年,俄商在汉口创办顺丰砖茶厂,使用机器生产砖茶,这是武汉地区的第一个近代企业(见图4-6)。随后,各国商人在汉口开设了许多压革厂、打包厂、蛋厂、金银炼厂、制冰厂、冰冻食品厂、灯泡厂。1908年投产的汉口英美烟草公司,为辛亥革命前最大的外资企业,采用最新机器,每天生产纸烟一千万支。

图4-6 汉口顺丰砖茶厂

列强在武汉地区开设的工厂,除了少数从事轻工业制造(如乐器厂)和服务性近代公用事业(电厂)外,主要是为掠夺性贸易服务的原料加工业。据统计,外商在汉经营的12家主要的近代工厂中,加工工业占83%,占绝对优势。其中又以俄商开办的砖茶厂最为有名。从1863年至1877年,汉口顺丰、新泰、阜昌三个俄商茶行创办了4个机器砖茶厂。1878年发展为6个机器砖茶厂。另外,英国隆茂洋行于1876年开设打包厂,使用水压机作业。1887年开办的德商美最时蛋厂、礼和蛋厂均采用蒸气打蛋机和德式真空干燥法、美式喷雾干燥法生产,技术力量十分雄厚。

正是在这种前提下,武汉的蛋加工和茶业一直在全国独占鳌头,使武汉地区的工业一开始就站在一个高起点上。

3. 城市地理环境与人口的变化

开埠以前,武汉三镇都属于封建时代的区域中心。汉阳城小不说,武昌也仅局限于旧城墙之内,汉口发展虽快,但主要是沿汉水狭窄的岸边发展,城市人口和规模长期没有大的发展。1861年汉口正式开埠,新生产力的因素开始渗入,加上后来张之洞大力推行"湖北新政",武汉的地理环境有了很大变化。

在城市人口方面,以汉口为例,开埠前,由于受太平天国战乱的影响,城市人口剧减,从嘉庆年间的13万人减少到10万人。开埠后,随着经济的增长,人口迅速增加,到辛亥革命前已达到59万人,不仅远远超过以前,而且远远超过同期武昌(16万人)和汉阳(7万人)的人口数量。显然,汉口城市人口的增加,绝不是人口的自然增殖,而是这一时期工商业发展所导致的人口迅速集中。由于近代航运和工业对劳动力的需求,大批农民涌入城市,这必然对社会变迁产生重大影响。

4. 欧风美雨渐趋东:洋教传入与近代文教事业的发展

1861年,汉口开埠后,英国伦敦会传教士杨格非来到武汉,并在汉口后花楼建礼拜堂——花楼总堂。自此,各国传教士络绎不绝地来到武汉,在武汉地区开设了不少教堂,这些教堂多附设学堂及医院,亦有附设阅报处者。武汉地区近代教育由此产生。

1871年美国圣公会在武昌开办的文华书院、1885年英国循道会在武昌设立的博文书院,以及英国伦敦会在汉口创办的博学书院,并称为武汉地区的三大教会学校。据统计,从开埠到辛亥革命,基督教会各派在武汉地区创办的各类学校达23所,招收学生2 031名。学校除了教授圣经外,还教授英文、西方近代自然科学、西方哲学和历史等,传播了新知识。同时,教会学校的课程设置、授课形式和教学管理等体现了近代学制的特征,开武汉近代教育之先河。

第二节 经 济 之 生

一、民族商业资本的变化与发展

汉口开埠后,武汉对外贸易急剧增长。巨大的转口贸易和外贸极大地刺激了武汉民族商业的发展。20世纪最初10年,汉口的对外贸易总额一直保持在白银13 000万两上下,占全国对外贸易总额的10%左右。从1865年到1923年,除了少数几年外,武汉间接对外贸易额在全国四大港(津、沪、穗、汉)中一直居于第二位,成为当时唯一可以与沿海几大通商口岸匹敌的内地通商口岸。

武汉近代民族商业的发展,除了与汉口开埠导致对外贸易的急剧发展有关外,与张之洞的兴商举措也有着密切的关系。此外,武汉历史上传统商业的兴盛也是武汉近代民族商业迅速发展的一个重要原因。自古以来,武汉地区一直是长江中游的商业中心,特别是从明中叶开始,在南方经济大发展和资本主义萌芽的刺激下,汉口迅速发展起来,成为一个"商船四集,货物纷华,风景颇称繁庶"的大市镇。根据章学诚《湖北通志检存稿·食货志》的记载,当时汉口市场上的商品来自全国各地,品种涉及当时所有的经济部门,共18大类,有名称者达230余种。其中,纺织品最多,有60余种,盐、粮、茶、酒等日常生活物资约50余种,其他依次是矿产品、竹木、果品、烟草及金银珠宝等。这些商品的结构在商品构成中以人们日常生活所需的消费性商品占绝大多数,工艺古玩等奢侈品相对较少,与同时期的苏州、北京、江宁等城市形成了鲜明的对比。显然,汉口市场属于以经营日用物资为主的普通消费品市场,作为一个全国性市场,其功能主要是中转批发。商业的发展一方面形成了相对稳定的商业圈和公认的商业价值与评判标准,另一方面传统商业的发达也使得社会文化相对开放。正是这种开放的商业社会形态使汉口传统商业十分轻松地适应了开埠后的变化,并迅速发展起来。

明清之际,汉口市场以盐、当、米、木、花布、药材六行为最大,谓之"汉口六大行"。后来随着市场的扩大,商业行帮始有八大行之说,指银钱、典当、铜铅、油烛、绸缎布匹、杂货、药材、纸张八大商业行帮。开埠以后,随着市场结构的调整,八大行之称虽然保留下来了,但内容发生了显著变化。此时的八大行指盐行、茶行、药材行、广福杂货行、油行、粮食行、棉花行、牛皮行。八大行的商品在汉口市场中占有举足轻重的地位。另外随着洋货充斥市场,形成了一批新兴的洋货业,如洋纱、洋布、五金、百货等。

二、民族资本主义工业的创建

尽管开埠较早,武汉民族资本主义工业起步却较晚。1895年以前,武汉尚无一家近代民族资本主义工业工厂,较大的手工业工厂,也只有武昌的鼎升恒、谦益恒两家榨油厂。甲午战争后,清政府允许民间办厂,国人民族意识和爱国思想日盛。筹办民族工业以拯救民族危机,成为一股推动民族资本主义工业发展的潮流。在这种背景下,武汉地区出现了由民族资本创办的、采用机械生产的两家近代工厂——兴商砖茶厂和美盛榨油厂。此后,武汉民族工业的发展经历了三个阶段。

第一阶段(1895—1904年)。这一阶段是武汉民族工业的起步阶段。在这10年的时间里,武汉地区的民族资本共创建了19家企业,其中规模最大的为宋炜臣于1897年创办的燮昌火柴厂。

第二阶段(1905—1907年)。这一时期是武汉民族资本主义工业发展的一个高潮。由于日俄战争的刺激和抵制美货运动的推动,大批工厂创办起来,其中有据可查的企业达55家之多。这一时期创办的企业规模较大,投资较多。其中,既济水电公司和扬子机器厂都是这一时期创办的。

第三阶段(1908—1911年)。这一时期是武汉民族工业持续发展的时期。在这4年里,共创设企业49家。

三、近代工业的发源

武汉地区近代工业的发源有以下几种。一是由传统手工业发展而来。例如,周恒顺机器厂的源头可追溯到明末周天顺炉冶坊。1866年开始请上海技工用新方法铸造,后又陆续添加机器,1898年周仲宣接手后,几经改造扩充,1905年已拥有一批先进的机床,先后制造了砖茶机、蒸汽机、轮船、抽水机、起重机、榨油机、卷扬机等,享誉海内外,其中打包机还广泛地被洋行采用。1909年,该厂有工人50名,年产值10万元,企业资产20余万元,堪称清末武汉民族资本发展的楷模。二是由大商人投资兴办。例如,1897年,商人宋炜臣创办了燮昌火柴厂,拥有排梗机38部,工人1400人,月产双狮牌火柴150箱。开办当年,即获利白银18万两。后又创办既济水电公司、扬子机器厂、富池口铜煤矿、五丰铜矿公司等近代企业。三是由买办资本转变为民族资本。例如,著名大买办刘歆生创办了歆生记铁厂、普润毛革厂等。承办汉阳铁厂的盛宣怀,更是闻名全国的大买办。

武汉近代工业的振兴是列强入侵导致武汉市场格局的变化与洋务运动共同作用的结果。首先,武汉开埠后商业的发展刺激了对商品的需求,商业资本的积累为工业投资提供了条件。其次,张之洞在武汉开展洋务运动期间,大力奖励工商,为民族资本的发展创造了较好的宏观环境。洋务企业的创办无论是在技术、设备方面,还是在人员储备等方面都为民族工业的发展提供了条件。再次,武汉近代民族工业对自身、对企业、对产品、对管理严格要求,民族工业的发展也是民族资本家顺应时代要求、百般周旋、苦苦撑持的结果。以"周恒顺"注册商标为例,该商标图案是圆圈与方框的叠合,"内方"的寓意是"不以规矩,不能成方圆","外圆"则表示企业发展以时代潮流为转移,不保守,不僵化,圆融通达,随形就势,因情变化。这一商标是这一时期武汉民族企业家的生动写照。

当然我们也要看到,武汉近代民族工业的发展主要是通过购买机器的方式来实现的,并没有像典型资本主义国家那样经历工业革命的技术突破和经济格局的解构。因此它的发展速度虽然很快,但是潜伏着不少问题,比如缺乏全面的技术和人才支持,不同工厂的技术与规模参差不齐,还没有形成统一协作的经济格局等,发展十分不稳定。

第五章 武汉之幸

第一节 武汉崛起之幸

武汉在近代中国之所以能够被称为"东方芝加哥",可以"驾驭津门,直逼沪上",成为中国内地首要的经济中心、重要的工业基地、突出的人才科教大市,全依赖于一个人——张之洞,他堪称近代武汉"城市之父"。

一、张之洞的生平

张之洞(1837—1909年),字孝达,号香涛、香岩,又号无竞居士,晚年自号抱冰老人,直隶南皮(今河北南皮)人(见图5-1)。他是清末重臣、晚清洋务运动的重要首领之一,也是近代重工业的创始人。他还是晚清著名的教育家。1837年9月2日,张之洞出生于贵州,当时其父张瑛任贵州兴义知府。生于官宦之家的张之洞,自幼接受了良好的封建教育。1863年,26岁的张之洞考中一甲第三名进士,授翰林院编修,开始步入官场。从1867年起,他先后充任浙江、湖北、四川等省学官,在各地倡导兴建书院,培育人才。1877年,张之洞回到京城任职,先后任国子监司业、翰林院侍讲、内阁学士等职。清廷中一个新的政治派别——清流派,以军机大臣李鸿藻为首,张之洞是李鸿藻的直隶同乡,又得到了李鸿藻的器重和赏识,很快投

图5-1 张之洞

入了清流派的怀抱。1881年底,张之洞被任命为山西巡抚,由闲散京官跃居封疆大吏。这为他从清流派向洋务派转化提供了条件。次年初,他抵达太原走马上任后,打算干一番大事业。他从革除陋规、整顿吏治入手,兴利除弊,设清源局清理山西30余年的悬案、积案;劾革、褒奖部分州县官,又为清政府荐举了数十名人才。他在山西设立洋务局,创办令德书院,兴学育才,筹办山西练军和山西铁矿等。这些都表明,张之洞开始向洋务派转化了。1884年,清政府任命他为两广总督。1889年,张之洞因上奏修筑卢汉铁路,被清政府任命为湖广总督。张之洞长期经营湖北,在此期间,张之洞创立了汉阳铁厂,汉阳铁厂的创办成为我国近代工业史上的壮举。1908年11月,以顾命重臣晋太子太保,次年病卒,谥文襄。

从光绪十五年(1889年)出任湖广总督到光绪三十二年(1906年)晋擢体仁阁大学士、授军机大臣以前,除两次短期署两江总督,一次入京编纂学堂章程外,张之洞有近二十年的时间是在武汉度过的。

张之洞是幸运的,历史给了他一个难得的际遇,使他有机会、时间和条件在湖北实现他洋务"新政"的政治抱负,他也因此成为晚清政坛中一位举足轻重的人物。武汉也是幸运的,在张之洞的运筹帷幄与苦心经营下,武汉迅速崛起,成为后期洋务运动的中心。对此台湾学者苏云峰说:"张之洞抵鄂之年,才是湖北政治、经济、社会各方面发生重要变迁的真正起点。"

二、张之洞与洋务运动

武汉自开埠以来,城市经济和文化出现了诸多变化,然而对于这种变化,武汉人民在被动接受的同时不得不忍受屈辱,由国人自己兴办的近代事业基本上是一片空白。面对这种局面未开、风气未移的社会现实,张之洞上任伊始便发出了"图自强,御外侮;挽利权,存中学"的呐喊。

1. 办实业

张之洞兴办的实业主要有两件,一件是督办卢汉铁路(卢沟桥—武汉,即后来的京汉铁路),另外一件是把内陆武汉打造为当时中国最大的重工业基地。

以卢汉铁路的修筑为契机,张之洞为了"图自强,御外侮;挽利权,存中学",在他主政的18年间,兴实业,办教育,练新军,应商战,劝农桑,新城市,大力推行"湖北新政"。以武汉为中心,他先后创办了汉阳铁厂(见图5-2)、湖北枪炮厂、大冶铁矿(见图5-3)、汉阳兵工厂、机器厂、钢轨厂、织布局、缫丝局、纺纱局、制麻局、制革厂等一批近代工业化企业,居全国之首,资本总额约1130万两白银。汉阳铁厂成为当时亚洲最大的钢铁联合企业,并形成了以重工业尤其是军事工业为龙头的湖北工业内部结构,武汉也一跃成为全国的重工业基地。一些国内有影响的民营企

第五章 武汉之幸

图 5-2 汉阳铁厂

图 5-3 大冶铁矿

业相继产生。湖北的近代工业体系已初步奠定。湖北经济亦由此跨入现代化发展的新阶段。汉口由商业重镇一跃成为国内屈指可数的国际贸易商埠。

1889年，张之洞调任湖广总督后，便主持兴建汉阳铁厂和大冶铁矿等重型企业。汉阳铁厂于1894年建成投产，开炉炼钢。汉阳铁厂共有6个大厂，4个小厂，2座钢炉，工人3000人，外国技师40人，这是我国第一个近代大型钢铁工厂。炼铁需要铁砂和煤等原料和燃料，于是张之洞又派德国技师在大冶附近勘察，发现此处铁矿蕴藏丰富，从而又兴建了中国第一个用近代技术开采的露天铁矿——大冶铁矿。张之洞先后下令开发大冶王三石煤矿、道士洑洑煤矿、江夏马鞍山煤矿和江西萍乡煤矿。这样，就以汉阳铁厂为中心，兼炼铁、采煤和炼钢为一体，创建了我国近代第一个钢铁联合企业。它的建成，标志着中国近代钢铁工业的兴起，为我国重工业开了先河。除此之外，张之洞还创建了我国首家系统完备的军工厂——汉阳兵工厂，"汉阳造"从此闻名天下，在中国近代军事建设以及国防中起到了重要作用。卢汉铁路建成之日，也是张之洞督办粤汉、川汉铁路之始。

2. 办教育

在兴办洋务的过程中，张之洞迫切感受到人才的重要。为了与其庞大的实业建设相适应，1890年5月，张之洞在武昌创设了两湖书院，开始在武汉营建近代教育体系。可以分为两个阶段。

第一个阶段为建立书院和书院改制时期。从1890年到1901年，张之洞改建和扩建了武汉的一些书院和学堂，主要有江汉书院、方言学堂、自强学堂、经心书院（见图5-4）、两湖书院等。其中，两湖书院规模最大。两湖书院开办初期设经、史、理、文、算、经济六门学科，延请名师硕儒执教，当时任教的老师有杨锐、汪康年、梁鼎芬、陈三立等。书院建成不久，张之洞就对它进行了改制，罢理学，文学改为舆地，继而又改为兵学，增设格致和体操。改制后的书院，"名虽书院，实则学堂"。学堂从一开始便采用西学,如1893年开办的自强学堂,设方言(外语)、格致、算学、商务四门功课。1898年,又分设日、英、法、德、俄五堂,聘西人为教习。这一时期的办学宗旨是"中学为体,西学为用"。

光绪二十八年(1902年),清政府颁布《钦定学堂章程》,开始改革学制。光绪二十九年(1903年),由张之洞参与制订的《奏定学堂章程》出台,在近代中国产生深远影响的"癸卯学制"最终确立。张之洞的教育实践由此进入第二个阶段。在这一阶段,学校开始取代书院。封建的传统教育体制开始瓦解,一批具有近代资本主义色彩的新学校,如文普通学堂、武备学堂、农业学堂、工业学堂、军医学堂、女子师范学堂、省师范学堂等,纷纷建立。早年创办的学院也进一步改制。两湖书院便改为两湖文高等学堂,成为武汉第一所近代高等学校。1904年,又继续改为两湖总师范学堂(武汉城市职业学院的前身)(见图5-5),学制5年(含出国留学1年),学科分为史学、地理学、算术、理化学、法律学、财政学、兵事学等。虽然其宗旨还是中体西用,但学校各方面已凸现出浓烈的近代色彩。

图5-4 经心书院

图5-5 两湖总师范学堂

与此同时,张之洞还派大量学生出国。截至1904年,湖北派往欧美各国的学生达83人,派往日本的学生达289人,居全国第一位。到辛亥革命前,湖北留学欧美的学生约有200人,留学日本的学生共有2000人左右。

武汉地区图书馆事业兴起较早。与学校建设相适应,1904年,张之洞在武昌三佛阁设学堂应用图书馆。同年底,湖北省立图书馆在兰陵路开办。两湖总师范学堂设有南、北两书库,藏书达四万余卷,已初具近代大学图书馆规模。图书馆事业由私家藏书性质转向社会化借阅,也是近代武汉社会的变迁。

其他文教事业还包括1894年开设湖北编译局,1902年开设江汉编译局。张之洞还提倡办报,1899年创办了《湖北商务报》,1905年又创办了《湖北官报》。

纵观张之洞的一生,他始终保持着对国家和民族的忠诚,对国家利益的维护以及对教育、实业的发展贯穿了他的整个政治生涯;他为南疆抗法的伟大胜利做出了卓越的贡献,也是武汉成为中国近代重工业基地的奠基人;他兴建了贯穿中国的大铁路,兴办的各种学校和新式军队培养了大量人才,并直接孕育了武昌起义的革命火种。

三、张之洞"湖北新政"的影响

张之洞以手中的权力和个人的胆识,从西方移植了最新的生产技术,使武汉近代化的进程大大加快。我们不得不承认的是,在封建主义浓厚、社会经济水平低下、残破的农业无法为工业发展提供强大支持的中国,由手握实权、思想开明的洋务大员引进西方先进生产力不失为一种最有效的手段,它的结果必然是推动整个民族资本的发展。就民族资本主义发展而言,武汉民族经济繁荣首先体现在商业上,商业资本积累迅速。商业资本的发展使得货币大量而迅速地集中。资本的原始积累达到一定程度,使得像刘歆生、宋炜臣、刘子敬那样的大商人将眼光转到实业建设方面,兴办了一批颇有影响的近代企业。而张之洞的"湖北新政"更是建立了相对完善的工业体系,进一步刺激了民族资本主义的发展。

近代武汉,大机器生产作为一股具有革命意味的物质力量扎根落户,其价值与影响是多方面的,它所产生的和即将产生的现实效应将远远超出经济的范畴。近代武汉有"开风气之先"的美誉,具有某种社会启蒙的意味。正是由于武汉近代社会经济的变迁,近代化的技术、制度和产品培育了一片新事物成长的沃土与温床,旧的体系也由此裂变并趋向解体。经济变迁不仅在客观上为一场划时代的巨变奠定了基础,而且为新的思想启蒙运动提供了物质条件。历史证明,正是湖北枪炮厂生产的先进兵器推翻了旧的王朝和制度。令人玩味的是,我们在张之洞的奏稿中发现了"武汉"一词,它反映出晚清时期武汉三镇一体化已基本实现,或者说得到了广泛认同。历史上武昌一直是一个政治文化中心,汉口是一个商业中心,汉阳商业也比较繁荣,它们一直各有隶属。正是近代经济的变迁使它们趋向一体。不用说民族资产阶级兴办的企业遍及大江两岸、汉水南北,我们仅看张之洞的洋务企业就平均分布于三镇之中。以汉阳铁厂为例,它设在汉阳,管理者住在武昌,其产品通过汉口销售,甚至它的派生物矿渣和煤渣也被运到汉口填充后湖,为汉口免遭水患、扩大市区做出了贡献。正是这种内在的割不断的联系使得三镇合而为一,并由此从开埠前功能单一的封建性城市向近代大都市转化。

正是这种内在的动力推动武汉产业、金融和市政建设现代化,武汉也由一个传统的内陆商业和政治中心逐渐发展为一个与国际市场有着紧密联系,具有商业中心、工业中心、金融中心的国际化大都市。人们在对近代武汉进行评价时,常用"东方芝加哥"予以表达。当年英国人穆和德在《海关十年报告》中说:"汉口是人们普遍公认的中国的芝加哥。"

第二节 武汉反帝之幸

一、林则徐与武汉禁烟

18世纪末至19世纪初,外国的鸦片贩子通过走私和偷运等手段将越来越多的鸦片输入中国,从19世纪30年代开始,鸦片成为一个严重的社会问题。面对严重的鸦片危机和对鸦片的"驰"与"禁",清政府内部发生了激烈的争议。时任湖广总督的林则徐坚决主张禁烟。林则徐指出,如果任由鸦片流毒于天下,数十年后将使中原无可以御敌之兵,且无可以充饷之银,为此,林则徐决心在武汉试行禁烟。

林则徐在武昌、汉口、汉阳和长沙等地开设禁烟局,委派得力官员,负责收缴烟枪、烟斗及余烟。在政策处理上,根据烟犯自首和戒绝的情况,"宽猛兼施,呈缴者姑许自新,隐匿者力加搜捕,不追既往,严儆将来"。由于办事严正,举措有方,林则徐在湖广发动的禁烟活动,迅速奏效,战果累累。在林则徐的带动下,武汉三镇的通衢要道遍贴禁烟告示,官府和群众都行动起来查烟馆、抓烟贩、搜烟土、缴烟枪,有些知情的举发,有些犯罪的自首,形成了相当大的声势。

禁烟期间,林则徐先后在武汉查缴烟土约15 000两,在两湖地区收缴烟土、烟膏4万多两,烟枪上万支。他两度亲率属下全体官员查验收缴的烟土、烟具,尽数予以焚毁,并将其灰烬抛入江中,以示禁烟决心。由于两湖禁烟成效卓著,林则徐被道光皇帝连续召见8次,林则徐自己也受到了教育和鼓舞,他认为鸦片是可以禁的,而且是禁得绝的。他说:"民情非不畏法,习俗大可转移,全赖功令之森严。"武汉禁烟为林则徐嗣后赴广州禁烟打下了基础,是广州禁烟的先声。

二、太平天国时期的武汉

鸦片战争失败后,社会动荡,1851年初,太平天国运动在广西爆发,起义军一路转战,于1852年底挺进湖北。在武汉民众的支持下,太平天国的将士们与清军在武汉进行了为期数年的拉锯战。在此期间,太平军将士三克武昌,四占汉口、汉阳,太平天国战争对武汉社会产生了深远的影响。

太平军三克武昌后,在武昌进行了626天的保卫战。他们在武汉外围设防的同时,在武汉三镇筑土墙,设木栅,挖壕沟,建炮台,将战船集中泊于汉水,以"夹并在汉水上搭浮桥,在汉水入江口密插木桩,江为营"的阵势抗击来犯清军。与清军在武汉外围金口、沌口、白沙洲、蔡甸、塘角、青山等地展开激战,多次重创清军。但同时太平军也损失惨重,并一直处在强敌的包围之中,粮械断绝,人员疲惫。

正当武昌战事激烈进行之际,1856年9月,太平天国领导集团内部发生内讧,翼王石达开不得不率部回师天京,削弱了武汉的防守力量,致使军心动摇。加上武昌城内粮食奇缺,守将韦志俊、洪仁政被迫于12月19日撤出武昌。同时汉阳守将钟廷生也率部队退出汉阳。在撤离武汉的过程中,太平军与尾追的清军进行了顽强的战斗,钟廷生战死,太平军损失万余人,其中有9名太平军女战士英勇不屈,壮烈牺牲在东湖岸边。当地百姓将她们的遗体安葬在东湖西岸。为了防止清军毁坏,将墓穴称为"墩",即今天的九女墩(见图5-6)。

图5-6　九女墩

三、武昌起义

武昌起义是指1911年10月10日(农历辛亥年八月十九日)在湖北武昌发生的一场旨在推翻清朝统治的兵变,也是辛亥革命的开端。

20世纪初,两湖成为民族矛盾、阶级矛盾尖锐地区,人民群众反抗斗争风起云涌。1910年,两湖地区人民抗粮、抢米风潮多达50多次。革命党人越来越感受到在以武汉为中心的两湖发动革命的紧迫性,1911年春,由黄兴直接领导的黄花岗起义失败后,武装起义的重心北移。武汉革命党人看准了时机,准备在以武汉为中心的两湖地区发动一次新的武装起义。

1. 武昌起义的过程

1911年10月9日,孙武等人在汉口俄国租界配制炸弹时不慎引起爆炸。俄国巡捕闻声而至,搜去革命党人名册、起义文告等,秘密泄露。湖广总督瑞澄下令关闭四城,四处搜捕革命党人。情急之下,革命党人决定立即于10月9日晚12时发动起义。但武昌城内戒备森严,各标营的革命党人无法取得联络,当晚的计划落空。新军中的革命党人自行联络,约定以枪声为号于10月10日晚上发动起义。10月10日晚上,新军工程第八营的革命党人打响了武昌起义的第一枪,夺取位于中和门附近的楚望台军械所,缴获步枪数万支、炮数十门、子弹数十万发,为起义的胜利奠定了基础。

此时,驻守武昌城外的辎重队、炮兵营、工程队的革命党人亦以举火为号,发动了起义,并向楚望台齐集。武昌城内的29标的蔡济民和30标的吴醒汉亦率领部分起义士兵冲出营门,赶往楚望台。而后,武昌城内外各标营的革命党人也纷纷率众起义,并赶往楚望台。起义人数多达3000多人。10月10日晚上10点30分,起义军分三路进攻总督署和旁边的第八镇司令部,并命令已入城的炮8标在中和门及蛇山占领发射阵地,对督署进行轰炸。起初,起义军没有一个强有力的指挥,加上兵力不够,进攻受挫。晚上12点以后,起义军再次发起进攻,并突破敌人的防线,在督署附近放火,以火光为标志,蛇山与中和门附近的炮兵向火光处发炮轰击。湖广总督瑞澂打破督署后墙,从长江坐船逃走,第八镇统制张彪仍旧在司令部顽抗。起义军经过反复的进攻,终于在天亮前占领了督署和第八镇司令部。张彪退出武昌,整个武昌在起义军的掌控之中。

汉阳、汉口的革命党人闻风而动,分别于10月11日、10月12日光复汉阳和汉口。起义军掌控武汉三镇后,湖北军政府成立(见图5-7),黎元洪被推举为都督,改国号为中华民国,并号召各省民众响应起义。武昌起义胜利后的短短两个月内,湖南、广东等十三个省纷纷宣布脱离清政府,宣布独立。1912年1月1日,中华民国临时政府在南京成立,孙中山被推举为临时大总统。1912年2月12日,清帝溥仪退位,清朝灭亡。

图 5-7　湖北军政府旧址

2. 武昌起义的意义和影响

武昌起义的历史功绩,首先是敲响了清王朝封建统治的丧钟。革命军攻克总督府,占领武昌,消灭清军大批有生力量,在中国腹心地区打开了一个缺口,成为对清王朝发动总攻击的突破口,并在全国燃起燎原烈火,沉重打击了清政府,致使1912年2月清帝被迫退位,结束了200多年清王朝的封建统治和2000多年的君主专制统治。其次是吹响了共和国诞生的号角。武昌起义创建了湖北军政府,成为共和政权的雏形,并引发各省响应。不到两个月就诞生了中华民国,建立了以孙中山为首的中华民国临时政府,取得了辛亥革命的重大胜利。辛亥革命成功推翻了清朝后期腐败的统治,开启了民主共和新纪元,使共和观念深入社会中上层人士的思想中。前后的系列事件对中国的现代化进程具有重大影响。

四、五四运动

1919年在北京爆发的五四反帝反封建爱国运动迅速波及全国。《汉口新闻报》对运动进行了报道。

5月6日晚上,江城新文化运动的领潮人恽代英奋笔疾书,写下了题为"四年五月七日之事"的爱国传单,并连夜赶印了600余份。5月7日,传单在中华大学师生手中争相传阅,爱国激情澎湃而起。5月9日,武昌各校学生齐聚中华大学,一致决定成立武昌学生团,声援北京学生界的爱国行动。5月10日,武汉15所学校的学生代表商议,与北京学生采取一致行动,外争国权,内惩国贼。5月14日,武昌学生团改名为武汉学生联合会。武汉学生联合会汇聚了恽代英、林育南、陈潭秋、李书渠、李求实等武汉地区学界精英,以"唤起民众爱国热忱,提倡国货坚持到底"为己任,用通俗的白话文向大众进行爱国主义宣传。

5月18日,3000多名学生手举"争回青岛""灭除国贼""同仇敌忾""誓雪国耻"的白色小旗,沿途发表演讲,散发武汉学生联合会的宣言、章程和传单,涌向阅马场,举行声势浩大的示威游行。

5月31日,为了声援北京、上海学生,武汉学生联合会决定于6月1日起也采取同样的行动。湖北督军王占元闻讯后,严令各校校长对学生严加管束。6月1日,武汉学生前往预定的演讲地点,途中与军警发生激烈的冲突,多名学生受伤、被捕。6月3日,王占元命令各校提前放假,限学生三日内离校。

反动军警的暴行激起了武汉各界人民的愤慨,武汉各界人民纷纷声援学生的爱国行动,强烈要求当局惩办凶手,抚恤学生,让学生恢复自由。武汉各界联合会组织商界罢市、工界罢工。群众性的爱国运动席卷整个江城。

在社会各界的强大压力下,湖北督军府被迫释放被捕的学生,惩办了直接参与制造六一惨案的武汉警务处长和保安队长。

五四爱国运动在武汉的深入开展,促进了先进知识分子团体的产生和马克思主义在武汉的传播。1920年2月1日,恽代英、李书渠等创办的利群书社正式在武昌胡林翼路18号开张营业。利群书社主要销售《共产党宣言》等马克思主义著作和一些新文化报刊。同年3月,董必武与陈潭秋等创办了武汉中学,向学生灌输新思想,他们自己也初步接受了共产主义思想。

第六章　武汉之宕

第一节　武汉之涤宕

一、民国初期纷乱的政局

民国初年的武汉政坛仿佛是一个万花筒,变幻莫测,眼花缭乱。拨弄它的是一些军阀政客,黎元洪是其中最早的一个。

图 6-1　黎元洪

黎元洪(1864—1928),字宋卿,湖北黄陂人,故称"黎黄陂",中华民国第一任副总统、第二任大总统(见图6-1)。1883年黎元洪入天津北洋水师学堂学习,毕业后在北洋水师任军职,曾参加甲午战争,在黄海海战中以泅水得以生还,后投效两江总督张之洞,任炮台总教习,1896年随张之洞回到湖北,任炮台监制、护军后营管带、都司等职,其间多次到日本考察军事。1905年张之洞整编湖北新军为两镇,张彪为第镇统制,黎元洪为第二镇协统,此后黎元洪成为湖北地区仅次于张彪的军事长官。黎元洪有职业军校的经历,文化素质自然比一般行伍出身的军官高出不少,所以在当时湖北军界享有"知兵"之名。他平时持身谨慎,又善待部下,故有"爱兵"之誉。这些都成为他后来在政治上发迹的重要资本。辛亥武昌首义时,革命军群龙无首,黎元洪被推为鄂军都督。1912年1月,中华民国临时政府在南京宣告成立,黎元洪被选为副总统兼湖北都督,成为享受革命果实最多的人。黎元洪在都督上任时,起初并无多少实权,"黎菩萨"的称呼倒是十分

第六章 武汉之宕

贴切。不过,他深谙韬晦、精于权术,很快就扭转了这种局面。由于武汉地区革命党人的居功自傲与内部纷争,黎元洪得以纵横捭阖、大施拳脚,很快将革命党人分化瓦解,逐步掌握了实权,继而采取了一系列措施强化自己的统治地位,进一步打击湖北地区革命势力和异己势力,掌控了民初湖北武汉的政局。

黎元洪主政湖北期间,在政治行动上与袁世凯保持高度一致,特别是在"二次革命"中,他坚决站在北洋政府一边,为北洋军借道湖北进攻江西大开方便之门,策划战守,尽心竭力。与此同时,黎元洪借着南北战事的机会对湖北革命党的势力进行了全面的清除。他下令关闭国民党汉口交通部,通缉革命党人,关闭国民党的《国民日报》,扑灭了"南湖马队暴动"。民国初年的湖北是南方诸省中与北洋政府关系最为密切的省份,也是北洋军队势力渗透最多的省份。不过,黎元洪的曲意逢迎并未赢得袁世凯的完全信任,袁世凯对任何异己的地方性势力都心存戒备,特别是在他谋求专制帝制的过程中,地方"藩镇"的势力都必须铲除,黎元洪也不例外。故而,黎元洪在湖北的势力刚一形成,就被列入袁世凯的"削藩"名单。1913年12月8日,袁世凯以"霸王请客"的计谋将黎元洪调离湖北,此后黎元洪挂着副总统的虚衔闲居于中南海的瀛台。至此,湖北的"黎元洪时代"宣告结束,北洋军阀在湖北的统治开始。

黎元洪调离湖北后,湖北督军一职由段祺瑞暂代,段祺瑞上任不足两个月,就由段芝贵继任湖北都督,史称"二段督鄂"。段芝贵督鄂期间,政治上乏善可陈,唯以加强专制统治为能事。他督鄂的时间也不长,1915年8月离鄂。1916年初,王占元任督理湖北军务,7月兼任湖北省省长。于是,湖北武汉又进入直系军阀统治的时代。

王占元督鄂六年,给湖北武汉人民带来了深重的灾难。督鄂之初,他为袁世凯的复辟活动摇旗呐喊,以邀宠固位。袁世凯死后,北洋军阀分裂为直、皖、奉三系,王占元倾向于直系,与江苏督军冯国璋、江西督军李纯号称直系的"长江三督"。护法运动期间,他玩弄软硬两手,剿灭了石星川、黎天才等领导的湖北靖国军起义,进一步强化了对湖北的统治。1916年,湖北巡阅使范守佑逝世,王占元又兼任民政长,从而一手把持湖北军政,大量引用山东人,形成了"鲁人治鄂"的局面。

萧耀南(1875—1926),字珩珊,今武汉市新洲区孔埠乡萧家大湾人,家境贫寒,早年做过私塾先生,后到武昌新军第八镇工程营当兵,从此步入军界、政界,并逐步发迹。萧耀南追随曹锟,先后任第三镇参谋长、标统,在1920年的直皖战争后升为二十五师师长。1921年湘鄂战争爆发,萧耀南率部队回鄂,任湖北督军,不久兼任湖北省省长,1923年任两湖巡阅使。

1926年2月14日,萧耀南在武昌病逝,吴佩孚控制湖北的图谋似乎如愿了。然而此时,中国的社会形势正发生着重大的变化,大革命的惊天风雷正滚滚而来,

萧耀南之死在此时恰好具有某种象征性的意味,它标志着盘踞湖北武汉十四年的北洋军阀统治已走到了尽头,吴佩孚和他的十四省讨贼联军司令部也即将被汹涌澎湃的革命洪流所埋葬。

二、汉口的恢复与建设

辛亥革命时期,武汉三镇遭受战火重创,满目疮痍,大量的城市建筑和公用设施被摧毁,许多工厂、学校遭到不同程度的破坏。特别是汉口,受创最重,清军的一把火,从大智门车站一直烧到硚口玉带门,三天都没有熄灭,昔日繁华的街市尽成瓦砾,数以万计的汉口商民倾家荡产。

南北议和后,修复在辛亥革命战火中被清军焚毁的汉口市区,成为当务之急。1912年1月25日,汉口总商会召开会议,筹议重建汉口市面办法,与会人士呼吁当局重建汉口。同月,既济水电公司创办人、汉口总商会议董宋炜臣等向黎元洪行文,提出建筑汉口新市场的六条办法,并建议"与清政府展开谈判,以其内币赔偿汉口之损失"。

民国建立以后,南京临时政府大总统孙中山饬令实业部通告汉口商民重建市区,并责成内务部筹划修复汉口事宜,使"首义之区,变成模范之市"。为此,南京临时政府还委任李四光、祝长庆、周汝翼为"特派汉口建筑筹备员",协助地方当局进行工程规划。湖北军政府也任命左德明为"汉口市街建筑筹备员",调派工程师进行测量,并与明利营建公司订立合同,承修汉口马路。黎元洪专门发布《示谕维持汉口商市文》,强调重建汉口规划的利益和意义,认为这是"吾国第一次开辟商埠之伟大事业"。明利营建公司积极展开汉口修复工程的规划设计,他们着眼于汉口的近代化,参照西方城市建设和租界区市政建设的模式,草拟了一份规划,绘制了未来汉口商场的建设蓝图。其中包括建设新式的商店、人行道及明暗排水沟等公共设施,改造拓宽汉口街道,改善汉口的市容市貌等。但是,无论是南京临时政府还是湖北军政府,都因财政紧缺,只能将复建汉口商场的种种动议与规划束之高阁。

1912年4月1日,孙中山辞去临时大总统后,偕家人以及胡汉民、汪精卫等一行乘船抵汉,探访首义之区。他游览革命遗迹,凭吊忠魂,视察三镇,"哀念流离,抚恤疮痍",对武汉商民在阳夏鏖兵、汉口大火中所蒙受的巨创深表关切,同时对这座工商业大都会的未来发展也寄予了殷切的期望。在后来的《建国方略》一书中,对武汉的未来发展更是做出了极具创建性的规划。孙中山认为,武汉在发展实业与交通运输方面具有巨大的潜力,尤其在构筑水陆空交通大港方面具有无限广阔的前景,他寄望武汉加快发展,将来可以建成规模有如纽约、伦敦之大的世界性都会。

第六章　武汉之宅

民国初年的武汉,百废待兴。重建汉口的规划无力全面实施,只得先从修马路开始。当时湖北军政府财政司向德商捷成洋行借款10万两白银,修筑了沿江正街马路。不久,成立了马路工程局,负责汉口马路的修建。由于经费的短缺,一年多的时间里,仅在后湖一带修造了几条马路。1913年12月24日,袁世凯派杨度督办汉口商场重建事宜,将汉口马路工程局改为马路工巡处,又成立了江汉关监督兼理工程处。尽管机构在不停地变换,但由于地方当局财力匮乏与办事拖沓,汉口的重建工作进展甚微。倒是民间自发的重建工程搞得轰轰烈烈。汉口的广大商民为尽快复业以解决生计,纷纷在被毁的店址或房基上重新建起店面或房屋。到1914年,汉口城区80%的地段得到重建,高低错落、规格不一的店铺民房密布于后城马路两边,显得十分凌乱。由于政府统一的重建规划无从实施,汉口这次以民间为主导的重建只能是低水平、杂乱无章的。

1914年底,地方当局又酝酿了一个汉口发展计划。该计划要求改造修建一条从日租界到硚口的横贯汉口全城的马路。1923年,武阳夏商场督办汤芗铭委托市政工程师汤震龙编制了《建筑汉口商场计划书》,根据计划书的方案,汤芗铭还聘请了一批勘测队员到武昌丈量土地,打算在粤汉铁路通车后,沿武昌白沙洲至青山的长江南岸,包括卓刀泉、东湖一带,规划建设新的市区。然而,这一计划最终还是流于纸上。

重建的规划被搁置,民间的房地产开发却掀起了新一轮的热潮。在这次房地产开发的热潮中,唱主角的是拥资巨万的工商实业家、买办商人及一些军阀官僚,汉口华界与租界接壤的地域则成为这次房地产建设的主要区域。

1912—1920年,在汉口南京路至一元路、中山大道以北、京汉铁路以南的空地上,一幢幢新建的房屋如雨后春笋般涌现出来,一排排中西合璧的新型里弄鳞次栉比:沪商蒋广昌和胡庆余堂合资修建了义成总里,地方官僚袁观海修建了长怡里、长乐里、长康里、长寿里,绅商桑铁珊修建了保和里、保安里、保成里。在德租界边缘的空地上,一些买办商人也修建了不少里弄:蒋沛霖的德润里,周德丰的丰寿里,周绣山的云绣里,刘子敬的辅堂里、辅仁里、辅义里,杨坤山的坤元里、坤厚里(见图6-2)、坤仁里、宝庆里、宝善里,等等。

新型里弄的建设促进了城区的开发。在1918年以前,大智路、车站路之间的友益街还是一片水塘,此时,著名的中药店叶开泰在此平整水塘,兴建了三层大楼(今武汉市文化局)。一些地方军政要员也在附近修建了公馆和里弄。例如,寇英杰在这里建了一座公馆,何佩珞修建了尚德里、福德里、汉成里,汉口联保公司修建了联保里和国货商场(今中心百货大楼)。大片房屋的兴建使这一带由偏僻的水塘变成了繁华的中心城区。

江汉路、六渡桥一带此前也不算繁华,1907年建成的既济水电公司水塔高耸在后城马路旁,显得那样的形单影只。民国初年,这里还是"六渡桥叫百人坑,水

图 6-2　汉口坤厚里

塔外叫鬼摸头"的景象,而十年之后,一大批新式里弄在这一带成片建成。如地方军政要员刘佐龙、方本仁、齐耀珊分别在这里修建了八元里、鸿春里、肇元里,菲律宾华侨修建了贯忠里、仁寿里,富源公司修建了富源里、衡荣里、厚生里、德义里、多闻里,巨商贺衡夫修建了怡和里和怡庐。汉口的一些现代标志性建筑,如南洋大楼、民众乐园(见图 6-3)、汉口大旅馆、武汉市工商联大厦也相继在这一时期落成。六渡桥已取代了汉正街、黄陂街,成为汉口新的闹市中心。

图 6-3　汉口民众乐园

在这一盛况空前的建房热潮中,有一个人不能不提到,那就是"地皮大王"刘歆生。这个出生于汉阳柏泉(今东西湖区柏泉农场)的放牛娃在法国立兴洋行做买办发迹,成为拥资巨万的富商,他以令人难以置信的低价买下了汉口京汉铁路以北的大片湖田洼地,上起舵落口,下至丹水池,北抵张公堤,南至铁路边,面积约占当时汉口市区郊区的 1/4。随即建立自己的填土公司,雇来大量劳力运土填整,日复一日的填整,终于将京汉铁路以外的水塘填成了平地。民国初年,刘歆生成为汉口许多待开发土地的拥有者,在当时的房地产建设热潮中,他以大手笔规划建成了汉口"模范区",在汉口城市建设史上留下浓重的一笔。

"模范区"系沿引孙中山将武汉建成"模范之市"的构想,还有与洋人租界相媲美的用意。它西起江汉路,东至大智路,北抵京汉铁路,南及中山大道(相当于今江岸区大智街的范围),从1913年开始筹建,经过十年的建设,一个道路纵横交错、里弄整齐有序、房屋建筑典雅别致的新城区出现在汉口东北一角。模范区共建成新式房屋2000余栋,区内所有的房屋都按较高的规格设计建设,里弄住宅按"石库门"样式成排兴建。每幢房子都开有一扇石砌的大门,入门后设有小庭院,内有堂房和居室,窗户较大,楼上有平台、阳台,所有建筑中西合璧,典雅大气。临街铺面开阔,均为开放式店面,大楼和别墅在式样与风格上也别具一格。区内还设有警察署,专司治安。区内的道路铺设使用较先进的排水设备。模范区实至名归,成为当时武汉城市建设的一大亮点。

经过十几年艰难曲折的恢复与重建,汉口的市容市貌已发生了很大的改观,放眼望去,一个颇具现代气质的工商业大都会卓然屹立于江汉之滨。

三、武汉新一轮工业建设

辛亥鼎革之后的汉口从废墟中站了起来,城市经济也开始复苏,并在民国初年迎来了一个迅速发展的"黄金时期"。

新的时代,新的政策,武汉的经济发展呈现出了新气象。一股投资工业的热潮在武汉形成,纺织、面粉、碾米、榨油、机器制造、肥皂、火柴等行业成为人们投资的主要领域,这是继张之洞洋务运动之后,武汉出现的新一轮工业化建设。与以往不同的是,民国初期的工业化不仅规模更大,涉及的领域更广,而且由民间资本所主导,民间投资第一次成为武汉工业发展的主导力量。

从1912年至1926年,在武汉三镇,民族资本共投资兴建、扩建各类工业企业约600家。这些企业分属20多个行业,以纺织业最多,约290户;其次是碾米业,约90余户;再次为印刷业,71户;接下来为机器制造业,58户。纺织业与粮食加工业成为这一时期工业建设的主力军,它们的发展影响并带动着武汉工业的全面发展。

1915—1916年,一排排现代化的厂房在武昌武胜门外矗立起来,著名的武汉第一纱厂在这里建成投产。它由民族资本家李紫云、刘谷臣等发起组建,总投资额达300万两白银。建成后拥有织布机300台、纱锭89 000枚,成为当时武汉乃至整个华中地区最大的纺织厂。

1921年,汉口宗关紧邻汉水的一块空地上,由无锡实业家荣宗敬、荣德生兄弟投资28.5万元(银圆)兴建的申新纱厂正在紧张地施工,第二年的3月建成投产。该厂拥有纱锭14 784枚,后增至5万余枚。

1922年,在武昌下新河一带,又一座现代化的纺织厂建成投产,它就是裕华纱

厂。裕华纱厂由民族资本家徐荣廷、张松樵等人投资,总投资额为136万两白银,拥有织布机500台、纱锭42 800枚。后来裕华纱厂成为武汉地区业绩最好的民营纺织企业。同年,在武昌上新河临江的一块空地上,另一颇具规模的纺织企业正在开工兴建,由刘子敬、刘季五等人投资,总投资额达175万两白银。1923年纱厂建成,1926年又增设布厂,它就是武汉震寰纱厂。该纱厂建成后拥有织布机250台、纱锭26 336枚。

建成投产的四大纱厂,加上原有的官纱局与官布局,武汉地区共有大型纺织企业6家,中小型纺织工厂70家,纱锭26万枚,布机累计8000余台,纺织工人24 384人。从各项经济指标的综合比较来看,武汉已成为国内仅次于上海的第二大纺织工业中心。纺织工业成为武汉的支柱产业之一。

纺织工业的发展令人瞩目,原来的一些著名企业也获得了不同程度的发展。扬子机器厂扩大了生产规模,资本从辛亥革命前的白银35万两增至1920年的150万两,生产的铁路机车设备、煤气发动机等远销海内外。燮昌火柴厂、燧华火柴厂也扩大了生产规模。另有一些面粉、电灯、蛋品加工企业也相继投产或扩产。

一时间,武汉的工业在纺织企业的带动下呈现出蓬勃的发展态势。从1912年到1928年,较大规模的工业企业从120家发展到301家,如果把较大型的手工业作坊也计算在内,则达600家,产业工人从清代末年的1.3万人增至民国中期的10余万人。

与此同时,武汉的商业、交通、金融、外贸都获得了较快的发展。武汉的商业在规模、经营方式、管理体制等方面均突破了传统商业的藩篱,呈现出现代商业的风采。体现时代特色的商业门类大量出现,色布行、花布行、呢绒号、内衣店、西服店、时装店大量开设。现代工业产品大批进入流通领域,形成无线电商店、化工原料商行、仪器仪表商店、自行车行等新兴的商业门店。传统的服务性商业也追逐时代潮流,新式理发店取代了过去的剃头铺,旅社宾馆取代了客栈酒肆,大餐馆、西餐厅成为人们竞相前往的场所。一个个装饰豪华、橱窗宽敞的商店出现在六渡桥、民生路等繁华商业街道上。入夜时分,华灯齐放,五光十色的霓虹灯闪烁着耀眼的光芒,将汉口的夜色点缀得分外迷人。

银行业发展迅速,特别是民族资本的银行在此期间大量兴建,在繁华的歆生路(今江汉路)上,中国银行、金诚银行、中南银行、四明银行、上海银行、浙江实业银行等相继挂牌开业,歆生路成为一条在国内具有举足轻重地位的金融街。

德国女记者王安娜当年来到武汉,武汉的繁华与时尚给她留下了深刻印象,她在游记中这样描述当时看到的景象:现代化的大厦与银行、巨大的仓库、美丽的花园别墅和高级旅馆,都是汉口有代表性的建筑物。不管什么时候看上去,汉口给人的印象与其说是中国城市,不如说是国际性的都会。

第二节 武汉之迨宕

一、城市建设和管理

武汉经过民初的复建,奠定了以今六渡桥、江汉路为商业中心的城市格局。1926年至1927年的武汉国民政府时期比较短暂,很难在城建上有所建树,但由于武汉国民政府奠立了汉口市和武汉市的建置,使得城市发展步入一个新的阶段。因此,武汉的行政级位和市政都更具近代都会的形态。

1. 道路和桥梁

三镇道路在漫长的封建社会变化极为缓慢,一直没有系统的网络分布。除武昌、汉口古城保留了传统的棋盘式布局的特点之外,沿江开发的新城区以及汉口市区的道路呈组团式的分散布局。由于受自然地形的限制,尤其是防洪工程的制约,"先堤后路"成为本市道路建设的特色。

(1) 道路建设

国民党执政后在汉口新筑的第一条现代城市道路是民生路,它是中山大道中段通往江滨的主要连通道,车马道用柏油铺设,人行道用水泥混凝土铺筑。在筑路前,街路中央地层下部修筑了武汉第一条现代钢筋混凝土的下水干管,同时建成了留泥井43座、入水孔20座。此道路工程于1929年3月招商承建,后由袁瑞太营造厂中标承建,1929年5月25日动工,10月底竣工,11月初进行总验收。

继民生路以后,三民路、民权路于1930年5月5日动工。同年11月,三民路竣工;次年5月,民权路竣工;民族路于1932年竣工。三路交叉口有一直径为60米的大圆盘,中间屹立着孙中山先生的铜像。铜像工程在1929年开始筹建,1933年全部竣工。三民路和民生路、民族路、民权路等四条道路位于汉口中心地段的繁华商业区,扩宽改建后,对汉口商业区的市容面貌有较大改观,尤其是加强了中山大道与长江、汉水沿岸港口客货运交通的直达与快速联系,进一步增强了汉口港埠的吞吐功能。

汉口沿江大道,从西南长江、汉水交汇处的大兴路起,沿江曲折向东北,直到江岸区堤角,全长约12公里,是汉口地区最早形成的一条主干道。同沿江大道垂直相交的20条主要街道,沿途仓库林立,码头云集,货物吞吐,水陆运输在这一路段十分繁忙。然而在当时,这条路除德、日租界(今一元路至六合路段)是现代化马路外,其余大部分华界地区没有修通马路。1929年7月2日,汉口特别市政府

在市政会议上决定修筑江汉关到民生路这一段沿江大道,此段沿江大道于1929年10月16日动工,1930年5月23日竣工。

紧接着,1930年10月,市政会议决议,从周家巷以上,溯江至集家嘴继续修筑沿江马路。由于当时市政府经费、材料困难,共分三段(第一段自周家巷至民权路,第二段自民权路至打扣巷,第三段自打扣巷至集家嘴)施工。第一、二段于1930年11月开工,第一段于1931年7月基本完工,第二段于1932年5月完工;第三段于1936年5月开工,1937年7月10日竣工。沿江大道全线开通,增强了汉口港埠的吞吐功能。

武昌长街(新中国成立后称解放路)由武昌市政处于1936年1月兴建,先做南段(兰陵街、望山门正街)、北段(司门口经高家巷抵箍桶街),后做中段(司门口、南楼前街),于当年秋末竣工。此路的扩宽改建,为改善武昌中心城区的交通、商业、市容、环境卫生等基础条件开创了良好的先例。

武昌路山洞于1912年开凿,1913年竣工,黎元洪于洞口题写"武昌路"名,1916年山洞溶蚀脱落倒塌,1927年武汉市工程委员会着手修复,决定用钢筋混凝土衬洞拱,彭荣泰营造厂中标承建,于1928年9月开工,1929年4月1日竣工。这是武汉地区最早使用钢筋混凝土结构的桥隧工程。此山洞工程重新改建后至50余年,仍在发挥贯通蛇山南北交通的功能(解放军车行道加铺高级路面,抬高人行道标高并设护栏,人车分流,确保安全)。

汉阳区在新中国成立前始终为县城关镇,古城内道路设施在民国中期有进行大的翻修改建活动,市镇容貌亦基本保持古县城的风貌。

(2) 桥梁建设

武汉三镇由于江湖河汊纵横,因此陆地之间多以舟渡或桥梁相连,清末武昌有桥梁39座,汉阳有桥梁25座,汉口有桥梁67座。桥梁结构类型较多,以木桥居多,其次为石拱桥和板桥。由于历史上大水和战乱的缘故,大多数古桥难以长期完整地保存下来。至新中国成立前夕,三镇保存下来的各式桥梁共38座(其中汉口12座,武昌19座,汉阳7座)。留存下来最古老的桥梁有:明宣德、正统年间(1426—1450年)的白洋桥、明正德辛未年(1511年)重修的老人桥(南湖附近)、清康熙年间修建的跨巡司河的李家桥。前两座为木桥,后一座为石拱桥。

2. 堤坝建设

(1) 袁公堤——先堤后路之一

汉口在明崇祯八年(1635年),为防水患,由汉阳通判袁焻主持,沿汉镇北修筑长堤,西起硚口河边,东迄堤口(今海员剧院附近江边),长约11里(1里=500米),人称"袁公堤",此乃汉口筑堤之先例。时隔两个多世纪,清同治三年(1864年),汉阳郡守钟谦钧、县令孙福海及士绅胡兆春等,奏准在袁公堤外(北)修筑汉口城堡,既可防农民起义军,又兼有防洪堤的功能,因而原先筑造的袁公堤的防洪功能被汉口城堡取而代之。从此,袁公堤址成为汉口的一条城市马路,此路今称为长堤街。

(2) 张公堤——先堤后路之二

1905年,张公堤修成,为扩展市区创造了开发条件,从而结束了汉口地区居民长期以来筑墩围垸、聚族而居、水乡泽国、朝不保夕的状况。为纪念张之洞修筑后湖长堤的功绩,世人通称此堤为张公堤。张公堤建成后,取代了汉口城堡的防洪功能,使之无存在之必要。时隔二年,清光绪三十三年(1907年),汉口城堡被拆除,沿堡基址修筑成后城马路(今中山大道硚口至江汉路一段),这条马路也是三镇市区近代化街道建设的开端。张公堤在新中国成立后经过重新整修,如今堤顶公路成为武汉三镇外环一线的重要组成。沿河大道、沿江大道,都是堤、林、路,以及港口、码头融为一体的历史发展变迁的产物。

汉口张公堤是清光绪三十一年(1905年)张之洞督鄂时所建。1931年大水后,该堤普遍加高培厚,并培修滑坡、翻修堤坡万余平方米,增筑主方3万余立方米,堤顶高程达到29.30米。1939年改修了岱山闸的木叠梁闸门,改为卷扬式启闭机的机动闸门,同时改筑了夯土墙,加宽了路面。张公堤在日伪统治时期也进行过局部整修。可见张公堤对于确保汉口城区防洪安全至关重要。

(3) 武昌城区堤防建设

武昌建城最早,其堤防始建于宋代。近代武昌地区基本形成以长江南岸沿线筑堤的防洪体系,自上而下由武金堤、城区沿江堤、武青堤、武惠堤四部分连成一个整体。

武金堤(武昌武泰闸至金口的孙家横堤)全长20.5公里,全线均为土堤,明万历四十年(1612年),熊廷弼免职回乡(今武昌县金水乡),发起募捐,倡修堤闸。据《湖北堤防纪要》记载,该堤底宽为10米,堤面宽3.3米,堤身高4米。到光绪年间,堤身残破不堪。湖广总督张之洞奏请朝廷并获准修筑武昌南堤。1931年大水以后,该堤按28.28米标准加高培厚,堤顶高程达29.0米。至此,武金堤已初具规模。

武昌城区沿江堤由下新河起,至武泰闸止,长7.72公里。该堤始于宋代,而沿江驳岸则始于明正德七年(1442年)。清乾隆元年(1736年),湖广总督史贻直对沿江驳岸做过历史上最大一次加修;光绪二十八年(1902年)再次做过较全面的培修;民国初期做过局部修补。1931年大水后,次年(1932年)国民政府借助贷款,按28.28米超高1米的标准,将万年闸至大堤口段驳岸加高2米。1936年,自武泰闸起,经巡司河抵大堤口,在旧城垣基础上修建了钢筋混凝土防水墙,堤顶高程达29.6米。

武青堤(下新河至青山镇)全长14.4公里,始于明末而盛于清末。1899年,张之洞分8段委派,统修堤防,堤高1丈(1丈=10/3米)至1丈7尺(1尺=1/3米),堤面一律宽2丈。统修后,初称"武丰堤"。民国时期未做大的整修,1931年曾多处溃口。

武惠堤(由白浒山起,至青山镇)全长24.37公里,堤面宽8米,堤身高4.4~7.4米。该堤始名"西北湖堤",清末民初几度兴废。1926年以前作民堤岁修,老堤堤身单薄,1926年始列为堵口修复条侧进行整修。1936年大水以后,堵口复堤,整修堤身,有8段作块石护坡。1937年又择重要堤段修砌块石护坡1.3万余平方米(厚1米),共用石料1.3万余立方米。

汉阳长期为县府治所。旧时官府以"水势有难御,人力有难齐,工费有难措"为由,故从不设堤防。明正德初年至清末400余年间,汉阳先后修筑堤垸10余处,累计46公里余。所筑堤防,各据地势,堤型零乱,支离破碎,不成体系。由于堤身低矮单薄,每遇洪水则蓄泄失调,多次酿成灾难,1931年、1935年两次大水,均惨遭淹没。当今汉阳区堤防由鹦鹉洲堤、拦江堤、沿河堤三部分组成,共长45.76公里。

拦江堤北起晴川阁,经洗马长街,溯江而上,沿东门、南门,西折药王庙,经三里坡,南抵拾船路,连绵10.55公里。该堤始建于明代,清乾隆年间,在东门至南门一带修筑护城石堤,以为保障,此一带无堤防护。1931年和1935年两遭灭顶之灾。

沿河堤起于龟山东头,北行400米折向西,沿襄河而上,经琴断口抵小田家台,全长18.5公里,始建于明初,清雍正、康熙、道光年间多次补修,清末到民国时期未加修,致使1931年和1935年,沿河堤垸无一幸存,"汉阳城厢水淹数尺"。

鹦鹉洲堤北起腰路堤,与拦江堤垂直相接,全长6.9公里。1922年创修鹦鹉洲下垸(即今堤防前身),内有田4000余亩,平时"以街为堤",其高程多为27米,防洪能力差。1931年、1935年大水,鹦鹉洲一片汪洋。

3. 城市水电

水电供应是都市发展不可或缺的因素。武汉地区淡水资源丰富,19世纪时没有自来水,市内居民靠到江河挑水或饮用井、湖、塘水。1907年,汉口建成既济水电公司(见图6-4),自来水进入华界和租界。汉口宗关水厂始建于1906年,建成后日供水量约2.3万吨,在民国初期发展比较缓慢。民国中期,因汉口城区人口增加,生活用水与工业生产用水需求量增大,因而促使宗关水厂扩充改建。

武汉在全国内地城市中率先用电。汉口租界在19世纪六七十年代已相继以电动机发电。20世纪初,汉口既济水电公司建成。1908年,直流容量为1500千瓦,1913年发电量60万度。1919年增加发电设备,改直流为交流。到30年代,最高容量达16 500千瓦。民国中期(1925年),建有武昌电灯厂、汉阳电气公司。外商方面,1906年英商开办汉口电灯公司,1907年德商美最时电厂开办,1913年日商大正电气会社开办。至1937年,武汉各厂总电容量在全国城市中名列前茅。

图6-4 既济水电公司水塔

4. 公园和绿化

明清时,武汉三镇商业繁荣,不少士大夫和富商大贾崇尚雅趣,于是造园自乐之风盛极一时。据史料记载,这一时期三镇所造的宅园、官署花园、会馆花园、寺庙花园共40余处。由于历次天灾或战乱,这些宅园难以完整地留传至今。

汉口辟为通商口岸后,列强在汉口辟租界,随之修建了西式跑马场、西式花园,以及租界区内的行道树、花坛、护栏等公共绿化设施。清末到民国初期,城市公园、景点、街道绿化在华界城区内还是空白。

武汉最早出现的近代城市公园,为1923年武昌首义人士夏道南筹建的首义公园。民国中期,城市公园建设以汉口居多。

二、曲折发展的武汉工业

在武汉城市发展中,特别是近代化成分的发展中,虽然以商业为先导,但却离不开工业。武汉不只是一个商场、一个港口,而是自身具有经济增殖能力的工业城市。武汉工业发轫于枪炮厂、铁厂等军事重工业,清末时,轻工业得到更快的发展。民国后,武汉工业基地的建构,仍为轻重工业并举,而轻工业主要是纺织、面粉、碾米、肥皂、火柴等日用品工业处于较发达状态,总体而言,基础均很薄弱。

1. 第一次世界大战后的短暂黄金时期

1912年到1927年的16年间,民族资本主义工业曾出现第二次兴办高潮,和全国各地一样为"黄金时代"。这一时期,据现有资料记载,有民族资本主义工

（包括较大的半手工业及手工作坊）共600余户，其中创立于本时期的有490余户，约占82%。这些工厂分布在20多个行业中，从数量上看，较集中的是纺织业（包括针织业——主要为织袜业和织布业，基本全建立于此时期），约290余户；碾米业，大部分为新式碾米业，约90余户，新创立的约为80户；印刷业71户，新创立的有34户；机器业58户，有40余户创建于此时期。

从设厂时间看，本时期内51户大中型民族资本主义工厂的创办可分3个时期：1911—1913年，即第一次世界大战前，新办6家5个行业；1914—1921年，世界大战期间及战后仍受影响的几年，新建工厂28家，分布于14个行业；1922—1928年，创建17家。在欧战中，新创立的工厂规模较大的均为纺织工厂、面粉工厂，其次为榨油工厂。经过两次设厂高潮，武汉民族资本主义工业有较充分的发展，也标志着武汉民族资本主义工业逐步发展成为以纺织和面粉工业为主体的近代工业。

导致这一时期武汉工业发展的原因是多方面的。

第一，对武汉民族资本主义工业发展影响最大的是第一次世界大战的突发。参战的英、德、法等帝国主义因积极从事军火生产，运输商船锐减，不得不减少对中国的商品输出，同时也从中国输入某些军用和民用物资，使武汉的市场出现有利于民族工业、商业、交通、金融行业发展的千载难逢的机会。

第二，民族资产阶级已有一定数量的资金积累。武汉民族资产阶级不少发迹于买办。巨商和买办如刘歆生、刘予敬、郑燮卿、宋炜臣、朱葆三、周扶九等，对工业投资都在100万元以上。其中宋炜臣在700万元以上；经营茶叶和打包业的买办刘辅堂、刘子敬父子，清末已拥有资产800万元；武汉地皮大王刘歆生创办和投资的企业有毛革厂、榨油厂、铁工厂、铜矿厂和煤矿等，资产也在数百万元以上。他们成为武汉第一代资产阶级代表人物。

第三，武汉在国内外市场中逐步发挥自己的地区优势，形成经济网络。武汉有水运之便，随着京汉路通车，交通更具优势，与内地市场形成网络，埠际贸易迅速增加。20世纪后，汉口各种商业行业达95个，其中茶叶、粮食、盐、棉花、油、药材、广福什货、牛皮八大商业行帮年贸易额达1亿两之巨。还有外资经营的洋行125家。贸易的繁盛为武汉民族工业开创了市场。20世纪初，汉口钱庄开始向近代工业放款，如协和机器榨油厂、机器米厂、炭山湾煤矿、江西铜矿都曾向汉口钱庄借款。武汉在民初有银行数十家，也有一部分向工业贷款。各大厂都与钱庄、银行有借贷关系，以解决资金不足的困难。

第四，清末以来抵制外货、提倡国货运动，也是促进民族资本主义工业兴起的重要因素。如果说甲午战争后，"设厂自救"及收回权利的斗争从经济上唤起了民族觉醒，那么1915年爆发的抵制日货和提倡国货运动、1925年的五卅惨案，则进一步从政治上、经济上激发了国人的爱国热情，先后推动了兴办民族工业的热潮。

第五,新式管理方法逐步推广。不少厂家积极学习西方经营管理知识,建立新的生产关系,办好近代企业。这主要体现在纺织、机械、面粉等较大企业中,其经营管理更趋向近代化。

第一次世界大战及稍后,虽然是我国工业发展的黄金时代,但好景不长,不久帝国主义经济力量卷土重来,给民族工商业带来巨大打击。从1924年后,我国工业逐渐萧条、衰退。

2. 武汉工业发展缓慢的背景

在半殖民地半封建的旧中国,由于帝国主义的压迫,武汉工业经济不可能得到正常发展。当时,北洋政府和国民政府为了加强其统治,也"救济工业",并采取了一些措施。但这个政权的大地主大资产阶级性质,又必然摧残民族工业。民国期间,民族资产阶级地位提高,发展资本主义要求更为强烈,北洋军阀政府为笼络民族资产阶级,拉拢其上层人物,于1912年召开工商会议,颁布《暂行工艺品奖励章程》,1913年又公布较清政府更完备的《公司条例》《商人通例》(为民国以来第一项工商业法令),对大企业实行"申请贷款",1915年设"工业试验所""商品陈列所",颁布《农商部奖章规则》,并举办国货展览会等。这些措施虽远不够充分,也没有得到完全贯彻,但对当时民族资本主义的发展起到了一定程度的推动作用。武汉商业资本大量投资创办民族工业的高潮,改变了以往投资土地、房地产的投资方向,武汉工业正是产生于此背景之下,并展示了不断发展的趋势。

三、立体交通网络的初步建构

以"九省通衢"著称的武汉,其近代发展水平和优势,也体现在交通上。木船、轿子和独轮车构筑了三镇古典风貌,而轮船、火车、汽车和飞机则塑造出九省通衢的近代形象。多灾多难的近代不会给武汉的立体交通绘制出丰美的形象,水、陆、空交通仍然基础薄弱,发展步履维艰,但却仍然有着一定的跨越。

1. 粤汉铁路全线接轨和长江铁桥的夭折

京汉铁路从1897年动工,到1906年建成;而粤汉铁路从1907年动工,到1936年才竣工。后者由于晚清时的铁路借款和国有引起的风潮、民国时的军阀混战,加上1931年的大水,不断延展工期。

自京汉铁路通车之后,武汉与华北地区的联系已日渐密切。京汉铁路管理局设于汉口法租界领事街,汉口市区设有江岸、大智门、循礼门、玉带门四个车站,并在北平、郑州、汉口建起了供联络用的无线电台。但是,在军阀混战中,铁路屡遭破坏,或完全服务于军事运输,成为军阀手中的玩物。战争中,随便炸毁桥梁,搬

走铁轨,毁掉车辆。

在修成京汉铁路前后,粤汉、川汉铁路亦提上日程。1905年,张之洞奏准两路官督商办,聘日本工程师勘测两路,并由湖北官钱局经办招股事宜。两年后,在武昌设湖北铁路总局,负责粤汉、川汉铁路之修建,并于4月和7月分别在武昌徐家棚和汉阳两地先后动工。张之洞调入北京任大学士后,仍兼任两路督办,并草签了向英、法、德、美四国银行团借款条约,但因湖北官绅反对,要求商办铁路,没有正式签约。不久张之洞去世。

1910年2月,湖北商办铁路公司成立,以劝股、招股、发放彩票等方式集资,但资金仍不足。清廷派员抵鄂,1910年秋只存银30余万两。清廷以商股资金不足为由,在1911年5月悍然宣布铁路国有,激起川、湘、鄂等省的强烈反对,形成鼎沸的保路风潮。进入民国时期后,袁世凯继续推行铁路国有政策,继续向英、法、德、美四国银行团借款。川汉铁路由德国总工程师设计,1917年8月,完成汉阳至皂市100多公里的土方,但因欧战爆发,德国借款终止,该路工程中辍。粤汉铁路由英籍总工程师负责设计、施工,英国银行支付借款,采用汉阳铁厂钢轨,工程进展较正常。1912年7月,我国著名工程师詹天佑任汉粤川公路会办,负责督促英、德总工程师工作。1913年詹天佑到达汉口,次年6月升为督办。当欧战发生后,川汉铁路停工,詹天佑于是集中力量督导粤汉铁路湘鄂段的修建。1918年9月16日,粤汉铁路武(昌)长(沙)段竣工,全长364公里,并很快与长株段、株萍段接轨。从此,湘、鄂、赣之间在地缘联络的同时又以铁路相系,扩大了经济、文化交流,武汉城市商业圈和辐射力向南大幅度延伸,特别是湖南大米、安源煤炭可直输武汉。

在克服重重困难后,株(洲)韶(关)段亦建成,并进行接轨。1936年,粤汉铁路全线通车。1937年秋,粤汉铁路与广九路接轨,接通之日,就有武昌南始发的列车过轨至九龙。抗战时期,国民政府利用粤汉铁路向内地输入军用物资。粤汉铁路的开通,使我国中南数省一线相连,方便了客运和货运,也促进了武汉、长沙、广州等城市的发展。

粤汉铁路全线通车后,由于受长江之阻,还不能与京汉铁路接轨。于是武汉遂成京汉、粤汉两铁路的始发站和连接点。为了连通两铁路,在武昌徐家棚与汉口江边设立粤汉码头,以渡轮衔运车厢过江。徐家棚与汉口粤汉码头一线街市也因此得到发展。

其实,连通长江两岸,实行京汉、粤汉铁路接轨,早有所筹议。孙中山在《建国方略》中已提出在长江段开凿隧道。1925年,交通部路政司计划从汉口武胜路汉水边架设汉水铁桥,再在龟山禹王宫架设长江铁桥,直贯武昌黄鹤楼北端,再穿大东门折向徐家棚,与粤汉铁路接轨。但是,由于政局动荡,战乱不已,亦未能付诸实施。

2. 江河船运和市内轮渡

民初时,适值欧战爆发,英、德、美等国忙于战争,暂时无暇东顾,我国民族工商业得以乘机发展,特别是轮运业的发展尤为迅速。汉口作为江、汉两大水运动脉的结合部,更成为中国航商施展拳脚的极好场所。

(1) 我国船运业的发展

1911年,由买办虞和德创办的宁绍商轮公司,率先进入了沪汉线。1913年,该公司在汉口租有法商东方轮船公司的码头和仓库,以宁绍、宁静二轮开辟了沪汉间的货运航线。1918年,又在汉口设立了分公司,陆续添置了房屋、码头和堆栈。1915年,三北轮埠公司在汉口设立了分公司,开始插足长江航线,在汉申线上投放了长兴、明兴、德兴等六艘客货轮,每十天往返一次。1921年,三北轮埠公司在买进华昌轮船公司全部产业后,又以永嘉、三北、寿昌、鸿利、鸿亨、鸿贞等轮船行驶汉湘航线,并首开上海—汉口—长沙的直达定期航线。1927年至1928年,又先后经营起汉宜、宜渝两条航线,并调派浅水拖轮和铁驳船由汉口行驶常德、津市、沅江等地。1937年1月9日,又以龙兴轮首辟沪汉特别快班航线,由汉至申四十八小时即可到达,沿途仅停靠九江、安庆、芜湖、南京,每周一个往返。

1920年,大达轮步公司开始代理上海大储栈的储元、储亨两艘驳船及其他船只,由拖轮拖带往来于沪汉之间。

1932年,由卢作孚创办的民生公司也在汉口设立了办事处,并租用了一座码头,将渝汉航线延伸到长江下游。大达轮步公司和虞和德重新组织的鸿安商轮公司等外埠航商也先后在汉口设立了分公司。

从民国初年到抗战前夕,中国航运业得到较快发展。在汉经营轮运的外埠商轮公司已有50多家,先后有80多条轮船在汉口经营过汉申、汉宜、汉湘等航线。据1933年10月的调查,仅7家主要外埠航商经营的4条航线就投放船舶33艘,总吨位达58 972吨。

湖北本省的公私营轮船业在公司数量和船舶数量上更占有绝对的优势。从1912年至1928年止,在汉口经营轮运的本省航运企业已有140家,拥有轮船262艘,辟有33条航线(另有轮渡船线4条),经营范围遍及长江、汉江、湘江及一些支流小河。省属航运企业中雄居首位的是汉冶萍公司,共拥有轮船28艘;由赵子安创立的安合轮船局共有18艘轮船,居第2位;位列第3的是设在汉阳的尊记轮船局,共有11艘轮船;粤汉路湘鄂工程局则居第4位,共有轮船8艘。

抗战前夕,汉口港客班航线达到高峰。当时在长江干线、内河区间的定期航线共20多条,营运船舶140多艘,每日发船量20多艘。

(2) 外轮的航运扩张

就在中国航业勃勃兴起的时候,刚刚腾出手来的外国航商又纷纷在汉口开始

了大规模的航业扩张。其中,日清公司就表现得分外活跃。

1918年,日清公司在添加汉宜班轮2艘并增开航班的同时,又以2至3艘大型轮船开办了汉口、大阪之间的直达航线,此时资金已由开办时的800万元增至1620万元。1922年,日清公司又以一艘轮船新辟了宜渝航线,实际上是将汉宜线进一步延伸到重庆。到1925年,该公司仅在长江上已有航线14条,其中以汉口为到发港的主要航线就有5条,即上海至汉口线、汉口至宜昌线、汉口至湘潭线、汉口至常德线、大阪至汉日线(亦称江海联运航线),仅配备在沪汉线上的大型轮船就有10艘。此外,日清公司为增强原由湖南汽船会社经营的汉口至湘潭线的实力,配备定班轮船和加班轮船各3艘,每月航行8个航次。该公司于1931年新造的"洛阳丸",因性能特佳,设备优良,被誉为沪汉线上的"皇后号"。到1934年6月为止,该公司在长江上运行的轮船已达27艘。其中,沪汉线7艘,共15 190吨(为净载重吨,下同);汉宜线2艘,共2396吨;汉口长沙线7艘,共2056吨。其他国家的航商也大多以汉口为根据地,不断地扩展航线,增加运力。到抗战前夕,在汉口从事轮运活动的外国航商已有4个国家的8家公司,经营有汉申、汉宜、汉湘等7条航线,截至1934年6月为止,这些公司参加营运的轮船达54艘,共97 442吨。此外,太古、怡和日清三大外国公司还有小轮20艘及以各公司名称命名的"号轮"57艘,吨位10吨至300余吨不等,专门航行在以汉口为中心的长江一带。

(3) 港口设施的配套发展

轮船运输的进一步发展,向港口设施的配套发展既提供了客观要求,又提供了客观依据,因而中外航业在码头和库场方面的投资也开始明显增加,对汉口沿江、沿河地段的争夺也日趋激烈。

在沿江有利地段基本上为外国航商控制的情况下,陆续进入汉口港的中国航商也尽量挤入汉口沿江地段,修筑码头,经营轮运。继招商局之后,率先挤入沪汉线的宁绍商轮公司,于1918年在汉口陆续设置了码头和堆栈。1921年进入汉口港的鸿安商轮公司和三北轮埠公司也在陈其美路口(今洞庭街)和华晶街口(今黄陂街口)陆续修筑了两座轮船码头。

嗣后,各种外货整主专业码头也纷纷兴起。江汉关、粤汉铁路局、英商祥泰木行、日本海军、英商和记洋行等均在汉口沿江地段开辟码头,进行专业运输。一些外国航商也大规模扩建、增辟码头。如太古轮船公司的码头,就由原来的2座扩展到8座,并代管英商蓝烟囱轮船公司码头1座。

3. 道路扩展和市内外交通

(1) 道路的改善

武汉市内街道和进出口公路在民国前期有较多的修建,从而开始为市内交通以及进出市区提供汽车运输之便。西起硚口路、东迄黄浦路、纵贯汉口的中山马路由后城马路(1946年改名中山大道)延修而成。1919年,汉口后城马路部分路段拓宽重建后,近代汽车很快由租界驶进华界。这种因市内道路改观引起交通工具进化的立竿见影的模式形象地说明,近代武汉工业、商业、贸易等发展巨大,而落后的交通工具无法适应这种发展的矛盾已呈尖锐的势头。

(2)交通工具的更新

第一,从轿子到人力车、马车。晚清时,轿子还是武汉三镇的主要代步工具。民初以后,八抬的官轿已经消失,但三人抬、二人抬的小轿仍穿行在三镇街道之上。但此时由于人力车和马拉轿车的发展,轿子被逐渐取而代之。到1931年时,轿子已完全被人力车所代替,昔日的轿夫也多转化成人力车工人。民国初期,后城马路(今中山大道)建成,人力车改用钢丝胶轮后,乘坐方便,发展很快。1934年又修建了民生、民族、民权等几条马路,促进了人力车的发展。到1938年,三镇人力车猛增到10 997辆,人力车工人3万余人,此为人力车发展史上的最高峰。客运马车转为市民服务后,亦有发展,到1933年达200辆,车行有57家,划有一定行驶路线,也可包车到其他地区。武昌只有自备马车。当时汉口六渡桥、怡园、硚口、三元里及大智门车站均停有马车待雇。

第二,市内公共汽车。1927年,汉口商人邓鼎尘拟创办公共汽车,成立汉口商埠公共汽车股份有限公司筹备处,8月,市政府官员呈请官办公共汽车,均因马路质量低劣而不能行驶车辆未成。1929年1月1日成立武汉市公共汽车管理处,市政府秘书长吴品会任处长,由市工务局领导,并在汉口四民街(今胜利街)67号设立办理处,三教街(今洞庭街)4号修建停车场。2月10日正式开辟硚口至六合路、观音阁至老圃线路两条,日客运量1.1万~1.4万人次。1930年上半年由汉口市政府采办委员会购车18辆,拨交市公共汽车管理处,将不适合公共交通的旧车8辆交卫生局改为洒水车,至1931年底,有营运车31辆。由于当年汉口大水后,灾民拉人力车的较多,汽车乘客相应减少,加之铜圆贬值,公共汽车因亏损而停办和中断,直至1939年恢复。

第三,出租汽车行业的形成。1912年汉口出现出租汽车,由原来经营人力车的法商利通车行老板梅神甫在汉口歆生路(今江汉路)创办,有小座车6辆。尔后,英商和俄商相继在各自的租界开设车行。由于当时汉口华界没有一条正规马路,因此出租汽车只在租界内行驶。后城马路修通后,华界开始有出租汽车。1916年,宁波帮商人盛东生在汉口南京路开办上海汽车行,沪商董宝甫在兰陵路开办宝亨汽车行,鄂商罗洪喜在民生路开办扬子汽车行。当时出租车多供官吏、工商业富豪等赶赛马场、赴舞会、兜风游览,租金以小时算,车厢7座的出租车每小时租金5元,4座的3元,可到车行租赁或用电话联系,司机亦可自行招揽生意。此后经营者逐年增多,1928年发展到44家,出租汽车100辆。

4. 货运汽车和汽车行帮的形成

开埠以后的武汉,商业贸易和产业空前繁荣,货运量与日俱增,人、畜力运输已不能适应货运周转量激增的需要。一些洋行和外国工厂开始购买卡车来运输原料和产品;原来的一些出租汽车,也纷纷转向兼营货运业务。1921年,汉口曾爆发过一次人力车工人捣毁外国汽车行的事件,可见汽车已在相当大的程度上构成对人、畜力运输的竞争、冲击。1928年,武汉汽车同业曾组成了一个以小汽车为主的同业公会。1931年,以中国货车为主,武汉汽车同行又组成了"汉口汽车运输同业公会",有会员57名。汽车货运已成为运输业中的一支突起的新军。当时武汉汽车业中已形成"下江帮""柏泉帮""葛店帮""本地帮"等四大行帮。

"下江帮"。近代武汉的汽车都转购自上海,雇请的司机也以江浙籍居多。如英国领事馆从上海带来的成为武汉第一辆汽车的司机为江苏人孙乃顺;再如上海籍的盛东生、盛福生兄弟,他们早年在上海给外商帮工修理机器时,学会了开汽车和修理汽车的技术,1915年前后,美最时洋行汉口分部的买办王柏年,从上海将盛东生请来为自己开车。1916年盛氏兄弟在汉口独自创办上海汽车行,自己开车和修车,并传授技术,培养了一批汽车司机和修理技术骨干。这批来自下江一带的汽车业技术骨干和行业管理者构成了武汉早期汽车业的一个重要帮口——"下江帮"。

"柏泉帮"。民国初年,汉阳柏泉籍旅汉同籍成为活跃于武汉政界、商界的一股重要力量。如辛亥武昌首义勋臣孙武和地皮大王刘歆生都是柏泉人。凭借这些政界显要和商界巨擘的支持,汉阳柏泉一大批各业人员来到武汉,这些人不少从事机器修理和汽车修理及驾驶工作。如柏泉人周恒顺在汉阳创办了著名的机器修理厂,另外柏泉籍高、张两姓也有多人经营机器修理,并兼营汽车修理业务。他们构成柏泉帮汽车业大帮,其技术力量仅次于"下江帮"。

"葛店帮"。原来鄂城葛店人在汉口从事马车业务的很多,后来由于汽车的兴起,马车业生意在近代化都市中已日渐清淡。当时一些外国汽车商在武汉以赊销办法推销汽车,价格也不贵(三匹马就可换得一部汽车)。于是,在汉口经营马车业务者纷纷转而经营汽车运输,武汉早期汽车行中的一个新帮口——"葛店帮"就这样产生了。

"本地帮"。主要由武汉邻县的黄陂、孝感、汉阳、汉川等地的人组成。

上述四大帮是抗战前武汉汽车行业中的主要技术力量,它们对后来武汉汽车业的发展有很大影响。

5. 邮电网络的扩充

1913年,全国按省设立邮区,汉阳邮政总局改为湖北邮政管理局,专辖本省邮务。1919年至1923年,汉口分别与德国柏林、英国伦敦直接互换邮件,与加拿大、安南(今越南)互换汇票。国内通信方面,从1929年起陆续开辟了沪汉、京汉、汉渝、汉昆、汉宜、汉长等航空邮路。自此,以飞机、火车、轮船为主要运递工具的近代邮政基本上取代了过去以马递、船送和步传相结合的驿邮。

如果说传统驿部、民信局向近代邮政的进化主要是邮政体制的巨大进步,那么,电报和电话的出现,则是武汉通信领域的一次革命性的技术转变。由于铁路、公路运输难以到达穷乡僻壤,武汉寄往湖北各地的信件,要靠当地邮差、脚夫在路上传递。1931年,水淹汉口时,为了保证邮件的传递,仅汉口一地的邮局就租用舢板100只,往来各街道的邮局之间,邮政工作从未中断。

在近代城市中,信息传递需求日增,而电信又成为最便捷的手段。为适应这一趋势,武汉电信得到相当快速的发展。

1912年,武汉已有8条电报线路。1914年,武昌装有瞬灭火花式无线电台,以收发官报。1922年,武汉大东门设立长波电台,开放无线电报业务。到1933年,汉口、武昌及交通部在汉电台等共有5处。1936年,沪、汉、粤无线电台三角网建成,并开通到香港的无线电话。抗战初,又开通了单路和三路载波电话。1927年,汉口电报局(见图6-5)定为全国4个特等局之一。到1933年,汉口、武昌共有电报局4个。

图6-5　汉口电报局

电话的发展也很迅速。据1917年的统计,当时武汉共有电话用户3247户,其中商号1333户,占总数的41%;到1934年,武汉电话用户增至4033户,其中商号2224户,占总数的55%。由此可见,电话在商业领域的应用呈现出日益扩展的趋势。1922年,武汉开始改用自动电话。1930年,汉口装备能处理8500次电话的自动电话系统,武昌也装备能处理1500次电话的交换机。到1934年,全部改为自动机交换。耗资约20万美元的电信大楼在汉口落成。1930年7月,武汉开始有长途电话。最先与襄阳接通线路,后陆续接通省内14个城镇,总长900多公里。1936年,长途电话已通达九省,并可直接与香港通话。

交通公用设施是城市文明的重要标尺,也是城市综合功能的重要组成部分。民国前中期的武汉,在这方面有过一定程度的创设,构建了水、陆、空交通立体网络。在经济落后的旧中国,武汉的交通发展水平,在全国城市尚属领先。但是,在军阀混战、外祸不已的旧时代,交通事业的发展屡遭挫折,只能盘曲前行。基础设施单薄,车船少,线路短,运量不足,都是毋庸讳言的。

四、文化与教育

在半殖民地半封建的中国,文化结构具有多元性。帝国主义的侵略文化、封建主义的复古文化、资本主义的近代文化、社会主义的革命文化,以及世俗的、区域的、市井的文化,多元并存,相互竞争和交汇。

1. 城市社会文化和近代设施

文明戏在武汉开演,是进入民国后最触目的新鲜事。欧阳予倩等创立了"新柳社",在 1907 年将文明戏——新剧从日本传入中国,首盛于上海、天津。1911 年 6 月,由任天知领导的进化团带着文明戏从安徽到汉口,在棉花街戏园演出,但因鼓吹革命,为湖广总督署所阻禁。1912 年,应汉口大舞台邀请,社区会教育团来汉演新剧达两月之久,颇受欢迎。春柳社的汪优游等也在同年到汉口演出。湖北鄂城刘芝舟留学日本,结识黄兴、孙中山,热衷新剧。1914 年,由郑正秋领导的新民社在汉口怡园和春记大舞台演出《空谷兰》等,由于人才整齐,剧目新颖,因此颇受欢迎。1920 年,由顾无为等领导的导社和王天恐等组成的醒名社,在汉口新市场、长乐戏园、满春茶园演出,影响很大,使新剧在武汉得到极大发展。由于新剧传播革命、爱国、民主思想,因此被统治湖北武汉的北洋军阀下令禁演新剧。自此,风行一时的新剧在武汉沉寂下来。直到北伐军进军武汉后,新剧才蹶而复起。

汉剧是流行于鄂、豫、湘、陕等省的地方剧种,有 300 多年历史,旧称楚调、汉调,辛亥革命前后发生了变革,改称汉剧,主要声调为西皮、二黄,在发展中形成荆河、襄河、府河、汉河四支,对京剧、湘剧、川剧、滇剧之形成、发展均有重大影响。1915 年,汉剧艺人陈国新开始组办汉剧科班,先后有天、春、长字辈科班,入班学艺者 200 多人。在汉剧发展中,出现了吴天保、傅心一、余洪元、董瑶阶、陈伯华等一批名角,形成了《宇宙锋》《二度梅》《柜中缘》等传统剧目,成为武汉戏曲文化中的精品。

富有地方色彩的湖北地方剧种——楚剧在这一时期得到重要发展。楚剧前身原是黄(陂)、孝(感)花鼓戏。它是黄陂人民喜闻乐见的一种乡土剧目。因其流行于黄陂、孝感一带,故称黄孝花鼓戏,又名西路花鼓戏。黄孝花鼓戏起源于清道光年间。清代中叶,黄陂、孝感一带民间艺人,将高跷故事与玩灯节目演绎成一种

第六章 武汉之宅

简易的"三小"(小生、小丑、小旦)土戏,搬上民间舞台。花鼓戏起初只是业余班子,在每年玩灯时演出,故也叫灯戏;尔后逐步演变成农忙种田、农闲卖艺,并向职业化过渡,成为民间"草台斗戏班"。从光绪至民国初年,黄陂、孝感先后有艾光裕、李武云等职业化灯戏班。清末以前,戏班无固定演出地点和场子,艺人们长期流动在农村。这一民间剧种既有乡土气息,又多为俚俗的表演,因此为人所诟病,并在晚清时以有伤风化而遭禁止。

1902年秋,汉口德租界清正茶园的老板,接来沙水口的灯戏班"挂衣"演唱。从此,花鼓戏开始在城市有了阵地。黄孝花鼓戏在汉口德租界打响以后,各租界纷纷改办唱戏茶园,如英租界的双桂茶园、天一茶园,日租界的金谷茶园,法租界的丹桂茶园、满春茶园等。9年内,共开设灯戏茶园17家。嗣后出现了共和生平楼、天声舞台、玉壶春三家正式剧院。花鼓戏著名演员李百川与章炳炎等合作进行改革,取消大锣大鼓,改变单一的一唱众和的唱法,聘请琴师严少臣为胡琴伴奏。

为与新剧的引进和传统戏的发展、改造相适应,武汉剧场、影院在民国时期有较大发展,从而扩展了城市文化的娱乐功能。在封建时代,戏台从属于茶楼、会馆、公所、庙堂。19世纪末,武汉开始有专业剧场出现。1899年创立丹桂茶园,1904年创立天一茶园,虽以茶园命名,但却以演戏为业。进入民国时期后,文化娱乐场所和设施次第创设。

1916年在汉口江汉路铁路边的老圃游戏场内就设有东舞台、西舞台、新舞台、影院,成为首个在汉口出现的综合性游艺场所。1918年创建的位于汉口中山大道民生路上首的新市场,占地18亩(1亩≈666.67平方米),总建筑面积1.7万余平方米,是一座大型娱乐场所。建造的本意是:外围临街建铺面营业用房,专供各厂商租赁,推销国货;内院各层建筑划为游艺场。大楼建筑为西式三层钢骨水泥建筑。1918年还同时新建长乐戏院、立大舞台、中央电影院、大同旅社。民初的万松图游艺场内有剧院、电影院、跳舞厅、评书室、弹子房、彩舫游艇等,是以引进西方娱乐式为主的大型综合娱乐场。

武汉电影院始自1907年的汉口后花楼的影戏院,但发展不快,至1918年,只有满春茶园、汉口基督教青年会、楼外楼、百代电影院、九重电影院放映电影。

书店也是重要的文化设施。清末以来,武汉书店日益增多。最早为1867年在武昌崇府山南正觉寺内的崇文书局,当时为全国大书局之一,1936年6月改为湖北省图书馆崇文书局保管处。1867年还同时在正觉寺开设湖北官书局。1902年于武昌察院坡(今民主路)开办武昌亚新地学社,先后有30余种地图问世,在宁、沪、穗、湘、蓉等地分设发行所。1903年在汉口后城马路(今中山大道)开设商务印书馆汉口分馆,1925—1937年在武昌察院坡设立支馆。1912年1月在汉口黄陂街开设中华书局汉口分局。1920年2月,由中华大学附中教导主任恽代英创

图 6-6　生活书店汉口分店

办的利群书社，在武昌横街头（今横街）18号开业，是一家致力于介绍新文化、传播马列主义等进步书刊的发行机构。1926年11月，中国共产党在汉口设立长江书店，由瞿秋白负责，地址在汉口济生路福生里，因铺面狭小，于1927年5月迁至后城马路济生路口。1934年，在汉口交通路37号开设上海生活书店汉口分店（见图6-6），这是一家经常进步的书刊出版发行企业。交通路自1919年开通以来，逐年建设，两旁建成三至四层具有西洋建筑形式、相互毗邻的街景。由于此街接近后城马路、江汉路、花楼街等繁华商业中心，过往旅游客人众多，原以商务印书馆一家独揽书刊发行业务，后成为日益增多的书店汇聚之所。至抗日战争前夕，交通路云集了10家书店，成为名副其实的书店街。生活书店、联营书店曾在抗战前于书店街营业。

另一个是汉口统一街图书市场，至抗战前已形成，开设较早的有子文、宝文、宏文堂、广益、民益等书局，随后有崇文堂、大文堂、同文堂、东亚、兴华、昌文、楚文等书局，以木刻和石印出版古书和杂书。统一街图书市场以批发为主，行销中南各省农村广大市场。统一街两旁均以二层中式铺面建筑为主，与交通路的西式楼房形成两种不同的风貌。武昌横街的古旧书市场更有其自身的特色。市场位于清政府乡试场所，为全省考生云集的地方，以前曾有不少书商在此赶集。随着武昌地区高等学府的增加，教学科研用书需求量增大，新、旧书店来此开业者日益增多，至抗战前最盛期达32家。密集如林的旧书店铺，多半为家庭店，经营五花八门的旧书，既收又卖。

2. 初开风气的近代体育

近代体育在武汉的兴起，始自清末，而在民国前中期初具规模。

武汉地区的传统体育，在科举制时代有武举制，以骑射和刀、枪、剑、戟为比试应考的手段和武器。当时的武棚、武术馆，成为训练武生和拳术的基地。除此之外，民间也有各种馆、社习拳练武。拳师和江湖艺人也往往招徒或卖武。

汉口开埠之后，首先在租界中设立波罗馆，内有台球、弹子房等近代体育设施。稍后，外国人又在汉口建立球场、跑马场、高尔夫球场等。赛马等活动有卖彩票牟利的目的，但也传进了一些近代体育项目和技艺。张之洞治鄂时，在新军中推行德国、日本等国兵操。两湖、经心等书院还设立体育课程。1901年，武汉的一些教会学校还举办校内和校际运动比赛。1903年,《湖北幼稚园章程》中最早提出"体育"一词。1910年,武汉作为五单位之一,参加全国首届运动会。

不过,武汉的近代体育体系到民国时期才初具规模。首先是群众性体育项目有所开展。如大、中学校普遍设立篮球场、排球场、乒乓桌、操场、跑道等,并设置体育课。在学校的童子军训练中,还有露营、野餐等活动。泅渡长江、汉水和湖泊,在群众中历久不衰。特别是20世纪30年代张学良驻鄂时,热心组织横渡长江游泳,更推进了这一活动的开展。其次是建立体育场、跑马场,以及体育群团。1918年,建立汉口精武体育会,成立华中体育联合会。后又成立汉口体育协进会,下辖体育团体95个之多。1923年,武昌体育场建成,成为全省公共体育场。除此之外,民国时期各学校、工厂有简易体育场地约50个。至于1905年创建的西商跑马场和之后创建的华商跑马场、万国跑马场,则使汉口成为全国跑马场最多的城市(见图6-7)。再次是开展体育竞赛。除了校内、校际间的比赛外,1923年,在武昌举办首届华中体育会,参加者有湘、鄂、皖、赣四省。1924年,第三届全运会在武昌举行。在武汉市内,前后组织过7次市民运动会、9次省运动会。武汉体育界人士多次参加华中和全国运动会。1934年,武汉出现越野长跑。1935年,在汉口中山公园举行手球比赛。乒乓球传入武汉较早,1916年武汉荆南中学就举办过乒乓球比赛。

图6-7 汉口跑马场

传统体育也有延续和发展。民国初年,就有著名拳师在汉设立拳社,传授技艺。湖北省实验民教馆在1913年成立国术班,到1933年8月,收学员四届,共138人。1936年又成立了国术传习所,在城市居民中开展各种拳法、器械操练。不少拳师沿街圈地表演。至于重阳节的登高、春秋的郊游,以及玩龙灯、划龙船等,都富有传统风采,并补充了近代设备的项目,群众参与面很广。

总的看来,民国前中期武汉体育事业有所发展,基本形成华中地区体育中心。从传统到近代的各种体育组织、项目、竞赛,都全面起步,并得到初步发展,从而为

城市文化增添了近代内涵。

3. 教育兴革

晚清,张之洞治鄂时注重兴革文教、培育人才,当时武汉新式学校之众多,设备之完善,进步之迅速,计划规模之周详远大,为当时全国之模范。故清季兴学成绩,以湖北省为最优。

进入民国以后,教育基础亦渐巩固,自应百尺竿头,有更进一步之发展。但因民初连年战争,武汉三镇首当其冲,文教事业发展遭受挫折,所有学校几乎都在战火中停办。诚如当年《湖北教育》中所指出的:"军兴以来,士人惊逸,学校废弛,黉宫茂草,图籍荡然。"南北议和以后,社会秩序稍定,原有的学校也渐次恢复。但因战争的破坏,武汉工商业损失惨重,发展教育赖以依托的经济基础薄弱,加以民初湖北政坛不稳,主持鄂政者频易其人,地方当局对发展教育事业缺乏热心。正是由于处在时局动荡中,民初武汉在全国教育发展格局中的地位迅速滑坡,逐渐失去了中国近代教育改革的中心之一的地位。其教育发展水平不仅远远落后于北京、上海等地,而且发展速度甚至赶不上毗邻的湖南、江西等省。从总体上看,民初较长一段时间内,武汉三镇学校教育规模没有恢复到辛亥革命前的水平,但在学校教育机制的更张方面则出现了一些近代化变化。

从辛亥武昌首义到北伐军进抵武昌的十余年间,由于时局动荡,执政鄂省的诸大官员忙于权位之争,无暇顾及筹划地方教育。从总体上看,此时期武汉公立学校大多经费短缺,处于生存维艰境地,加之中央政府对教育法令朝令夕改,公立学校几经改组,更加造成其发展的起落。值得注意的是,此时期武汉私人教育迅猛发展,成为新式教育体系中一支突起的新军。女子教育、平民教育的崛兴则是民初武汉教育近代化进步的现象。至于国立武昌高等师范学校的设立,则奠定了它作为华中地区最高学府的基础,堪称近代武汉教育发展史上的一个令人瞩目的事件。

第七章 武汉之荡

第一节 武汉之动荡

一、民国中期的市政管理

汉口开埠和张之洞治鄂时,武汉开始市政机制的近代化。1927年武汉建市,揭开了武汉城市体制的新篇章。但是建市后,由于武汉三镇在历史上的分割以及中央、湖北省、武汉市当局在权利上的争夺,造成武汉三镇分合无常。武汉时而为直辖市,时而为省辖市。这种建置、区划的不稳定性给城市发展带来了不利。

1. 城市建置更张多变

1927年武汉建市。1929年4月,南京国民政府改武汉市为武汉特别市,不久又改为汉口特别市,辖汉口、汉阳城区。武昌划归湖北省,另成立武昌市政委会,1935年后称为武昌市政处。1930年,汉阳城区划归汉阳县,脱离汉口特别市。同年六、七月间,汉口特别市改为汉口市,隶于南京国民政府行政院。1931年,汉口市改隶湖北省。1932年4月,汉口市又改为汉口特别市,隶于行政院,7月复改隶湖北省。日伪时期,1939年4月成立伪武汉特别市,辖武汉三镇。1940年又改为汉口市,隶于南京伪行政院,武昌、汉阳则划归湖北省。1941年改汉口市为汉口特别市。1943年改汉口特别市为汉口市,隶湖北省。1945年光复后,9月1日成立汉口市政府,隶湖北省。1946年成立武昌市政府,汉阳城区划归武昌市。

2. 城市建置变化的特点

第一,武汉三镇有分有合,时而合三镇为一市,时而一分为二、一分为三。第二,武汉或汉口,时而为特别市(直辖市、院辖市),时而为省辖市。按国民政府颁

布的《市组织法》，100万人以上的为特别市。武汉三镇或汉口，人口起伏不定。由于人口不足，就改为普通市。又由于商务繁盛、税源充足，或人口增长，即改为特别市。当时省府设在武昌，市府设在汉口，省、市两府同在一区之中，政令分歧，利益抵触，因此武汉（或汉口）又常从院辖市改为省辖市。第三，武昌市政处的特殊城镇建制。1930年8月成立武昌市，但仅存在1个月，即遭国民政府否决。1935年，湖北省又决定成立武昌市政处，与普通市近似，又不等于普通市。这种状况一直持续到1946年武昌市政府成立为止。

当然，民国中期武汉市政机制的近代化并不是一帆风顺的。财政的拮据、战争的破坏，往往使良好的市政规划流产；租界的存在及收回后又设为"特区"，破坏了武汉市政规划的整体性；市政规划本身的难度及主管官员和工程技术人员本身知识的局限，也使武汉市政规划、建设留下许多缺陷。特别是国民政府整体上的腐败，给城市建设带来严重危害。

二、革命高潮中的经济困局

北伐军进入武汉时，工农运动高涨，一些军阀、官僚，以及与他们有联系的产业相继停业。汉口最大的工厂扬子机器厂的老板卷走资金，弃厂而逃，700多名工人失业。日商泰安厂、"将军团"的楚安公司，两个武汉最大的纺织企业相继停业，长期关闭。当时，军阀、官僚、大商人纷纷从武汉逃往上海，将现款转存于上海、天津的银行。上海、天津的银行则争相在汉口的支行提取现金。上海、天津和香港等地的外国银行不再向武汉放款，且不断派人催收原来的数千万元贷款。操纵了武汉金融的外国银行趁机大量吸收存款，套走资金。如汇丰银行，当时中国人在该行的存款已达1500万元，而存底不过千余万两。这些均导致工商业衰落，而工商业衰落又影响财政收入，导致财政亏空、金融混乱。因此，武汉国民政府时期的经济形势是严峻的。

1. 交通不畅，货运阻滞

武汉国民政府前期，京汉铁路先为吴佩孚所断，继为张作霖所截。北伐军占领河南后，铁路也只能通到郑州，与京津、华北、东北各地联系一直不通。广东"四·一五"政变和长沙"马日事变"后，粤汉铁路不通，与两广和湖南也失去联系。

长江对武汉经济具有重要影响。孙传芳阻断长江交通，沪汉之间只有少数外轮航行。汉口英租界事件后，英国轮船停航，以致沪汉班内单留日清八轮行驶。影响所及，百货全阻，甚至近海出口、外洋去货亦连带减落。上海、南京被日军占领后，武汉国民政府正拟恢复沪汉间的航运，随之日本借"四三事件"，让日清公司轮船停驶，蒋介石发动政变后，益复勾结帝国主义者封锁武汉，长江交通极感不便,商旅尤为困难。在武汉三镇,轮船多被征用,渡江轮船异常缺乏,仅有的渡江轮船非常拥挤。轮船一至码头,争上争下,尤虞倾覆,凡在搭客,莫不叹该轮危险。刘湘、杨森投机革命后,川江一度开放。重庆"三·三一"惨案后,川鄂间交通又断绝。杨森东下宜昌、沙市时,汉宜交通也被阻隔,经济联系随之中断。

交通不畅,武汉的粮食、日用必需品、原料和燃料供应十分困难。当时武汉每日大约需粮7000担,驻军需1000担,以往靠湘、赣、苏、皖等省供应。芜湖、镇江交通不便,米源断绝,江西米粮也很少运来武汉。江汉平原及湖南因为要维持小农生计,因此禁止米粮外运,使得武汉粮食来源稀缺,到货颇少,出现了严重的米荒。煤、油等也货源大减,难以为继。

2. 滥发纸币,金融紊乱

武汉国民政府军费急剧增长,开支空前浩大,而政府的收入又急剧减少。政府每月收入最多70万元,而支出最少需170万元。于是想方设法增税敛钱,开动机器,大印钞票。汉阳、汉口一光复,蒋介石就令广东中央银行印大洋券50万元,大洋南票20万元,以后还继续印行。宋子文到武汉后,又发行中央银行临时兑换券400万元,加上其他各行发行的票币,武汉市面流通的票币达八九百万元。1927年1月20日武汉中央银行分行成立后,又大量印刷新钞票,使社会上流行的各种钞票达三四千万元之巨。随后武汉国民政府又发行纸币,使市面上流通的纸币由4月份的三四千万元猛增到6200多万元。其中中央银行1963万元,中国银行2163万余元,财政部发中国银行1200万元,交通银行928万余元。5月份起又两次发行面额1元、5元、10元的国库券,达1300万余元。纸币债券高达7595万余元。不够用后又决定开办铜圆局,发铜圆票3000万张,面额以一串为标准。还决定从6月5日起分期发起"北伐胜利有奖债券",每期发行100万元。

4月17日,武汉国民政府下令集中现金,蒋介石立即电令长江下游各地禁止将现金运往武汉,并禁止"汉票"在其他各地使用。4月21日,上海银行公会宣布与武汉停止汇兑,北京及其他各地银行也与武汉断绝汇兑。北方各省相继不用武汉纸币。从5月10日起,除汉口中国银行钞票可作六折使用外,其他各行钞票无人问津,几成废纸。

3. 企业关闭,商务遭破坏

据《向导》周报估计,北伐军进入武汉时,武汉失业工人、店员和经常处于失业状态的苦力、市政工人,以及逃荒而来的四乡农民、形形色色游民,约有5万。外国在武汉建立的企业,从工业到商业,从金融到交通运输,控制了武汉的经济命脉。1926年11月,英国关闭了它在汉口的两个烟厂,汉口英租界、日租界事件后,英日两国关闭了他们在汉的全部企业,停止一切经济活动。

商业更因战事与交通问题而大受打击。1926年10月,汉口进出口已受阻。1927年1月,汉口情况更差,进出口生意无形停顿,内地商业亦非常清淡,加之驳船罢工、各货停滞,银洋钱两需要力量太少,并无更动可言。工商业衰落,导致大量工人失业。5月15日,《汉口民国日报》报道的失业工人数量是14万人,实际失业工人将近20万人。所有这些严重影响了社会的稳定,动摇了武汉国民政府的基础。

对于面临的经济困局,武汉国民政府采取了一些措施,试图扭转局面。武汉临时中央党政联席会议第一次会议的重点就是讨论统一财政、管理纸币问题,但经济未见好转。1927年3月还成立了中央财务委员会,试图挽救财政危机。蒋介石发动政变后,武汉形势更加恶化。4月15日,国民党中央决定组织战时经济委员会,把国民经济纳入战时轨道。为摆脱困境,采取的措施有:恢复交通、集中现金、增发纸币、增加税收、调运米粮、救济失业。

政治决定经济,但经济对政治也能产生反作用。大革命的失败原因复杂,而武汉国民政府没能在经济上打破内外敌对势力的封锁和破坏,财政经济陷于绝境。对于武汉国民政府的存亡和革命的失败,近代武汉城市的发展不能不产生重大影响。

三、民国中期工业的曲折运行

由于北洋军阀在武汉地区制造的战乱,以及武汉国民政府时期经济陷于困境,在20世纪20年代中后期,工业停滞不前。1929年,世界经济危机也波及武汉,给予武汉工商业以打击。1930年后,武汉工业在不断遭受挫折中逐步恢复,并得到缓慢发展。1937年抗战爆发后,武汉成为经济和政治文化中心,除原有的工厂500余户外,从上海等地迁入170余户,全市80万人口中,工人有二三十万人。

从工业结构来看,分布的行业较广泛。1936年,516户工厂分布在15个行业中,与20年代比较,新增的行业和专业工厂有造船、西药、电镀、电池、制漆、罐头食品、牙刷、酒精、水泥等。20世纪30年代仍以生产人民生活必需品的轻工业占绝对优势,轻工业在轻重工业比重中,工厂数占76%,资金占68%,工人数占80%,年产值约占90%。1936年,轻工业中纺织和烟草工业占主导地位,资本额为纺织工业占第1位,烟草工业占第2位,食品工业占第3位,印刷工业占第4位,纺织、烟草工业资金额占轻工业资金总额的46.5%。

武汉工业在张之洞创办洋务时期,曾在全国占有重要地位,如冶炼、造纸工业居全国之首,纺织工业也曾仅次上海而居第2位,但以后逐渐衰落。虽然民初以来武汉六大纱厂的纱锭数,在上海、武汉、青岛、天津、无锡、南通六城市中仍居第2位(占8.9%),但从工业整体看,1934年在六个城市比较中,工人数、动力数均占第4位,次于上海、天津和无锡;资金额和年总产值居第5位。

1. 武汉民族资本主义工业

1927年以后,武汉的民族资本主义工业除少数行业,如卷烟、纺织、面粉、水电等规模较大外,其余多为小型企业,而茶、丝、火柴、玻璃等工业一蹶不振。下面就民族资本主义工业的几个主要方面加以介绍。

(1) 纺织工业

1927年后,各大纱厂难以为继。1929年政局稍定,各业又呈复活状态。如武汉华商纱厂纱锭由1922年的15.3万枚增至1929年的26.6万枚,工人增至2.4万人,为纺织业发展高峰。1930—1935年,由于日纱、美棉涌入,捐税繁重,东北市场沦丧,使纺织工业遭受严重打击,1931年武汉纱锭数仅22.7万枚,比1929年下降14.7%。1932年淞沪抗战后,日本帝国主义向华中各地大量倾销旧纱和棉布,使华厂产品滞销积压,被迫相继停产或半停产,以致关闭。1936年后,抵制日货运动风起云涌,日货滞销,加之华北华东相继沦陷,各纺织中心城市,如上海、青岛、南通、无锡等遭受破坏。华中地区市场纱布奇缺,从而刺激了武汉各大纱厂的生产,促使工厂日夜开工生产,产品供不应求。因此,在1936年、1937年两年间,各厂皆获巨利。

(2) 卷烟工业

20世纪30年代,武汉卷烟企业共四家,为华中最大的卷烟产地。除国外资本开设的英美烟草公司(后改为颐中烟草公司)外,民族资本主义工业中,有总公司设在上海的南洋兄弟烟草公司分厂。该厂规模比较宏大,1926年筹建,延至1934年才投产,生产"千秋"、"金釜"、"长城"牌香烟,初期有卷烟机10台,月产烟600箱左右。至1937年,卷烟机增至29台,工人670人,月制烟2500箱,销武汉及沙市、九江、长沙、重庆等地。在与英美烟草公司产品的激烈竞争中,该厂挣扎图存,销量日衰,几乎被迫停产。1937年抗战爆发,外销受阻,资金奇缺,后为国民党官僚资本所控制,变为官僚资本企业。

(3) 面粉工业

20世纪20年代后期,曾一度发展兴盛的面粉工业逐步萧条衰落,1932年后,才在困境中缓慢发展。经过转租、重新组建,至1936年,关闭的有公泰等五家,新建五丰等三家,当时开工生产的有金龙、裕隆等五家,比欧战时少两家,共有资本145万元,年产面粉323万包。其中以福新面粉厂规模最大,是当时全国大型面粉厂之一。20世纪30年代,新创立的只有五丰面粉厂一家,1932年正式开工,产量仅次福新面粉厂而居第2位。

在19世纪六七十年代兴起的洋务运动中,张之洞在武汉创办了一批军用民用工业。这些企业先后经过官办、官督商办、官商合办,到20世纪30年代,大部分企业或负债关闭,或奄奄一息。其中汉阳铁厂、炼锑厂、毡呢厂、丝局、麻局等8家先后停办，布纱局、官砖厂、针钉厂、船革厂等10家先后招商承租或合办，有的转为私人经营。民国建立后，国民政府和市、省政府也曾创办一些工业，其中除军政部曾接办湖北毡呢厂、湖北制革厂，武昌市政处接办竟成电灯公司，湖北省政府接办宝善米厂及印刷厂、官书局外，还创办有中国植物油料厂、武昌机厂，从北京迁入了军政部被服厂。这些官办企业，一般生产军需和机关团体所需的被服、鞋帽、皮件等用品，极少进入市场销售。

此外，京汉和粤汉铁路创办了一批为铁路运输服务的机车修理厂、枕木厂、电灯厂、电报厂等，到1930年，仍有8家。1928年还创立了一家汉宜公路局修车厂，这是武汉首家官办汽车修理厂，1935年改为湖北省公路局修车总厂。

据初步统计，自张之洞创办汉阳铁厂以来，至1936年的40多年间，武汉曾出现的官办企业共45家，其中冶金、铸造、矿业5家，兵工、机械厂12家，纺织厂7家，水电业4家，印刷厂2家，造纸厂3家，砖瓦厂4家，制革厂2家，肥皂厂1家，被服厂3家，电报厂1家，油料厂1家。

2. 外资工厂

民国中期，外资在汉企业不断增加。到1937年，先后有德国、英国、美国、日本、法国、意大利、俄国、荷兰、澳大利亚、比利时、西班牙、丹麦、瑞士、瑞典等16个国家在汉设立洋行100多家，这些洋行开办企业156家，除少数企业（如汉口打包厂，恒丰、金龙等面粉厂，福中澄油厂等）为外商与华商合办外，其他均为外资洋行企业，美最时、礼和、安利英、沙逊、和记、怡和、慎昌、立兴、三井、日信等10家洋行所办的企业占较大数量。洋行凭借资金、运输和技术优势，依靠武汉周围广大农村腹地提供的廉价原料和劳动力，在汉口进行农副产品及原料的加工出口。外国洋行所办的156家企业中，德国45家、英国39家、日本29家、美国11家、法国10家、俄国5家、其他国家17家。德国、美国、法国洋行所办企业是以农副产品加工为主，日本和英国洋行所办企业则以轻工业为经营重点。

3. 航空线路的开辟

辛亥革命时，湖北军政府购入2架飞艇，这是武汉天空最早的近代飞行器。武汉航空运输始于1929年，在交通部和中国航空公司的协议下，由中国航空公司在汉口设立航空事务所，并在汉口江岸分金炉江边设立水上机场。与此同时，欧亚航空公司亦有航班在水上机场升降。1933年，汉口与上海每天有一次航班来回（星期一停飞），中途经过九江、安庆、南京（均降落）。汉口到重庆的航班每周二次。

1935年，张学良在武汉期间，修成武汉南湖机场。该机场主要承担民用航空业务，辟有5条航线，与上海、重庆、昆明、西安相连。后又修建王家墩机场。此时,汉口每周有至沙市、宜昌、万县、重庆的航班,每天有飞往上海的航班。在中国民族航空事业的萌芽时期,武汉的空运在国内处于领先地位。

抗战爆发后,武汉成为日军重要空袭目标。当日军以空中优势逞凶武汉上空时,在上海等地空战中屡遭挫败的国民党空军,损失了不少飞机,剩下的飞机则集中在汉口、南昌机场。1937年12月,苏联制造的CB轰炸机,E15、E16驱逐机数架运抵武汉,苏联空军志愿队也成批到达武汉,与中国空军一道痛歼日本飞机。库里申科等100多名指战员为此献出了宝贵的生命,其中15位烈士的遗骨安葬于武汉(苏联空军志愿队烈士墓见图7-1)。

图7-1 苏联空军志愿队烈士墓

第二节 武汉之沦荡

一、日军暴行与日伪殖民统治的确立

入侵武汉后,日军专以抢掠和焚烧为能事。他们到处穿堂入室,公开抢劫,并以各种残忍的手段虐杀失去抵抗力的俘虏和无辜的平民,武汉人民从此陷入水深火热之中。据统计,沦陷初期,在日军的疯狂抢劫中,仅汉口地区受害者就多达34 640余户,共124 300余人,占当时武汉总人数的1/10。

由于日军的烧杀抢掠,大批武汉市民沦为难民。为了加强对城区的控制,日军侵入武汉不久,即在汉口划分了安全区、难民区和"日华区",在武昌也划分了军事区、轮渡区和难民区。

安全区主要包括前英、德、俄租界和法租界,沦陷初期共收容难民7.52万余人。安全区其实也并不安全,日军虽在安全区成立之初承诺不允许日军随意进入,然而入城不久便背弃诺言,宣布安全区之设立已过时,强行进入安全区,对华人肆意凌辱,对英美侨民也无视国际准则而加以蹂躏,大肆抢夺其财产。对于区内的一些里弄、房屋,只要日军认为需用,立即腾迁,有的作为日军占领机构办公,有的供给日侨居住。日军还以租界内藏有反日本分子为由,对法租界实行封锁,限制人员进出。租界内日用品顿时紧张,饮水短缺,粪便堆积,让人不堪忍受,人口死亡率急剧上升。沦陷之际被人们视为躲避战火的"天堂"——法租界成了活地狱。

汉口难民区设在今硚口以下,利济路以上,左至汉水边,右至中山大道的地带。汉口难民区地域如此之大,进出却只有两个门,一个设在硚口,一个设在利济路汉正街口,四周布满铁丝网,所有难民只准在这两处进出口通过。难民出入时必须出示从日本浪人、汉奸手中购得的安居证,通过门口必须向宪兵脱帽、三鞠躬。此外,出门时还要接受喷洒消毒药水,否则就要受到重罚,严重的则拖往日宪兵队毒打、灌水、上电刑,甚至以游击队嫌疑的罪名处死。武昌难民区设在八铺街以外一带,每日上午9时开放,下午难民区首尾两端也立有木栅,3时即关闭,进出也得接受检查。

此外,日军还在汉口设置了"日华区"和商业区。"日华区"允许日本人和中国人在此区域内混杂居住,但居住的日本人很少。民生路至江汉路一段的中山大道,曾被划为商业区。实际上,这里只是日本商行和株式会社之类的商业街区,中国人根本没有在此经营商业的权利。在这里,日本商人随意占用中国人的房屋,开设各种商店、洋行、株式会社等,凭借军事上的淫威,对中国人民进行经济侵略。日军的机关、团体和仓库等也多设置在这一带。日军还将沿江一带,上至集家嘴,下迄日租界,划为军事区,不准通行。军事区划定了陆、海军的势力范围:汉界限路(即合作路)以上归陆军管辖,汉界限路以下由海军控制。层层对武汉人民进行统治。

为进一步控制武汉,镇压人民的反抗,沦陷时期,日军在汉口、武昌、汉阳均设有宪兵队。汉口宪兵分队设在原大孚银行旧址内(今中山大道与南京路交汇处),它和武昌宪兵分队、汉阳宪兵分队同归汉口宪兵队本部管辖。由于汉口宪兵分队驻扎地原来是抗战前大孚银行的行址,所以武汉人习惯上把日军的这支宪兵队称作"大孚"宪兵队。武昌宪兵分队山南派遣队驻八铺街,山北派遣队驻马路街,汉阳宪兵分队驻晴川阁。在日军血腥统治武汉的七年中,凡是被日军宪兵队抓走的中国人,除极少数外,绝大多数杳无音信。

为大规模杀戮反抗日本野蛮统治的武汉人民,日军还在武汉四周遍设杀人场、埋人坑,仅汉阳就有杀人场十多处。在汉口郊区的东西湖走马岭、岱家山公路桥、武昌大矶头等处,大批中国人惨遭杀害。

日军占领武汉后,中日战争进入相持阶段,面对中国人民的坚决抵抗以及日军兵力不足、后勤补给困难等问题,日军不得不调整其侵略政策,加紧扶持汉奸政权,同时大肆进行大东亚共荣的反动宣传,企图欺骗和奴化中国人民,达到以华制华的目的。

日军侵入武汉后,对武汉周边进行各式土匪武装和对国民党投降部队进行收编并提供武器弹药,利用他们与抗日力量作战。在日军大力扶持下,武汉地区的伪军很快发展起来。汪伪南京政权成立后,为了统帅武汉地区的伪军力量,于1940年3月在武汉设立"绥靖主任公署"。1942年8月10日,伪公署改组为伪国民政府军事委员会委员长武汉行营。1943年4月20日伪武汉行营撤销,恢复武汉绥靖主任公署。

沦陷时期,日伪政权高度重视殖民文化,大力推行文化统治和殖民奴化教育。日军占领武汉后,专门成立了军报道等班,负责检查书报杂志,取缔一切带有抗日思想的出版物,同时加强殖民奴化思想的宣传和灌输。伪政权成立后,也成立了一批文化机构和团体,宣扬汉奸文化,鼓吹"大东亚主义"和"日中亲善",妄图从文化、心理和教育上消除人们的抗日意志。

日伪在统治武汉的七年时间里,通过一系列的努力和措施,在一定程度上初步建立了殖民主义的教育体系,通过开设教员训练所、各级各类学校,辅以其体系,向沦陷区的青年学生和广大民众灌输其帝国主义的教育精神和亲日投降的卖国思想,产生了极恶劣的影响。但在武汉人民的抵制下,这种教育始终没有达到日伪政权的反动目的。一方面,由于国民政府组织西迁得力,大部分学校和师生在沦陷前撤出了武汉,留给敌人可以利用的教育资源有限;另外,在中国共产党的领导下,一部分进步学生和教师离开武汉,他们有的加入了新四军进行抗日斗争,有的在中国共产党领导或创办的学校里继续工作和学习。1943年伪汉口市政府在其所编的《市政概况》中也承认其教育"自未足以言普及"。

二、铁蹄下的城市变态

沦陷后,武汉呈现出一片病态的社会景观。在日伪的统治下,武汉城市发展呈现出倒退的局面,首先表现在人口上,体现为市民人数的迅速减少。沦陷前,武汉三镇总人口为125万人,1940年减至31万人,其中汉口仅有15万人。直到日军投降的1945年,三镇人口为79万,还未恢复到战前水平。

伪武汉特别市政府成立后,为了恢复社会秩序,装点门面,创造一片和平繁荣的社会景象,同时为了更多地取得税收,以增加政府的财政收入,首先进行了规劝离乡离业的武汉市民复归复业的活动。日伪政权基本恢复武汉的社会秩序后,沦

陷之际逃散的城市居民为了生计和房产,也慢慢地陆续回到武汉。因此,自 1941 年后,武汉人口又有回升。

武汉是中国内地最早向外开放的地区,各国在汉侨民数量一向很多,他们在武汉多从事工商和文教事业。抗战爆发后,商业基本停顿,大批外侨为躲避战乱,纷纷回国。与此相反,随着日本对武汉的全面占领和殖民经济与文教事业的发展,日本在汉人数迅速增加。

日军侵入武汉后,为了维持其庞大战争机器的运转,采取以战养战的政策,对武汉人民进行了赤裸裸的掠夺。大量的粮食、农副产品、油料、棉花和皮毛落入敌手,造成武汉市面物资的极端匮乏。另一方面,武汉在历史上一直是一个商业中心,生活和生产物资主要靠周边地区供给,由于战争割断了交通,进一步造成了市面的紧张。沦陷后,武汉地区的物价水平迅速上涨,通货膨胀十分严重。原因之一是日军掠夺和战争造成物资匮乏。以米粮为例,沦陷后武汉粮荒十分严重。第二个原因是日伪对物资的垄断和对市民的盘剥。以食盐为例,食盐为市民日常生活必备品,武汉地处交通要冲,淮盐、川盐均易运抵,本不缺乏,然而日军进入武汉后,首先控制了盐的销售和贩运,人为操纵,使得供应十分紧张。

太平洋战争爆发后,日军加紧对华物资的掠夺,武汉地区市面更加紧张,日伪政府开始更全面地推行配给制,除粮食、食盐外,其他生活用品,如煤、油等均按户配给。在配给制度下,不法奸商同日伪统治者勾结起来共同作弊,或囤积商品,或以次充好,使得整个武汉"遍地皆黑市",有限的物资根本到不了普通市民手里。

为牟取暴利并消磨中国人民的抗日斗志,日军入侵武汉后,打着"寓禁于征"的旗号,大肆推销烟土,丧心病狂地实施了全面的毒化政策。日伪当局在极力推行毒化政策的同时,为了增加财政收入,对其他一些有害于中国人的"特殊商业",如娼妓业等,也大力支持。除了毒品和娼妓外,沦陷时期,武汉另一个严重的社会问题就是赌博。

从 1937 年 8 月开始遭到日军飞机轰炸到 1945 年光复,武汉遭受了历史上最严重的浩劫,多处繁华的市区变为瓦砾,城市基础设施也遭到极大的破坏。

水电方面,沦陷前武汉全市自来水售水量为 1360 万吨,沦陷后,由于战争的破坏和日军对金属管件的掠夺,武汉自来水事业受到很大的影响,售水量逐年减少。抗战胜利后的 1946 年,全市售水量仅为 708 万吨,仅为战前的一半多一点。

电力供应方面,由于缺乏燃料以及电网建设问题,电力缺乏,除特二、三区情况稍好外,市内路灯与抗战前相比,灯位距离拉得很大,只在必要的地方才安装 40 瓦的路灯。

城市道路建设方面,伪市政府成立后,也曾在城市道路建设方面做过一些努力,制订了城市路网改造计划,但限于财力等原因,只进行了一些修修补补的工作。相反,由于政府管理的无能和战争的破坏,已有的道路破损严重。另外,日军为了抗击中国军民的进攻,在城内修筑工事,也极大地破坏了城市交通网的建立。沦陷期间,日军不择手段地在武汉市区内外构筑军营、基地,使城市设施变形或毁坏。

在航运与交通方面,沦陷期间,因汽油缺乏,市内汽车大多停驶,人力车和马车是武汉重要的交通工具。轮渡方面,1939年8月12日,伪武汉特别市政府恢复轮渡客运,1940年后仅维持武昌至汉口一条航线,运力严重不足。为了方便三镇市民往来,伪市政府不得不组织私人木船进行渡江活动。

在邮政方面,沦陷后,武汉对外交通断绝,邮政遭到严重破坏,直到1938年11月20日,才从汉阳蔡甸邮局送来从宜昌、沙市发出的第一批邮件。

在排水与防洪方面,武汉是一个多雨的城市,且毗邻长江和汉水,排水与防洪设施建设十分重要。抗战时期,武汉全市总长约30公里的下水道大部分被炸毁。沦陷期间,武汉地下管网多年没有进行清理疏通工作,导致泥秽满管,无法排水,污水随处漫流。

在城市建筑方面,日伪统治武汉的7年间,公共建筑事业几乎没有什么发展,商用和民用建筑建设也极有限。沦陷期间,城市建筑几乎处于停滞境地。不仅如此,日军还强占一批建筑作为其办公、营房之用。

根据战后调查,沦陷期间,武汉损失最大的就是房屋建筑,在日伪统治的7年间,共毁坏房屋7500余栋,约20万间。沦陷前,原有的警察指挥台以及各种停车场、菜市场、摊贩摆设的露天交易场、标识牌等,沦陷后已荡然无存。沿江各码头、防水墙,抗战期间多处被破坏,闸板则全部损失。

在公园建设方面,日伪政府曾于1941年在市中心的湖北街建有小型公园"蠡园"一座,但规模非常小。汉口中山公园是武汉三镇历史最悠久的公园之一,也是武汉市民休闲和娱乐的重要公共活动场所。1938年10月,日军侵占了中山公园,作为兵团驻地。始建于1924年的武昌首义公园,在沦陷后一度荒芜,亭池夷为平地。武昌首义公园附近的黄鹤楼和乃园在日军入侵后被划为军事禁地,名胜古迹和树木遭受到了极大的破坏。始建于1930年的原汉口特别市政府门前的花园,即府前公园,在沦陷期间被日军当成兵营和马房,自此后,花园就从历史上消失了。此外,一些私家花园也被日军侵占了。

第三节　武汉之虚荡

1945年8月15日,日本裕仁天皇宣布无条件投降。消息传来,武汉人民纷纷从大后方重返家园,重建武汉。但是,由于美帝国主义的支持,国民党悍然发动全面内战,内战的阴影很快笼罩全国,所以武汉城市迎来的只是黎明前的黑暗。

虽然武汉市也有过一些畸形的虚假的繁荣景象,但更多的是末日景象,这种末日景象代表了近百年来武汉城市路程的终结,只有告别这个终点,武汉城市才能获得新生。而报道武汉城市新生的恰恰是中国人民解放军解放武汉的隆隆炮声。

一、城市规模与官僚资本的恶性膨胀

日本投降后,国民党展开了一场对敌伪物资(包括工厂、房地产、器材、船舶等)的大接收运动。除了接管日方物资委员会的统一接收外,争先恐后进驻武汉三镇的国民党军队、政界、警界、宪兵、特派人员还进行了一窝蜂似的"大劫收"。

汉口是我国三大茶市之一,抗战前,汉口茶叶年出口量占全国茶叶出口总量的34%。抗战胜利后,湖北省政府为了独占湖北茶叶贸易市场,成立湖北省民生茶叶公司,在鄂南羊楼洞设厂收购茶叶,加工砖茶出口。1947年,有10余家湖北制茶公司都在羊楼洞设厂制茶。

汉口是全国第一大桐油市场。抗战胜利后,桐油贸易被中央信托局、中国植物油料厂垄断,桐油被全部输往美国。1947年6月,中央信托局在汉口低价收购桐油,操纵物价,引起市场波动。中国植物油料厂一设立便吸收汉口全部油行和经营桐油出口业务的商号入股,并与美国太平洋植物油公司结成贸易伙伴,逐步垄断了汉口桐油出口贸易。

抗战胜利后,中央信托局、四川畜产贸易公司包揽汉口猪鬃贸易,汉口猪鬃被全部销往美国。1947年,汉口猪鬃贩运商共有六七十家,出口11 000担,其中四川畜产贸易公司一家出口4000担。

内战期间,国民党政府成为美国的附庸,官僚资本大肆投机,进而垄断进出口贸易,加速了武汉社会经济的崩溃。在武汉光复后的四年中,武汉城市没有得到良性发展,其经济和社会发展及人民的生活质量未达到战前水平。

二、洋行的衰落和美货的倾销

抗战胜利后,日本、德国的在华投资被中国没收,国民党政府实行外汇管制,外汇牌价与黑市价格相差悬殊,汉口外商势力比战前一落千丈。1946年至1949年,在汉的外国商行、商号共23家(不包括外国银行、保险、机器修理等15家外商)。除美国洋行享有特殊贸易地位外,其他各国洋行的大部分业务都衰落了。

汉口洋行的衰落并没有给武汉民族工商业带来发展的机遇,相反,国民党政府为了获得美国的支持,先后同美国签订了《中美友好通商航海条约》《中美救济协定》等,致使美国控制了中国的经济命脉。

抗战胜利后的武汉市场,美货充斥。美国的机械、化工原料、日用百货、香烟、

罐头、口香糖等,应有尽有。美货在武汉的大量倾销,严重破坏了中国内地工农业生产,尤其是对已有一定基础的武汉进口替代型工业构成了严重冲击,扰乱了市场秩序。

三、虚假繁荣与民族工商业的绝境

抗战胜利初期,由于"收复区"的物价比后方高得多,投机商人纷纷由西南向华中贩运商品,战前西迁的商人也陆续返汉,武汉市场迅速出现表面的繁荣景象。大发"接收财"的官僚、战争中的暴发户和有产阶级的宴饮、娱乐享受,给酒楼、饭店、经营奢侈品的大商店带来一时的兴旺。但是,武汉市场上农副产品短缺,供求不平衡,价格极不稳定,商业投机盛行,加之物价上涨和商业停滞造成的资金周转呆滞,因此,武汉的大小商店、行号,大多不得不依靠高利贷维持运营。高利贷的盛行,加重了武汉的商业危机。

此外,国民党军政机构还以行政手段进行掠夺。国民党武汉行辕为了筹备军粮,强令粮商按每日成交量的80%提交军粮,并指令汉口米面加工企业为其代购、代储、代加工。这种强征暴敛,不仅置粮商于死地,而且使崩溃的市场情势来得更加凶猛。

在国民党反动派的残酷掠夺和黑暗统治下,民族工商业面临灭顶之灾。据《汉口商报》1949年3月21日至1949年4月30日(至此停刊)报道,40天内,倒闭约1100家商店。其中,进出口商店全部停业,粮食业倒闭150余家,纱号51家倒闭41家,棉花号70家倒闭60家,棉花行25家倒闭18家,棉花贩运业500多家剩下30家,芝麻业11家全部倒闭,烟叶商倒闭40家,皮业倒闭19家,转运业倒闭89家,茶馆倒闭100多家,布匹、五金、百货、杂货、水果等商店先后倒闭了近百家。根据其他当时的报刊和档案材料提供的情况估计,武汉解放前夕,倒闭的商店至少达6000家,约占原有商店总数的四分之一。

四、抢购、挤兑风和城市经济的崩溃

城市生活是高度商品化的。当市面经济繁荣,物价走势趋稳时,人们的消费也较理性化,往往产生持币待购的心理。一旦市场不景气,物价陡升时,人们就会出现消费恐慌心理,挤兑和抢购相应出现。武汉解放前夕,国民党政府连年大举用兵,军费浩繁,加上各级官吏贪污腐化,国家财政赤字年年看增。为弥补差额,国民党政府只得开动机器滥发钞票,以此掠夺人民,结果造成法币贬值,物价上涨,抢购和挤兑之风迅速蔓延。

抗战胜利后,国民党发行的法币迅速贬值,到1948年已彻底失去信用。

五、港口与交通的衰败

1945年10月26日,长沙至汉口航线正式恢复通航。同年10月底,招商局又率先恢复了申汉线客运。接着,汉口至九江、沙市、宜昌、重庆等航线亦相继恢复。为复员运输的需要,抗战胜利后,国民党政府还主持进行了接收敌伪船舶的工作。航业公司与运力的同步增长,使汉口港的轮运航线日渐恢复,并有所增加。到武汉解放前夕,汉口港客班航线有30余条。

随着港口设施的修复和轮运航线的恢复,汉口港的港口运输又一度活跃起来。但是,这只是"复员运输"带来的一种"虚假繁荣",如汉口招商分局1947年全年的客运量为15.22万人次,其中运兵数就达5.98万人次。随之而来的由国民党一手发动的内战和由内战所带来的军差频繁、恶性通货膨胀等恶果,更将元气大伤的航业逼上了绝境。国民党军队在撤离武汉前,对港口进行了疯狂的破坏,炸毁武昌、汉口一带的主要轮船码头27个,27艘趸船也遭到了严重的破坏。蔓延的战火中,汉口港处于奄奄一息的境地。

六、城市在内战中的军政机构

1945年8月,抗日战争胜利,武汉光复。武昌因遭战火破坏较大,除设置武昌县这一建制外,另设武昌市政筹备处,准备组成合武昌与汉阳城区为一市的武昌市,汉口市仍为省辖市。1946年10月,武昌市政筹备工作完成,正式成立武昌市政府,只管辖武昌地区,定为省辖,武昌市下划有8个区。汉阳市区改属汉阳县。1947年8月,汉口市定为国民党行政院二等院辖市。两市一县的武汉三镇建制一直沿袭到1949年为止。

第八章　武汉之变

第一节　武汉之革命

一、武汉工人运动的发展

1920年,武汉工人人数已达20余万,仅次于上海,这为武汉共产主义小组的诞生准备了阶级基础。

1920年,上海共产主义小组的李汉俊致函董必武等,建议他们仿效上海成立共产主义组织,董必武接信后即与张国恩、陈潭秋等商议建党事宜。同时,陈独秀派刘伯垂来武汉筹建党组织。1920年,董必武、陈潭秋、刘伯垂等7人在武昌抚院街(今民主路)97号成立了武汉共产主义小组。成立会议上,大家推选包惠僧担任书记,决定租用武昌多公祠5号作为小组活动机关,门口挂刘芬(刘伯垂)律师事务所的招牌为掩护。

武汉共产主义小组成立后,董必武、陈潭秋等人即在武汉中学、国立武昌高等师范学校、湖北省立第一师范学校、湖北省立女子师范学校、启黄中学等学校的进步学生中筹组青年团组织。1920年11月7日,武昌社会主义青年团正式成立,包惠僧兼任青年团书记。在武汉共产主义小组的发动下,1921年湖北省立女子师范学校兴起反封建学潮。

武汉共产主义小组成立了马克思学说研究会,作为公开活动的组织形式,吸收了小组成员以外的部分知识分子参加,同时还在学生和教师中组织了青年读书会、妇女读书会、新教育社等群众学习团体,并经常举办演讲报告会。

武汉地区的先进知识分子还创办了许多刊物,《真报》《武汉星期评论》《湖北青年》《妇女旬刊》《大汉报》《武汉工人》《武汉妇女》《湖北农民》《武汉评论》等20多种刊物都不同程度地宣传过革命思想,介绍过马克思主义。陈潭秋、黄负生、李

书渠、林育南等武汉党、团组织骨干担任这些刊物的编辑、记者等职务,逐渐掌握了部分民营报刊的编发权。1922年,《武汉星期评论》《大汉报》等7家报刊首次编发了《纪念五一国际劳动节特刊》。在研究传播马克思主义过程中,陈潭秋、包惠僧、林育南、夏之栩等一批理论骨干脱颖而出。

1921年初,恽代英、黄负生等创办了《武汉星期评论》,该报刊后成为湖北省党组织的机关报。

1921年7月,武汉共产主义小组派董必武、陈潭秋参加了中国共产党第一次全国代表大会。武汉共产主义小组的成立及中国共产党的诞生,推动武汉地区的工人运动进入一个新的历史时期。1921年10月,中国劳动组合书记部武汉分部在武昌黄土坡下街27号成立,随后,该分部创办了《劳动周刊》(武汉)。武汉共产主义小组的许多成员参加了该分部的工作,他们深入到工厂、铁路、码头中发动工人开展活动。1921年12月,武汉地区最早的工人组织——汉口租界人力车夫工会成立,翌年1月22日和2月26日,京汉铁路江岸工人俱乐部和粤汉铁路徐家棚工人俱乐部成立。1922年7月,由中国劳动组合书记部武汉分部发起,武汉地区的28个工会或俱乐部联合组成了武汉工团临时联合会。同年10月,为了联合整个湖北地区的工人力量,武汉工团临时联合会定名为湖北全省工团联合会,其所属工人组织一律改名为工会。

1923年2月1日,京汉铁路的16个分工会及各路代表在郑州举行了京汉铁路总工会成立大会。该成立大会遭到北洋军阀吴佩孚的干涉和破坏,全路3万多工人决定进行总同盟罢工。1923年2月3日,京汉铁路总工会迁至江岸办公。

1923年2月4日,京汉铁路全线工人开始总罢工,京汉铁路的客车、货车、军车一律停开,1000余公里的铁路线陷入瘫痪。2月5日,湖北全省工团联合会发表宣言声援总罢工,次日,武汉各工会2000余人到江岸慰问罢工工人,在家庙举行声势浩大的游行活动。总罢工引起帝国主义和反动军阀的恐慌。2月7日,吴佩孚命令部下对总罢工实行武力镇压,32名工人被杀,200多人受伤,60余人被捕。共产党员、江岸分工会委员长林祥谦及共产党员、武汉工团联合顾问施洋等亦遇害(施洋烈士陵园见图8-1)。2月9日,鉴于白色恐怖的严峻形势,为了保存力量,避免更大的牺牲,京汉铁路总工会与湖北全省工团联合会发表文告,劝导工人忍痛复工。

二、国民革命军北伐

1925年5月30日,上海发生帝国主义残杀中国民众的五卅惨案,武汉人民举行反帝示威游行以示声援。

1925年6月11日,英帝国主义在汉口制造惨案,杀死无辜民众40余人。6月

第八章 武汉之变

图 8-1 施洋烈士陵园

30 日,武汉数万民众聚集于武昌阅马场,举行五卅惨案周月纪念大会,抗议帝国主义的暴行。

1925 年 7 月 1 日,中华民国国民政府在广州成立,随后其所辖黄埔学生军和驻广东的粤、湘、滇、鄂等部队统编为国民革命军,共六个军。1926 年 2 月,中国共产党在北京召开特别会议,提出"出兵北伐、推翻军阀统治"的主张。1926 年 6 月 5 日,广州国民政府通过出师北伐方案。

1926 年 7 月 1 日,广州国民政府发表《北伐宣言》,7 月 9 日,国民革命军誓师北伐,兵锋所向披靡。

在占领长沙后,蒋介石决定兵分三路攻取湖北。1926 年 8 月 19 日,中路军对湖北发起总攻,先后攻占平江、岳阳,切断粤汉铁路,接着进入湖北境内作战。8 月 25 日,北伐军开始攻打武长铁路线上的军事要隘——汀泗桥、贺胜桥。汀泗桥是武汉南面的门户,地形险要,易守难攻。吴佩孚亲自督战,下令死守汀泗桥。8 月 26 日,第四军以 6 个团的兵力发起进攻,双方争夺激烈,汀泗桥四次易手,仍不能决定胜负,双方伤亡惨重。8 月 27 日早晨,叶挺独立团从东面大山的小路迂回到汀泗桥东北面,向敌人背后发起猛攻,敌人因受前后夹击,慌乱溃退。当天,北伐军占领汀泗桥。第四军英勇善战,获得了"铁军"称号。

1926 年 8 月 29 日,北伐军第四、七军向贺胜桥发起总攻。8 月 30 日下午,叶挺独立团首先突破吴军防线,当日占领贺胜桥。9 月 1 日,第四、七军到达武昌城下。吴佩孚设司令部于汉口,率兵死守武昌。北伐军第四、七、八军合围武昌城。接着北伐军调整部署,由第四军担任围攻武昌的任务,第八军进攻汉阳。在北伐军猛烈的进攻下,汉阳守军刘佐龙部倒戈。汉口工人举行罢工运动支援北伐。9 月 7 日,北伐军占领了汉阳、汉口,吴佩孚逃往郑州。10 月 9 日,在北伐军的严密包围和策动下,武昌守军吴俊卿部起义,接应北伐军。10 月 10 日,陈铭枢师、张发奎师、叶挺独立团、第八军第一师等发起联合总进攻,负隅抵抗的守军被迫投降。

至此,吴佩孚的主力军基本被消灭,北伐军取得了两湖战役的决定性胜利。

三、武汉的功能演化

武汉为省会之区,是省级行政中心。武昌起义缔造的湖北军政府虽起了某些临时中央政府的作用,但毕竟还是一个省级政权机构。1926年,国民革命军抵达武汉,以武汉为京兆区,武汉成为著名的红色首都。这里有全国性的政权机关——武汉国民政府(见图8-2),并且有国民党中央、共产党中央的总机关。

图8-2 武汉国民政府旧址

1. 政治功能

北伐战争的胜利,使中国大革命很快出现了高潮。在国共两党的共同努力下,定都武汉后形势发展很快。武汉成为全国的革命中心、红色首都,发挥巨大的政治功能。

作为临时首都、国民政府,国共两党一系列重要活动都在这里展开。如中国国民党二届三中全会、中国共产党第五次全国代表大会,先后在汉召开。一系列国际性活动在汉举行。如太平洋劳动会议,出席者有来自苏、美、日、英、法等国工人代表33人;收回汉口英租界时,国民政府外交部与英方在汉进行过反复的外交谈判。

2. 政权机制

1926年10月武汉被攻克后,革命势力已由珠江流域发展到长江流域,而且继续向黄河流域发展,武汉成为全国革命的中心,因此中国国民党中央政治委员会在11月26日举行的临时会议上即决定迁都武汉。

武汉国民政府是在反对独裁分裂、提高党权的声浪中建立起来的。1925年7

月1日建立的广州国民政府到武汉时已大大扩充,国民政府委员由原来的16人增加到28人。新设农政、劳工两部,表明政府关心工农,力求为农工谋利益。新设的教育部也积极整顿原有的教育秩序,发展新的教育事业,颁行了一系列章程、规约、大纲、通则、条例等,并在各省、市、县设立了教育厅、局。实业和卫生两部也组织了各种设计和管理。原有的外交、财政、司法、交通四部在反对帝国主义、维护中国人民利益、整顿财政金融、筹捐募饷、镇压反革命、恢复交通、保障人民生活和法制建设等方面都做出了不懈的努力,并取得了一定的成绩。

广州国民政府时期虽然实行"委员合议制",但还没有主席委员。根据国民政府组织法修正案的规定,武汉国民政府取消了主席之设。为防止独裁,采取了一些新措施。如国民政府委员会议须有国民政府所在地委员过半数出席,如出席委员不足法定数,即以党务委员会代之;未经中央执行委员会议决重要政务,国民政府委员无权执行;公布法令及其他文书,至少须有常务委员三人署名。共产党人虽然在政府中占有一定的位置,但主要职务都是由国民党人担任。共产党员吴玉章、董用威、于树德参加了党政联席会议,与国民党左派一起制定了不少有利于革命的纲领、政策,积极支持工农运动。在新选出的28名国民政府委员中,只有谭平山和吴玉章两名中共党员,政府部长中也只有谭平山、苏兆征分别担任农政和劳工部长。虽然武汉政府是国共合作的联合政府,但共产党和国民党左派的力量不强,以至于当蒋介石叛变革命、屠杀共产党人和革命民众,汪精卫等人日益动摇,逐步反动时,不能组织有效的反抗。

3. 政府功能

党政联席会议的成立,标志着武汉国民政府时期的开始,武汉成为国民革命的政治中心。随着形势的变化,武汉的政治中心作用表现是不一样的,这主要表现在武汉国民政府前期和后期辖区的变化上。

前期(从1927年初至同年4月):武汉国民政府辖有广东、广西、湖南、湖北、江西、福建、四川、贵州、甘肃、绥远、陕西,以及浙江、安徽、江苏、上海市和武汉市,革命势力从珠江流域扩展到长江流域和黄河流域。

后期(1927年4月以后):武汉国民政府只辖有湖北、湖南、江西三省和武汉一市,其他省、市在"四·一二"反革命政变后纷纷附蒋,脱离武汉国民政府,而且湖北、湖南、江西也随着夏斗寅叛乱和"马日事变"的发生,形势日益恶化;国民政府的政令随后已不能出武汉一步了;7月15日,汪精卫等人在武汉分共;不久"宁汉合流",大革命失败,武汉国民政府结束了它的存在,武汉的政治中心地位最后也丧失了。

从1927年3月起,蒋介石在南昌、九江、安庆等地制造了一系列反革命事件,并于1927年4月12日在上海发动了反革命政变,大肆屠杀共产党人和革命群众。

4月23日,在武汉的国民党中央执监委员、中央候补执监委员、国民政府委员、军事委员会委员数十人联名发出讨蒋通电。5月17日,反动军官夏斗寅叛变。在中国共产党和武汉各界人民的支持下,国民政府平定了叛乱。

然而,自1927年4月10日汪精卫抵武汉任武汉国民政府主席和国民党中央常委会主席后,在其影响下,武汉国民政府逐渐由动摇走向反动,先后发布了《保护公正绅耆训令》《保护军人田产令》等压制工农运动的政令。1927年5月底,共产国际发来紧急指示,要求中国共产党发动农民,夺取土地,培养新的工农领袖,武装2万共产党员、5万工农组成新的军队。共产国际代表罗易错误地认为要执行这一指示,必须得到汪精卫的配合,故而将"五月指示"拿给汪精卫看。汪由此坚定了分共决心和反共步伐。

1927年6月5日,汪精卫解除了国民政府聘请的苏联最高顾问鲍罗廷等的职务。6月10日和6月11日,汪精卫、唐生智等与冯玉祥在郑州就反共问题达成一致意见。汪精卫6月19日到徐州与蒋介石达成"清党反共"协议,回到武汉后,即加紧进行分共准备。7月9日,汪精卫主持召开武汉国民党中央执行委员会扩大会议,议决限制共产党在国民党内的活动,禁止共产党在国民革命军中宣传共产主义。

孙中山先生的夫人宋庆龄曾当面痛斥汪精卫违背孙中山遗教的种种言行,坚决主张讨伐许克祥,惩办反共、反人民的将领。1927年7月14日,汪精卫一伙召开秘密会议,讨论"分共"问题,宋庆龄拒绝出席。1927年8月1日,宋庆龄、毛泽东等22人,以国民党中央委员会的名义发表宣言,严正揭露了蒋介石和汪精卫的叛变罪行。

汪精卫等人不顾以宋庆龄为代表的国民党左派的反对,于1927年7月14日晚上召开中国国民党中央政治委员会主席团会议。至此,汪精卫等人彻底背叛了孙中山制定的国共合作政策和反帝反封建纲领,同共产党决裂。从此,汪精卫等人开始了对共产党人和革命群众的大屠杀,数日之内,武汉被杀害的共产党人和革命群众达数千人,白色恐怖的阴霾笼罩在"赤都"武汉的上空。轰轰烈烈的大革命最后以失败告终。

三、从工农运动到武装斗争

国民政府迁都武汉后,武汉迅速成为全国的工人运动、农民运动指挥中心。后来成为中国共产党主要领袖的毛泽东、刘少奇,于1927年在武汉分别领导了轰轰烈烈的农民运动、城市工人运动,有如双子星座,交相辉映。

1926年11月下旬,中共中央农委书记毛泽东从上海来到武汉。为了回答党内外对农民运动的责难,12月17日,毛泽东前往湖南调查研究。次年2月16日,

第八章 武汉之变

毛泽东回到武昌,在都府堤41号他的居所里,毛泽东写下了著名的《湖南农民运动考察报告》,该报告提出了解决中国民主革命的中心问题——农民问题的理论和政策,充分评价了农民在中国民主革命中的伟大作用,明确指出了在农村建立革命政权和农民武装的必要性,科学分析了农民的各个阶层,着重宣传了放手发动群众、组织群众、依靠群众的革命思想。

1927年3月4日,湖北省第一次农民协会在武昌举行,会议提出"打倒帝国主义,打倒军阀,打倒土豪劣绅,实行乡村自治"的农民革命目标。湖北省农协将武昌三道街旧道尹公署作为办公地,中共中央农委和被称为"全国农民的总炮台"的中华全国农协临时执委会均在此办公。为培养农民运动干部,1927年3月7日,由毛泽东倡议并主办的中国国民党中央农民运动讲习所(见图8-3)在武汉黄巷(现名红巷)开学,4月4日举行开学典礼。国民党左派领袖邓演达和毛泽东、陈克文任学校的常委委员,组成学校的最高领导机构,实际由毛泽东全面负责。来自全国17个省的800余名学员在此学习训练。农讲所学员既重视理论学习,也注重军事训练。3月底,部分学员参加了抓捕制造"阳新惨案"的反革命分子的行动;5月中旬,农讲所400名学员编入中央独立师第二团第三营,配合叶挺部队平定了夏斗寅叛乱;6月初,农讲所300多名学员参加了麻城剿匪行动。6月18日,学员毕业,他们大多数人被委任为农协特派员,将农民运动的星火撒向各地农村。

图8-3 中央农民运动讲习所旧址

1926年9月7日,全国总工会在汉口设立办事处,负责指导鄂、赣、皖、川、滇等省的农民运动。10月10日,湖北省总工会在汉口宁波会馆成立,到会代表及来宾达5000余人,他们代表着80多个工会组织和10余万名会员。会议推选向忠发为总工会委员长,并决定在硚口、汉口、武昌设立办事处。湖北省总工会的成立,推动了全省工会组织的发展,到1926年底,仅武汉的工会组织就发展到了300多个,会员激增到 30 万人。

1927年1月1日至10日,湖北全省总工会第一次代表大会在汉口召开。刘少奇、李立三、项英等分别在会上做了报告。大会通过了《湖北全省总工会第一次代表大会宣言》《全省总工会章程》,以及关于组织、宣传、教育、经济斗争、女工、童工和纠察队等问题共 27 个决议案。会议决定成立湖北省总工会执行委员会,向忠发任委员长,刘少奇任秘书长,李立三任外交主任,林育南任宣传主任,项英任组织主任。

会议期间,传来英国水兵在江汉关前刺杀海员工人李大生、刺伤多名中国民众,制造"一三惨案"的消息,刘少奇、李立三和湖北省总工会其他领导人立即前往现场了解情况,商讨对策,向国民政府提出八项建议并得到国民政府的采纳。1927年1月5日下午,在李立三等人的指挥下,武汉 400 多个团体 30 万人在汉口济生三马路冒雨举行抗议大会和示威游行。示威群众驱逐了英国巡捕,占领了汉口的英租界。这是中国人民首次依靠自己的力量收回外国在华租界,取得了近代反帝爱国斗争的伟大胜利。

1927年初,中华全国总工会发出通电,宣告迁往武汉。1927年2月11日,中华全国总工会正式在汉办公。2月20日,中华全国总工会在汉口举行执委扩大会议,选举李立三为代理委员长,刘少奇为秘书长,袁大石为组织部长,邓中夏为宣传部长。

中华全国总工会和湖北省总工会发动组织工人,壮大工会组织,创办工人运动讲习所,培养了工人骨干,成立纠察队,发展工人武装;出版《工人导报》《工人画报》等刊物;主持召开太平洋劳动会议、第四次全国劳动大会等活动。这些工作推动了湖北和全国工人运动的迅猛发展。

第一次国内革命战争失败之后,在关系党和革命事业的前途和命运的关键时刻,中共中央政治局决定于1927年8月7日在汉口召开紧急会议,即八七会议(见图 8-4)。

图 8-4　八七会议会址

第八章 武汉之变

此次会议上,毛泽东在发言中批评了陈独秀在农民、军事等问题上的错误,强调了军事工作的极端重要性,明确指出"政权是由枪杆子中取得的",第一次提出了"枪杆子里面出政权"的思想。瞿秋白代表中央党委就党的任务和工作方向做了报告。会议通过了《中共"八七"会议告全党党员书》《最近农民斗争议决案》《最近职工运动议决案》《党的组织问题议决案》等。会议总结了大革命失败的经验教训,坚决纠正和结束了陈独秀的右倾投降主义错误,撤销了他的总书记职务。会议确定以土地革命和以武装反抗国民党反动派的屠杀政策为党在新时期的总方针,并把发动农民举行秋收起义作为党在当时的最主要任务。

八七会议在我党历史上是一个转折点,它给正处在思想混乱和组织涣散中的中国共产党指明了新的出路,为挽救党和革命事业做出了巨大贡献。这是由大革命失败到土地革命战争兴起的历史性转变。

八七会议后,中共湖北省委制订了全省秋收暴动计划,并从武汉派遣了一批共产党员和共青团员赴各地农村,组织和发动农民举行秋收暴动。1927年8月至9月间,湖北相继举行了鄂南、鄂西、鄂中秋收起义。在此期间,武汉郊县农民也成立了暴动组织,制订了行动计划,配合全省农民暴动对敌进行了一定的骚扰。武昌农民捣毁了山坡一带三里长的铁道;汉口农民处决了三家店的土豪劣绅;汉阳农民参与破坏了敌人的通信设施。

蒋介石、汪精卫反革命的合流,使武汉最终陷入白色恐怖之中,然而,经过大革命洗礼的武汉人民不屈不挠,在中国共产党的领导下,传递革命火种,积蓄革命力量,酝酿着新的革命斗争。

第二节 武汉之保卫

20世纪30年代后期,在日寇入侵、民族危难之时,武汉一展辛亥首义、大革命时代气势如虹的革命雄风,以巨大的政治、军事、经济、文化功能引领全民族抗战,在其巍然矗立的10个月中,为抵抗外侮、为民族求存,进行了一场波澜壮阔的神圣保卫战。

一、中流砥柱:沧海横流,方显英雄本色

1937年7月7日,卢沟桥的枪声掀开了全面抗战的序幕,日本侵略军沿京津、溯沪宁双向推进,中国面临"版图变色、国族垂危"的空前危机。8月13日,日军大举进攻上海。8月14日,国民党政府发表《国民政府自卫抗战声明书》。中国军队于淞沪一线血战3个月,至11月12日,上海失守。12月13日,南京沦陷。

南京沦陷后,华中地区的武汉成为中国最大的中心城市,一下成为全国乃至全世界关注的焦点。在此背景下,国民政府主席林森率文官、参军、主计等三处官员先期赴渝,国民政府军事委员会和主要政府机关则迁入武汉。

1937年11月17日,中央银行、中国银行、交通银行、农民银行等中央金融机构迁至武汉。11月21日,苏、英、美、法、比、瑞典等国的驻华使节也相继赴汉。随后,国民政府军事委员会、外交部、财政部、军政部、内政部、教育部、经济委员会、建设委员会等重要机关均移驻武汉办公。国民党军政要员也先后莅汉,中共领导人周恩来、董必武、陈绍禹和中国其他政治势力的代表人物、各界知名人士也纷纷抵达武汉三镇。一时间,武汉云集了中国社会各界的精英人士,迅速成为全国的抗战中心。

为了统筹全局,指导抗战,国民政府重新在汉调整了军事指挥机构。1937年12月31日,国民党召开会议,改组中央政治委员会,蒋介石继汪精卫后任政治委员会主席。1938年1月,国民党公布《修正军事委员会组织大纲》,决定以军委会统率全国陆海空三军,指挥各战区协同下设军令、军政、军训、政治四部,其中,政治作战部的恢复和周恩来任政治部副部长,是国共两党二度携手、团结合作、共御外侮的具体表现,为全面推动、促进全国抗日运动的蓬勃发展奠定了坚实的基础。

作为抗战决心的一种表现,蒋介石采取强有力的措施,处决和处分了一批畏敌如虎、抗战不力的将领。这些严厉措施,体现了国民党政府积极抗战的态度,对鼓舞民心和士气,一挽抗战初期正面战场的颓势起到了积极的促进作用。

为了确定抗战的政略和战略,1938年3月29日到4月1日,国民党临时全国代表大会在武昌武汉大学体育馆内举行,这是全面抗战爆发后,国民党政府召开的最重要的一次会议。此次为期4天的会议,形成的重要成果之一是通过了《抗战建国纲领》,确定了抗战与建国并举的方针,规定了一些有利于全国团结抗日的施政原则。

《抗战建国纲领》是国民党抗战初期的全面政治纲领,表达了国民党政府坚决抗战,并在一定程度上开放民主的决心,在当时对鼓舞士气、振奋民心产生了积极的影响。抗日战争也由此进入到以保卫大武汉为中心的武汉抗战时期。对此,时任国民政府军事委员会政治部副部长的中共代表周恩来在为《新华日报》撰写的社论中指出:"武汉是中华民国的诞生地,是大革命北伐时代的最高峰,现在又是全中华民族抗战的中心。""全中华民族之爱国各抗日党派,应该宣誓:使中国不再闹分裂,使统一战线永远地巩固和发展下去,使大中华民族永远地团结起来,一直达到抗战胜利,建国成功!"

为顺应民意、凝聚民心,根据《抗战建国纲领》的精神,国民政府设立了国家最高咨询机构——国民参政会,并于1938年4月7日公布《国民参政会组织条例》。1938年7月5日,毛泽东、董必武、秦邦宪等7名中共参政员发表了《我们对于国

第八章 武汉之变

民参政会的意见》,提出要动员各方面力量保卫大武汉。

1938年7月6日至15日,国民参政会首届会议在汉口举行,参会成员涉及国民党、共产党、青年党、国社党以及无党派知名人士,教育界、新闻出版界名流,金融实业界、宗教界人士,等等。因病未出席会议的毛泽东亦从延安致电国民参政会,并提出三点意见:坚持抗战,坚持统一战线,坚持持久战。会议最后通过了《拥护国民政府实施抗战建国纲领案》《拥护政府长期抗战国策案》等重要提案,确定了"抗战到底,争取国家民族之最后胜利"的基本国策和"各党各派合作的抗日民族统一战线"的方针。国民参政会的召开是武汉抗战期间的一件大事,它使各党派有了一个就国事提出质询、建议、发表主张的合法的公开讲坛。首次参政会,尽管政见纷呈,但抗日救亡的方向成为主流。

"兄弟阋于墙,外御其侮",在国共两党共同抗日、共赴国难的政治形势下,1937年10月,中共在汉口安仁里2号成立了国民革命军第八路军武汉办事处(简称"八办")(见图8-5)。1938年1月上旬,在与"八办"仅一街之隔的大和街,又设立了新四军驻汉办事处和招待所,叶挺、项英均在此办过公。1938年1月28日,新四军军部移驻南昌,其驻汉办事处事宜委托"八办"代理,国共合作一致抗日的高潮就此形成。武汉"八办"是连接国内外及后方与前线的纽带,爱国人士称之为"推动武汉抗战的中坚力量"。

图8-5 国民革命军第八路军武汉办事处旧址

1937年12月18日,王明、周恩来、秦邦宪等到达武汉,中共中央长江局正式成立,王明任书记,周恩来为副书记,委员有秦邦宪、项英、叶剑英、董必武、林伯渠等。

1938年1月,国民党政府军事委员会恢复政治部,蒋介石任命陈诚为部长,黄琪翔为副部长,欲让周恩来也担任副部长。经过中共中央同意,周恩来出任政治部副部长,分管政治部三厅。三厅是负责宣传工作的,周恩来把大量的时间和精力用在筹建三厅和组织文化界统一战线队伍方面。为了动员郭沫若担任三厅厅长,以影响和带动文化界的爱国人士投身抗战、靠拢中国共产党,周恩来和郭沫若进行了肝胆相照的商谈,拒绝了国民党派特务骨干来控制三厅的要求,最后郭沫若接受了这个任务。三厅延揽了阳翰笙、田汉、胡愈之、杜国庠、冯乃超等思想界、文化界的知名人士参加工作。在周恩来的领导下,三厅在进行抗战宣传、促进抗日民族统一战线发展方面发挥了重要作用(见图8-6)。

图 8-6　周恩来、彭德怀、郭沫若、叶挺在汉口

二、武汉会战:血肉筑成新的长城

从1938年6月起,日军集中40余万兵力,实施其所谓的"长江跃进"战略,分兵水、陆、空三路,全力围攻武汉。日军实施的"长江跃进"战略遭到以"保卫大武汉"为战略任务的中国军队的顽强抵抗。为了报复坚持抵抗的中国军民,日军派空军对武汉城区进行大规模轰炸。

面对日寇的猖狂猛扑,国民政府军事委员会制订了武汉保卫战的行动计划,决定将防御重点放在武汉外围,以重兵布防鄱阳湖至大别山一线,另一部分兵力在华北、华东发动游击战以牵制和消耗敌军,预计作战时间为4到6个月,为巩固以重庆为中心的大后方赢得时间。

1938年6月11日,日军进攻安庆,武汉会战由此拉开序幕。中国军队依托鄱阳湖、大别山脉等天然屏障,节节抵抗,浴血奋战,鏖战4个月,歼敌12万余人,实现了国民政府预定的消灭敌军有生力量的目的。中国军队以低劣之装备与日军激战,用血肉铸成坚实的长城,在马当、田家镇、湖口、万家岭、信阳、罗山、潢川等战场留下了众多可歌可泣、荡气回肠的忠勇事迹。由于双方实力过于悬殊,武汉的外围要塞、重要阵地相继落入敌手。

1938年10月中旬,日军在长江两岸和大别山麓已形成对武汉的包围之势,加上从大亚湾登陆的日军已于10月21日攻占广州,死守武汉已无战略意义。为了保全主力军队的完整,支持持久抗战,国民政府军事委员会决定第五、第九战区实施战略转移。

1938年10月24日,蒋介石正式下达放弃武汉的命令。国民政府军事委员会在武汉举行了中外记者招待会,郑重宣布"我军自动退出武汉"。当天下午3时许,在武汉金口水域,担任西迁运输护航和警戒任务的一代名舰中山舰遭到6架日机的轰炸。中山舰在中国近代史上声名显赫,曾参加护法、护国战争,经历过平定陈炯明叛乱和广州中山舰事件。在激战中,中山舰不幸被敌机击中,舰身起火,最终沉没于金口龙床矶,舰长萨师俊等25名官兵壮烈殉国。

同一天,在武汉各机关团体已基本撤离之时,周恩来在《新华日报》(在武汉出版的最后一期)发表社论,题为《告别武汉父老兄弟》,声称:"我们只是暂时离开武汉,武汉终究会回到中国人民的手中。"这一天晚上,作为战时最高统帅的蒋介石乘飞机离开武昌飞往湖南衡阳,临行前下令:"将凡有可能被敌军利用之虞的设施均予以破坏!"这道"焦土抗战"的命令,使武汉整整燃烧了两天。同时,武汉城内的中国守军开始按计划撤离,至1938年10月25日夜,中国守军全部撤离市区。至此,历时4个多月的武汉会战宣告结束。

1938年10月25日至27日,日军占领了汉口、武昌、汉阳。武汉,全面抗战时期沸腾的战时中心,在日本帝国主义的铁蹄践踏下,从此陷入七年的漫漫长夜。

武汉会战是中国抗日战争的重要转折点,在中国抗战史辉煌的画卷上留下了凝重、壮丽的一笔。此役,中国军队集全国精锐于一排,其规模在中国抗战史上空前绝后,"确实已发动了百年以来未有过的全国范围的对外抗战"(毛泽东语)。此战,除了达到消耗敌人有生力量、造成日军无力继续进行战略进攻的目的外,还争取到时间把工业迁入西南和西北地区,为相持阶段做了重要的物资准备。自此以后,抗日战争进入战略相持阶段。武汉会战为什么能够达到自己预期的战略目标?最根本的原因是以国共合作为基础的全国人民的大团结。在中国近代史上,武汉抗战时期是中国人民最团结的时期。全中国同仇敌忾,真正做到了"地无分南北,人无分老幼",都投入到了抗日的伟大洪流中。用郭沫若的话来说,就是:"整个武汉沸腾起来了,也带动全国沸腾起来了!"

三、民众的抗日斗争与日军投降

尽管日伪在武汉的殖民统治十分严密,也布置了强大的武装力量,但面对日伪的反动统治,中国人民从没有放弃抵抗。特别是中国共产党领导的新四军,一直在武汉外围开展游击战争,给日伪统治者以强有力的打击。武汉沦陷后,中国共产党积极发动群众,对日伪军进行游击战。

1938年底,武汉周围各县都组织有抗日游击队。1939年3月,李先念、陈少

敏先后率部队进入鄂中,开展游击战争。1939年10月,李、陈整编各游击大队,组成鄂豫挺进纵队。1941年初,鄂豫挺进纵队改编为新四军第五师,成为华中地区一支强大的抗日武装。抗日战争中,新四军第五师参加战斗1030次,先后组织了著名的侏儒山战役和袭击青山日军机场等战斗,毙伤日伪军4万多人,第五师自身伤亡也达到13 200余人。第五师在战斗中发展到约5万人,活动在武汉外围63个县约2000万人口的广大地区,威胁着盘踞在武汉的日伪统治,在敌后起到了重大战略牵制作用。新四军的战斗极大地打击了日伪的反动统治,使得日本领事馆经常宣布戒严,同时新四军的战斗也极大地鼓舞了沦陷区人民,帮助他们保持了中国必胜的信心。

1944年豫湘桂战役后,日军的败局已经十分明显,中国人民的抗日战争开始进入战略反攻阶段。利用日军将主力投入豫湘桂战役的机会,从1944年开始,新四军迅速扩大了在武汉周边地区的活动。与此同时,新四军还与驻华美国空军合作,帮助美国空军第14航空队情报组在大悟山建立情报站,并对迫降的美军飞行员进行营救,协助美国空军对武汉地区的日军实施大规模轰炸。美军最早对武汉日军的轰炸开始于1942年6月,但轰炸行动时续时断,规模也较小。从1944年起,美军加大了对武汉日军的轰炸力度,最大的一次轰炸发生在1944年12月18日,这天美空军出动飞机170余架,对武汉日军轮番轰炸。上至一元路,下至黄埔路,包括日军军部、第六方面军司令部和日租界几乎被炸平烧光。因为这次轰炸发生在农历冬月初四,武汉人民习惯上又把它称为"冬月初四"大轰炸。"冬月初四"大轰炸是日伪在武汉统治的一个转折点,这次轰炸不仅给日军以很大的打击,同时武汉人民的生命财产也受到严重影响。

1945年,国民党第六战区和第五战区在湖北境内开展战略反攻。波茨坦公告发表后,1945年8月9日,毛泽东发表了《对日寇的最后一战》的声明。8月10日,朱德向各解放区部队发布总进攻令。

1945年8月15日,日本士兵和侨民分别集中在不同的地段,恭听日本天皇的投降诏书。8月18日,蒋介石下令指定各战区受降主官。华中(武汉区)地区的受降官为孙蔚如,负责武汉、沙市、宜昌之日军第六方面军、第34军的接收。

1945年9月18日下午3时,武汉区的受降仪式在汉口中山公园的受降堂内隆重举行。这一天正好是九一八事变14周年纪念日。

沦陷时期是武汉城市发展史上最黑暗的时期,武汉人民承受了巨大的损失,做出了巨大的牺牲。据1945年12月汉口市政府的统计,沦陷期间武汉人口伤亡12 120人,房屋损毁7515栋,各项损失总金额达42 344亿元。其中,房屋损失总价为30 760亿元,公用建设及事业损失1345亿元,金融业损失678亿元,工商业损失8203亿元,学校损失1248亿元,卫生设备损失110亿元。工业企业减少75%。所有这一切,造成了近百年来武汉城市发展史上的大倒退。

第三节 武汉之解放

一、内战的触发与《汉口协议》的签订

武汉为华中枢纽,战略地位极其重要。抗战胜利后,蒋介石为实现其独裁统治,置全国人民和平建国的呼声于不顾,公然违背国共两党共同颁布的停战命令,以武汉作为反共内战据点,陆续调集重兵围困中原解放区,企图一举歼灭共产党的中原解放军,为全面发动内战扫清障碍。中国共产党为维护和平,制止内战,派出周恩来为代表,与国民党进行了长达一年零六个月的谈判斗争。

1946年1月7日,中共代表周恩来与国民党政府代表张群(后为张治中)、美国总统特使马歇尔共同组成"三人小组"(见图8-7),负责会商解决国共军事冲突及有关事项。1946年1月10日,周恩来和张群正式签署了"停战协定"。

图8-7 "三人小组"在汉口

停战令下达后,中共中央同意让出中原战略要地,以最大的诚意表明中国共产党的和平意愿。1946年2月,在周恩来等人的努力下,中原军区在汉口设立武汉办事处。武汉办事处成立以后,积极与国民党武汉行营等进行交涉,及时将大批物资、药品运往中原解放区;并积极与蒋介石集团做斗争,在谈判桌上揭露国民党"假和谈、真内战"的面目;同时搜集国民党军队方面的情报,供给中共中央、中共中原局,为中原解放军做突围准备。

对蒋介石来说,"和谈""调处"均不过是缓兵之计,彻底消灭共产党及其军队才是真正的目的。1946年5月,蒋介石飞抵武汉,亲自部署5月5日至9日围歼中原解放军的行动,全面内战一触即发。

中共中央得悉后,一方面电令中原局和中原军区做突围准备,一方面在政治上及时揭露国民党发动内战的阴谋,呼吁国内和平。为挽救危局,1946年5月10日,周恩来与国民党军令部部长徐永昌、美方代表白鲁德在汉口杨森公馆进行会谈,在周恩来的据理力争下,三方最终达成并签署了制止中原内战的《汉口协议》。协议的签订虽然没有改变蒋介石集团发动内战的野心,形势也未得到缓和,然而却及时揭露了美蒋阴谋,打乱了敌人围歼共产党中原部队的计划,延缓了全面内战爆发的时间,为中原解放军胜利突围争取了最为宝贵的时间。同时,根据协议,5月12日,中原军区安全转移了700余名伤病员、非战斗人员和地方干部至华北解放区,中共中央也先后给中原军区送去7亿元的物资。更为重要的是,周恩来亲自对中原局势做了详细了解,按照党中央战略部署,充分做好了中原突围的准备。

1946年6月26日,蒋介石公然撕毁"停战协定",向中原军区所在地大悟县宣化店发动大举进攻,挑起全面内战。中原军区部队在李先念司令员等的指挥下,一举杀出国民党30万大军的重围,胜利实现战略转移,从而拉开了全国解放战争的帷幕。

二、民运的高涨:党领导下的"第二战线"

武汉城市陷入空前危机,旧的统治面临崩溃的绝境,而在人民解放战争节节向南推进的形势下,潜入武汉的中共地下党为迎接武汉城市的解放迅速活跃起来,以各种公开身份为掩护,开展革命活动。1946年底至1947年初,由美军在北平强奸北大女生沈崇而引发的北平学生运动,迅速发展壮大为包括武汉在内的全国大中城市50余万学生的游行示威活动,并且得到了工人和广大群众的热烈支持和响应。这场反对美军暴行而引发的学生运动成为全国解放战争国统区民主运动高涨的起点。根据全国革命形势的变化和武汉地下斗争的具体实际,中共中央南方局钱瑛、刘宁一等领导人决定把分批进入武汉的地下党员联系起来,以学生运动为工作重点,积极开辟与人民解放军在战场上打击国民党军队相配合的"第二战线",从而推动武汉各界爱国民主运动的发展。

1947年5月23日,为声援南京爱国学生运动,反抗国民党的反动独裁,武汉大学学生举行了声势浩大的"反饥饿、反内战、反迫害"的示威游行,引起了国民党当局的恐惧与仇视,制造了震惊全国的"六一"惨案。惨案发生后,中共武汉地下党及时对外揭露了国民党的罪行,与各界进步社会团体会商成立"六一"惨案处理委员会,发动全市各界人士声援武大,并举行了声势浩大的抬棺游行。在斗争的基础上,中共武汉地下党还成立了由武汉党组织领导的武汉市学生运动委员会,并在武汉大学成立党支部,发展了第一批党员,从而将武汉地区反对国民党统治的民主运动推向高潮。

1947年10月,在刘邓大军千里跃进大别山的有利形势下,武汉地下党根据中共中央上海局"积极开辟大江两岸的工作,准备配合大军三月渡江"的指示,成立了中共湖北省工作委员会(曾惇任书记)和中共武汉市工作委员会(刘实任书记)。省、市工委成立后,在开展学生运动的同时,加强了对工人运动的领导。

同年冬,省、市工委领导汉口被服厂工人运动,赢得了"一一·七"血案斗争的胜利后,武汉的工人运动如火如荼地展开。一批先进工人和知识分子纷纷加入中共党组织,武汉地下党的力量迅速壮大。至1948年6月,中共武汉市工委所属党员近120人,其中新党员61人。

1948年夏,人民解放战争决战的条件日趋成熟,国民党统治行将瓦解。为加强武汉城市工作,迎接武汉的解放,中共中央决定撤销省、市工委,成立中共武汉市委员会。1948年7月下旬,中共武汉市委成立,曾淳任书记。同时,按系统组成了由市委领导的工委、学委、妇委以及新闻、金融、统战、策反等工作组。在中共地下党的领导下,吸收新党员,积极发展外围组织,在工人、青年、妇女和爱国人士中开展工人运动、学生运动和民主爱国运动。至新中国成立前夕,武汉市党员已达390余人,并在斗争中发展壮大了"第二条战线",从而有力地配合了人民解放军解放武汉。

国民党在全国统治的倒行逆施,把中国人民引入深重的灾难中,罹经忧患的武汉人民,反对内战独裁,渴望和平民主,发起武汉和平运动。1948年夏,湖北爱国民主人士聂国青、周杰、江炳灵等组织成立了中国民主同盟湖北省支部,马哲民、唐午园、李伯刚等组织成立了武汉市民盟支部。他们和中共地下党联系,形成"十人座谈会"的组织,湖北耆宿李书城、张难先也介入这一运动。不久,李书城赴河南解放区访问会见了陈毅、刘伯承,返汉后向广大市民介绍解放区的见闻,宣传共产党政策,并成立武汉市临时委员会。在中共武汉市委的团结领导下,爱国民主人士利用自己的特殊身份,保护城市,进行反破坏、反搬迁活动,迎接武汉解放。

三、迎来新生:"划江而治"的破产和武汉解放

1948年9月至1949年1月,英雄的人民解放军势如破竹,连续取得辽沈、淮海、平津三大战役的决定性胜利,国民党在战略上已宣告彻底失败。人民解放军百万雄师饮马长江,南京、上海、武汉处于人民解放军直接威胁之下。蒋介石抛出和平论调,与中共和谈,以阻挡人民解放军渡江南下。美国因此调整对华政策,扶植桂系李宗仁、白崇禧出来支撑危局,谋"划江而治",以图重演南北朝历史,保存美国和国民党残余势力在南方的地盘。

面对人民解放军摧枯拉朽般的强大军事攻势,驻守武汉的华中"剿匪"总司令

白崇禧一面假意赞成国共和谈,支持湖北地区的和平运动,借此逼蒋介石下台,拥戴李宗仁执政;另一方面下令修筑武汉城防工事,加紧备战。1949年1月,蒋介石被迫引退,回到浙江奉化老家,进行幕后操纵,由副总统李宗仁代行总统职权。同月,华中剿总易名为华中军政长官公署,表现出和中共协商的姿态。

白崇禧逼蒋下台的目的达到后,自恃拥有40万余军队,控制鄂、豫、皖、赣、湘、桂、粤七省和武汉、广州两市的军政大权,因此撕下"和谈"面具,企图利用长江天险阻止人民解放军渡江南下,以达到"划江而治"的目的。1949年2月,白崇禧以坚守武汉三镇、加强江防为重点,进行兵力部署调整,修筑工事,以备防御,拼命做战前的垂死挣扎。

1949年4月21日,人民解放军百万雄师以排山倒海之势强渡长江。4月23日,人民解放军解放了南京,宣告了国民党反动统治的覆灭。至此,白崇禧"两分天下、划江而治"的美梦彻底破灭。为保存实力,白崇禧决定撤离武汉,退守广西,并借撤退之机,一方面巧立名目,大肆搜掠金银、物资;一方面,下令学校、银行等一律南迁,凡不能移动的水电公共设施、铁路公路、港口码头、江河堤防、工厂厂房等一律破坏或炸毁。

经过一系列惊心动魄的反搬迁、反破坏斗争,除少数军事工厂被敌人强行搬走部分机器外,武汉的重要设施、工厂、学校大都得以保存,斗争取得了很大的胜利。

1949年5月1日,以萧劲光为司令员的人民解放军四野第十二兵团及二野第四兵团、江汉军区部队在武汉外围对武汉形成军事合围。国民党军队于5月15日下午仓皇出逃,放弃武汉。5月16日,中共地下党派出工人、学生、商民代表到岱家山迎接第40军118师进汉口。第二天,汉阳、武昌相继解放。历经忧患的大武汉终于迎来曙光,获得新生。

武汉解放彻底粉碎了国民党"划江而治"的阴谋,创造了一种解放大城市的新模式,为加速中南地区和大西南地区的解放奠定了坚实基础。武汉解放是广大党员发挥先锋模范作用,贯彻党的群众路线和统一战线政策的结果,是军民团结的胜利。

四、稳定经济秩序之战

1949年7月初,银圆黑市为奸商操纵而肆意作祟,加之物资供应紧张,物价总指数上涨近3倍。物价上涨使人民币的信誉遭受沉重打击,也使一般的工商企业因资金周转困难而陷入困境,城市居民的生活毫无保障,新生的武汉人民政权面临着极为严峻的考验。面对严峻的市场形势,从1949年5月下旬到1950年春,武汉市委、市政府果断采取一系列整顿金融秩序、稳定物价的措施,同不法投机资本开展"银圆之战"和"米棉之战"。

"银圆之战"从1949年5月25日拉开序幕,武汉市军管会发出布告,宣布人民币为统一流通的唯一合法货币,限期收回国民党发行的金圆券,随即接管了所有官僚资本金融机构,成立了中国人民银行武汉分行,6月1日中国人民银行武昌支行成立。

在打击投机资本、整顿金融秩序的同时,武汉市委、市政府展开了一场同投机商的"米棉之战"。先后从江汉平原收回1000万斤大米,从河南调集500万斤粮食、200万斤食盐、50万斤棉花和100万斤食油。从1949年11月至1950年2月,武汉市政府又低于市场价格抛售5000吨粮食和大量花纱布,降低日用品定价,并收紧银根,导致米粮投机商的资金周转不灵,从而使畸高的米棉等物价得到及时有效的限制。

在武汉市委、市政府领导下开展的"银圆之战"和"米棉之战",于1950年春夺取了"两大战役"的全面胜利,结束了长期的恶性通货膨胀和物价飞涨的局面。

第三篇
新中国成立后到改革开放前的武汉

中国共产党第八次全国代表大会(简称"八大")提出工业化战略决策后,武汉市各级党组织和广大人民群众,积极响应市委的号召,以支援国家重点建设为己任,各行各业竭其所能,克服困难,无条件地为重点建设服务,超额完成武汉市"一五"计划,武汉开始形成社会主义工业城市。1955年开始,武汉市委、市政府开始制订、调整"二五"工业计划,最终基本完成,为把武汉建设成我国重要的工业基地奠定了基础。

新中国成立后的17年间,在中央和全国各地的大力支持与帮助下,在武汉市委、市政府的领导下,武汉人民经过艰苦卓绝的建设,完成了一系列重工业和重点项目的建设,轻重工业的比例比较协调,形成了比较合理的工业格局和工业体系。

武汉这座城市经历了历史的洗礼,不断成长壮大,成为中国建设和发展过程中不可或缺的重要组成部分,武汉的建设与发展也为中国的发展画下了浓墨重彩的一笔。

第九章 武汉之力

第一节 发展之骏力

一、"一五"计划与武汉

五年计划,是中国国民经济计划的重要部分,属于长期计划,主要是对国家重大建设项目、生产力分布和国民经济重要比例关系等作出规划,为国民经济发展远景规定目标和方向。第一个五年计划,简称"一五"计划(1953—1957),是在党中央的直接领导下,由周恩来、陈云同志主持制定的,1955年7月经全国人大一届二次会议审议通过。至1957年,"一五"计划超额完成了规定的任务,实现了国民经济的快速增长,并为我国的工业化奠定了初步基础。第一个五年计划的制定与实施标志着我国系统建设社会主义的开始。

1. "一五"计划与武汉

"一五"计划,武汉积极支援国家在武汉的重点工程建设。加强城市建设,在充分发展现有设备的前提下,扩建和新建了一部分地方工业(如砖瓦、纺织、印染、家具、食品等);根据"统筹兼顾、全面安排"的方针,基本上实现了资本主义工商业、手工业和郊区农业的社会主义改造;积极扩大商品流转,相应发展运输业,适当增加文教卫生事业设施,部分解决房荒问题;在发展生产、提高生产率的基础上,逐步改善劳动人民的物质文化生活。

按照国家的工业布局,武汉开始建立钢铁冶炼、机械制造、船舶制造等重工业,原有工业经过扩建、改建也得到较快发展。1957年,全市工业总产值14.46亿元,较1952年增长194%,年均增长24.1%;1952—1957年,武汉的工业结构发生了较大变化,在工业总产值中,重工业有很大发展,1957年地方工业的总产值6.1

亿元(不包括手工业),完成"一五"计划的 112.4%,较 1952 年增长 123.3%,年均增长 17.4%。18 种主要产品的产量计划绝大部分完成和超额完成。

"一五"计划期间,武汉在业人增加 21.69 万人。1957 年,武汉的待业人员为 8561 人,旧中国遗留下来的大批事业人员均得到安排。1953—1957 年,全武汉市工业全员劳动生产率增长 56.85%,平均每年能增长 9.4%;职工平均工资增长 24.5%,年均增长 4.5%;全市居民购买力增长 1.12 倍,社会商品零售额增长 195.4%,年均增长 14.3%。经过"一五"计划建设,武汉已成为华中地区的工业重地和经济中心。

在第一个五年计划时期,国家确立了优先发展重工业的战略,根据交通便利、生产地接近原材料地和销售地展开生产力布局的原则,充分利用长江沿岸铁矿、铜矿资源和江汉平原的农业优势,以及长江、京广铁路交通之便,设想把武汉建设成以冶金、机械、纺织工业为主体的南方工业基地。

"一五"期间,国家优先发展重工业战略和准备以武汉为中心建立华中工业区的计划为武汉的发展提供了难得的历史性机遇,武汉不负众望,抓住了这个机遇,工业建设的成果卓著。

2. 工业基本建设和新增工业有了巨大发展

1954 年,与武钢配套建设的青山热电厂一期工程开工兴建,其装机容量为 11.2 万千瓦。1957 年,青山热电厂第一台 2.5 万千瓦的发电机组并网发电。

1954 年 12 月,武汉肉类联合加工厂开始全面施工,该项目投资 2575 万元,建设规模为日屠宰生猪 6000 头,日结冻能力 350 吨,是当时亚洲最大的肉类加工厂。

1955 年,国家正式批准一期武汉钢铁公司工程建设的初步设计。

1957 年,武钢正式动工兴建,第一期工程的建设规模为年产钢、铁各 150 万吨,钢材 110 万吨,建设投资 12.85 亿元。1957 年 6 月,武钢主体工程,即高炉系统等正式动工,武钢建设进入高潮阶段。

1955 年,武汉长江大桥工程正式开工。大桥将京汉铁路与粤汉铁路连接起来,使湘桂线、浙赣线和准备新建的南方其他各线与北方铁路干线相连接,从而把全国铁路连接成一个整体的运输网络,将南北各省的公路通过武汉长江大桥连接起来。1957 年 10 月 15 日,武汉长江大桥举行落成通车典礼。

1956 年,武汉锅炉厂动工兴建,设计能力为年产 12～40 蒸吨/时,中压锅炉 110 台,总蒸发量为 3280 蒸吨/时,建设投资总概算为 6312 万元。

1956 年,武汉重型机床厂开工建设,建设规模为年产重型机床 380 台。

1956 年底,武昌造船厂动工兴建。

"一五"时期,武汉工业有很大发展,开始建立钢铁冶炼、机械制造、船舶制造等重工业,原有工业经过改建和扩建也有较快发展。工业基本建设和新增工业固

定资产分别平均递增62.95%和47.02%,新建、扩建工厂160多个,其中新建企业32个,已全部或部分投入生产的有29个。

此时,武汉已由一个商业比重大的城市开始转变为内地重要的工业城市。

3. 工业生产与效益有了迅速发展

从职工人数来看,1952年工业部门职工仅8.52万人,1957年工业部门的职工总数达到20.9万人,为1952年的2.45倍;从设备和固定资产来看,在国民经济恢复时期,工业投资的重点是恢复与发展轻纺工业生产。"一五"计划时期,重点投资重工业的大中型项目建设,除属于国家156项重点建设的武钢、青山热电厂、武重外,还有武锅、国棉一厂、汉阳造纸厂等,累计完成投资额5.4亿元,占同一时期总投资的35.41%,平均每年递增36.5%,新增固定资产3.65亿元。

由于国家的大量投资,武汉的工业装备水平逐步提高,固定资产逐年增加。从工业总产值来看,1953—1957年的第一个五年计划时期,国家集中大量的财力、物力、人力在汉新建了一大批大中型项目并陆续开始投产,加之原有工业的恢复和发展,1957年的工业总产值达到12.69亿元,比1952年增长1.9倍,为1949年的4.6倍。

五年间,武汉工业总产值的增长速度虽不及恢复时期的快(1952年与1949年相比,工业总产值平均每年递增29.8%),但仍然是新中国成立后武汉工业发展较快的时期之一,平均增长速度达到24.1%,且经济效益比较理想。与此同时,工业总产值占社会总产值的比重亦由1952年的39.3%上升至1957年的50.8%,标志着工业在国民经济中的主导地位从此得以确立,武汉工业进入了一个新的发展阶段。

从产品来看,"一五"计划时期,已生产出新中国成立前不能生产的重型机床、内河船舶、挖泥船、收音机等产品,仅地方工业就有新产品153种,还开发了回声测量仪、胰岛素等当时国内缺门产品。"一五"计划时期的最后一年,开始烧碱、塑料和电风扇的小批量生产。

从经济效益来看,"一五"计划时期,工业经济效益增长较快。1957年,全民所有制独立核算工业企业每百元固定资产(原值)实现利税29.8元,比1952年提高10.9元;每百元资金实现利税27.5元,比1952年提高6.5元;定额流动资金周转83天,比1952年加速32天。工业技术水平有了很大提高。

"一五"期间,武重、武锅建厂时购置的关键设备均从苏联和捷克斯洛伐克引进,对推动武汉市工业技术进步起到积极作用。到1957年,武汉已能自主设计制造一些大型的、技术复杂的工程。在全民所有制工业中,工程技术人员由1952年的1300人增至1957年的5800人,在职工中所占比例由2.5%上升到4.6%。

4. 工业门类、产业结构逐步合理

新中国成立前,武汉市工业门类残缺不全,产业结构带有明显的畸形性、落后性。"一五"计划期间,武汉调整了产业结构,逐步形成以冶金、机械、纺织为三大支柱,造纸、食品、化工、轻工等有一定规模,门类比较齐全的产业结构。

先看冶金工业,武汉是中国近代冶金工业建设最早的城市。1893年建成的汉阳铁厂是当时远东第一个大型钢铁联合企业。新中国成立后,党和国家把发展冶金工业摆在优先位置,在武汉建设全国第二个钢铁中心——武汉钢铁公司。武钢于1955年10月破土施工,1958年9月一号高炉建成出铁。武钢的兴建使武汉成为中国钢铁工业的重要生产基地之一。武汉地方冶金工业从1954年5月1日起步,逐步发展成能进行黑色金属、有色金属的冶炼及压延加工的生产体系。武汉地区拥有中央和地方两支冶金工业队伍。

其次看机械工业,"一五"计划期间,武汉地区机械工业基本建设总投资1.8亿元,主要项目有武汉重型机床厂等限额以上项目4项,武汉机床厂等限额以下项目30余项。武汉重型机床厂于1953年筹建,1955年9月破土动工,1956年4月开始兴建厂房,1958年6月底全部竣工,该厂是当时国内较大的重型机床厂之一,其生产能力和潜力在机床制造行业中均占领先地位。武汉锅炉厂第一期工程始于1956年元月,投资总额为4355.1万元,该厂已成为国内生产电站锅炉和工业锅炉的五大骨干企业之一。

三看纺织工业,武汉是继上海之后国内早期建立的我国现代纺织工业基地之一。1892年,张之洞在武昌创办了武汉地区第一座近代机器纺织工业,称官布局。接着又建成官纱局、缫丝局和制麻局,武汉纺织业从此进入近代机器纺织时代。新中国成立前,武汉的纺织机械设备主要从国外引进。1949年后,武汉纺织工业主要用国产纺织机械设备建设新厂和改造老厂旧设备。从武汉解放到1957年,武汉的纺织工业年产值平均递增17%,纱锭从解放初的12万枚增到27万枚。

"一五"时期,武汉的重工业发展较快,轻工业适度发展,农业发展滞后。在着重发展工业(主要是重工业)的同时,农业投资很少且徘徊不前。在着重发展重工业的同时,注意了轻工业的发展。"一五"时期,重工业产值年平均增长速度为39.9%,轻工业产值年平均增长速度为21.4%。"一五"期间,食品、纺织、缝纫、皮革、造纸等轻工业发展很快,总产值成倍递增。

对于优先发展重工业要付出的代价,中国共产党的老一代领导人从一开始也是十分清楚的。例如,周恩来早在1954年第一届全国人民代表大会上就讲过:重工业需要的资金比较多,建设时间比较长,赢利比较慢,产品大部分不能直接供给人民消费,因此在国家集中力量发展重工业的期间,虽然轻工业和农业也将有相应的发展,但人民还是不能不暂时忍受生活上的某些困难和不便。但是我们究竟

是忍受某些暂时的困难和不便,换取长远的繁荣幸福好呢,还是贪图眼前的小利,结果永远不能摆脱落后和贫困好呢?我们相信,大家一定会认为第一个主意好,第二个主意不好。

武汉就是这样,她的人民忍受了某些暂时的困难和不便,换取了工业的长远发展。

二、"一五"计划期间,武汉的工业成就

1. 武汉钢铁集团公司

武汉钢铁集团公司(简称"武钢")是新中国成立后兴建的第一个特大型钢铁联合企业,于1955年开始建设,1958年9月13日建成投产,是中央和国务院国资委直管的国有重要骨干企业。本部厂区坐落在湖北省武汉市东郊、长江南岸,占地面积21.17平方公里。武钢拥有矿山采掘、炼焦、炼铁、炼钢、轧钢及物流、配套公辅设施等一整套先进的钢铁生产工艺设备,并在联合重组鄂钢、柳钢、昆钢后,成为生产规模近4000万吨的大型企业集团,居世界钢铁行业第四位。

1952年5月6日,中央批准在武汉地区建设钢铁公司,年产150万吨钢,投资11.7亿元人民币,由苏联黑色冶金工厂设计院列宁格勒分院负责设计。但是,1952年苏联援华专家组考察大冶后,认为原钢铁厂的厂址不够经济合理,主张在大冶、武汉附近再选几处厂址,将它们的条件同大冶进行比较后再确定厂址。陈云、李富春建议中南局派熟悉这带地区情况的人组织进行选址工作,他们建议"选择的厂址最好靠近长江,能建码头,离大冶和武汉都不远,交通便利,土质较好,面积在五百公顷以上"。中财委主任陈云立即亲自召见中南工业部部长刘杰,责成其迅速成立筹备机构,集结力量,尽快开展厂址和资源勘探工作。随后,刘杰兼任主任的"三一五厂筹备处"成立,厂址选址工作随即展开。

1953年5月至1954年春,中南财委领导"三一五厂筹备处"先后组织了5次大的野外踏勘。1952年4月,中南工业部部长刘杰带领选址小组,沿江踏勘了湖北省境内的石嘴、白沙洲、徐家棚、谌家矶、阳逻、葛店、黄石石灰窑、佛源口、下陆、油坊岭等处。

1953年5月,中南财委副主任李一清带领另一个选址小组,沿粤汉铁路踏勘了土地堂、贺胜桥、横沟桥、官埠桥、汀泗桥、新店、蒲圻和湖南岳阳的城陵矶、长沙的东登渡、捞刀河等处,前后选点达23处。选址小组着重在武昌、大冶等地做了详细的测量和钻探,初定武昌油坊岭、黄石下陆、武昌徐家棚三个点为候选厂址。

为尽快确定三一五厂的厂址,陈云于1954年2月派出以重工业部钢铁工业管理局副局长袁宝华为首的工作组到武汉参加选厂址工作,明确委托由李先念决定

工作组工作的安排及选厂址工作中所有重要问题的处理。1954年2月,以苏联黑色冶金工厂设计院列宁格勒分院院长别良其可夫、总工程师格里高里扬为首的苏联设计组也来到武汉,了解前一阶段选择厂址所进行的各项工程,研究了提供的各种资料后,绘出了初步的总平面布置草图,计算出约略的工程量,经过缜密的考虑和全面的技术经济比较,1954年3月26日苏联专家组向中方提交了《厂址选择建议书》,提出了武钢厂址选择方案,推荐青山为武汉钢铁基地厂址。

可是在这之前,此处已被第二汽车制造厂选定为厂址。当时湖北省委、省政府对二汽的建设非常重视,李先念亲自兼任建厂筹委会主任。苏联专家组认为钢铁厂对地质、水文和水陆交通条件的要求较高,而青山无论是地质、水文,还是水陆交通、电力供应,都比较理想。对此,各方面相持不下,最后交由李先念来拍板。李先念就这个问题该如何决策专门召开了一次会议,在会议上,李先念认真听取了各方面的意见后,认为苏联专家组的意见有道理,钢铁厂厂址的选择要慎重,并对持有不同意见者耐心做工作,最后大家一致同意将青山作为钢铁厂厂址。

三一五厂的厂址选定在武汉青山后,1954年12月,国家计划委员会、国家建设委员会正式批准成立武汉钢铁联合企业(即武汉钢铁集团公司)。

武汉钢铁集团公司于1955年正式开工兴建,并于1958年建成投产,是中央和国务院国资委直管的国有重要骨干企业。建成后,武汉钢铁集团公司成为我国第二大钢铁工业基地,它的兴建,使中国钢铁工业的地区分布,开始由东部沿海地区向中部地区推进。2016年9月,武汉钢铁集团公司并入中国宝武钢铁集团有限公司。

2. 武汉重型机床厂

武汉重型机床厂(简称"武重")是"一五"计划期间由国家投资兴建的重点建设项目之一,是新中国成立后国内最早兴建的重型机床专业制造厂,1956—1957年,试制出3个品种、4种型号的新产品。1957—1958年,该厂工段长马学礼实现"内孔梢胎""深孔套料刀"等66项重要革新,提高了产品质量。1958年,武汉重型机床厂建成,开始全面投产,此时,该厂已生产38个品种217台机床。

3. 武汉锅炉厂

武汉锅炉股份有限公司的前身为建于1954年的武汉锅炉厂(简称"武锅"),是我国四大电站锅炉生产基地之一。2007年8月,阿尔斯通完成了对武锅51%的国有股权收购。

4. 武昌造船厂

武昌造船厂(简称"武船")始建于1934年,当时名为武昌机厂,"一五"期间被

国家列入156个重点建设项目,更名为武昌造船厂,其现名为武昌船舶重工集团有限公司(简称武船)。武船的武昌总部未搬迁,但在阳逻开发区、庙山开发区及青岛海西湾设有大型制造基地。

5. 武汉长江大桥

武汉长江大桥位于湖北省武汉市武昌区蛇山和汉阳龟山之间,是万里长江上的第一座大桥,也是新中国成立后在长江上修建的第一座公铁两用桥,被称为"万里长江第一桥"。武汉长江大桥建成伊始即成为武汉市的标志性建筑。

武汉长江大桥是苏联援华156项工程之一,于1955年9月动工,1957年10月15日正式通车。武汉长江大桥的全长约1670米,上层为公路桥(107国道),下层为双线铁路桥(京广铁路),桥身共有8墩9孔,每孔的跨度为128米,桥下可通万吨巨轮。8个桥墩除第7墩外,其他桥墩都采用"大型管柱钻孔法",这是由中国首创的新型施工方法。

第二节　发展之韧力

一、"二五"计划奠定武汉重要工业基地的基础

党的"八大"指出,经济建设必须发挥中央和地方的积极性,要按照统一领导、分级管理、因地制宜、因事制宜的方针,进一步划分中央和地方的行政管理职权,改进国家的行政体制,以利于地方积极性的充分发挥。发挥"两个积极性"是武汉市制定"二五"工业计划的一个重要指导思想。

武汉市的"二五"工业计划于1955年开始编制,1956年6月和1957年6月经过两次修改,但总体变化不大。1957年10月,武汉市委根据中央《关于发展国民经济的第二个五年计划的建议》的精神,对"二五"工业计划进行了较大修改,表现出几个明显特点:第一,提出了武汉地方工业建设的指导思想,即"必须为重点企业和农业生产服务";第二,明确提出了地方工业的发展重点:机器制造业、棉麻纺织业、轻化工业和地方建材工业;第三,基建投资增长速度和工业发展速度明显加快,计划到1962年地方的工业总产值达到16亿元,年均增长13.4%,5年的工业基建总投资为2.45亿元,增长381%。修改后的武汉"二五"工业计划,体现了"发挥两个积极性"的精神,即"国家要发展,武汉也要发展",符合中央提出的"既反保守又反冒进"的方针,即在综合平衡中稳步前进的经济建设方针;拟定的工业增长速度比较实在,符合武汉的实际;计划的工业基建规模虽然偏大,但这是上报中央

第九章 武汉之力

和省政府的建议项目,供中央和省政府选定,所以留有余地。总的来讲,这是一个比较科学的、实事求是的工业发展计划。

1957年,武汉市的经济建设和社会各项事业取得了很大成绩,"二五"工业计划也制定出来了,全市的经济建设有了一个很好的开局。但1958年,在"超英赶美"和总路线的影响下,武汉市委于7月下旬在庐山召开全委(扩大)会议,讨论通过了《关于武汉市地方工业第二个五年计划(草案)的决议》,规定:到1962年,武汉市地方工业总产值达到106亿元,比1957年增长12倍,年均增长62%;五年工业总投资34.38亿元(武钢、武重、武锅、江岸车辆厂等不包括在内),其中重工业投资25.57亿元,占74.37%;新建、改建和扩建项目196项。这一被通称为"二百项"的"二五"工业计划虽然保留了把发展中央工业与发展地方工业结合起来,优先发展重工业的指导原则,但忽视了客观经济规律和国民经济的综合平衡,夸大了人的主观意志和主观努力的作用,所规定的工业发展速度和基建投资增长速度大大超过了武汉市的实际与可能,脱离了当时的国情和市情。这就必然导致"二五"工业计划在此后的实施过程中,违反基建程序和规律,片面追求高速度,基建战线过长,规模过大,要求过急,从而形成交通运输、市场物资供应和劳动力紧张,工程建设进展缓慢,窝工、浪费十分惊人的局面,给国民经济造成了严重损失。

1958年11月28日至12月10日,中共八届六中全会在武昌召开,会议强调要"压缩空气",并降低了钢铁、粮食的生产指标。会议期间,毛泽东专门约见了武汉市委第一书记宋侃夫等负责人,指出"过去知稼穑之艰难,不知工业之艰难,不知运输之艰难",强调要搞商品生产,只有工业与农业两头挑才能走路,动力与交通是先行官。

1958年12月下旬,中共武汉市第三次代表大会召开,贯彻党的八届六中全会精神,开始初步纠"左"。会议指出"二五"工业计划的某些项目指标过高并做了调整:到1962年,武汉地区工业总产值计划为125亿元,其中市地方工业产值95亿元,是1957年的10.8倍,年均增长60.6%;工业基本建设方面,新建、扩建的重大工程由196项减为118项,投资总额由34.37亿元减为13.96亿元,加上中央和省项目17个、13.09亿元,共135项、27.05亿元,建设规模比原计划有较大幅度的压缩。

1959年7月上、中旬,武汉市委召开全委扩大会议,总结1958年和1959年上半年的工作。会议批评"大跃进"运动"没有注意综合平衡,没有注意到有计划按比例发展的法则","保了重点,没有照顾一般",发展工业"不是两条腿走路,而是一条腿走路";批评"庐山会议决定两百项,当时只考虑到需要,而未考虑可能",脱离了武汉的实际。这次会议对武汉工业建设道路进行了初步探索,其实质是要求武汉工业建设回到八大正确的道路上来,用八大确立的路线、方针指导武汉市的工业建设。

　　1960年12月13日至1961年1月23日,武汉市委召开三级干部会议。会议承认1958年后经济建设中存在着若干偏差,强调要贯彻执行党中央"调整、巩固、充实、提高"的"八字"方针,按照"农、轻、重"的方针安排生产,"第一,生活;第二,市场;第三,建设"。具体讲就是"抓中间,为两头",发展轻工业,恢复手工业,支援农业。这次会议后,武汉市开始对国民经济发展进行调整,根据"先中央后地方,先省后市""先生产后基建"的原则,对工业企业实行必要的"关、停、并、转、保",市属工业企业由450个减至327个;调整工业内部结构,大力发展轻工业,发展日用品工业,1960年和1962年轻重工业占比分别为49.5%和50.5%,63.2%和36.8%,轻工业的比重逐年上升,重工业的比重逐年下降;压缩基建投资规模,1961年压缩到1.477亿元,1962年进一步压缩到0.629亿元,为整个"二五"期间投资最少的一年,停建、缓建项目382个,其中市属333个,占87.17%。

　　在调整过程中,武汉市委把调整与充实提高、"退"与"保"辩证地统一起来,努力做到"填平补齐",该退的坚决退,该保的坚决保,不搞"一刀切"。全市人民同心同德,克服困难,逐步调整了严重失调的比例关系,基本完成"二五"工业计划的主要项目,工业建设逐步走上了健康发展的轨道,取得了显著成绩:一是建成和基本建成一批重点企业,武钢、武重、武锅、武船等一批"武"字头企业全面建成投产,地方工业也有了较大发展;二是工业生产能力有较大提高,1962年,全市工业总产值达到17.48亿元,炼铁155.55万吨,炼钢173.2万吨,轧钢223.5万吨,发电机组容量6.7万千瓦,金属切削机床3333台,化学农药11 550吨,印染布6656万米,主要工业产品多数从无到有,有的工业产品的产量成几十倍乃至上百倍增长,初步改变了武汉工业基础薄弱、门类残缺不全、技术水平低下、布局结构不合理的落后状况。1962年12月,武汉市第四次党代会指出,武汉市"作为一个社会主义工业基地的基础已经初步奠定了"。

二、武汉城市人民公社化运动

1. 城市人民公社的建立

　　1958年,在农村人民公社化运动的高潮中,中共武汉市委开始以街道为主,把9条街道作为城市人民公社的试点。同年12月,中共八届六中全会通过《关于人民公社若干问题的决议》,指出城市人民公社"将成为改造旧城市和建设社会主义新城市的工具,成为生产、交换、分配和人民生活福利的统一组织者,成为工农商学兵相结合和政社合一的社会组织。""在城市中应当继续试点,一般不忙于大量兴办,在大城市中更要从缓,只做酝酿工作。等到经验多了,原来思想不通的人也通了,再大量兴办起来。"根据中央的指示精神,武汉市委对试点工作采取了十分慎重的态度,城市人民公社没有普遍展开。

1960年3月,中共中央发出《关于城市人民公社问题的指示》,指出"对于城市人民公社的组织试验和推广,应采取积极的态度"。中共湖北省委也指出,开展城市人民公社化运动已是"瓜熟蒂落,水到渠成",县以上党委都要加强对城市人民公社化运动的领导。在此大背景下,武汉市的城市人民公社化运动便逐渐开展起来。

1960年4月,全国人大二届二次会议召开,武汉市代表宋一平同北京、天津、上海、广州等市代表作《关于在大城市建立人民公社的问题》联合发言,指出"城市人民公社这种组织形式在大城市中是完全适合的,和农村人民公社一样,表现出巨大的优越性,为广大人民所热烈欢迎。""第一,它发展了生产;第二,发展了集体生活福利事业,增加了劳动人民的收入,从而改善了人民生活;第三,进一步加强了各部门之间的合作;第四,使广大妇女群众,特别是家庭妇女走上了彻底解放的道路;第五,促进了文教卫生事业的发展。""目前我们打算首先办好以街道为中心的人民公社,同时也逐步办好以厂矿、机关、学校为中心的人民公社,逐步分批地实现全市人民公社化。"

2. 城市人民公社的特征

城市人民公社与农村人民公社相比,其基本特征也是"一大二公":人民公社范围大,一切归人民公社,由公社统一领导、统一经营、统一调配劳动力,实行吃饭不要钱的供给制。同时,城市人民公社也有其自身特点。

大办公社工业。在城市人民公社化运动中,根据武汉市委要求,武汉各区普遍开展了以大厂为骨干,"大厂带小厂,小厂保大厂,全民带集体,集体辅全民",大、中、小企业相结合的生产大协作运动。全市出现了一个大办卫星工厂、大办公社工业的高潮。

大搞生产协作。在生产大协作运动中,汉阳区以汉阳通用机器厂、汉阳电器厂为中心,实现生产协作、生活福利、文化技术教育、绿化卫生、宣传娱乐、交通运输"六条龙"。硚口区大破厂界,大搞协作,该区有100多个工厂、企业单位合成了36个组,有42个工厂、企业单位合成了10个小型的联合企业。武昌区大搞"三挂钩"和"六合一",即中央和省所属大厂与区属中小厂挂钩;区属中型厂与街办小厂挂钩;1958年兴办的街属厂与刚刚兴起的街办厂挂钩。同时武昌区将生产设施、动力设备、交通运输、生活福利、文化教育卫生、安全保卫消防六个方面合一安排和使用,在全区范围内逐步形成了一个以大厂为骨干,大、中、小企业相结合,全面跃进的生产协作网。在大厂扶植下,武昌区又迅速兴办了1000个小厂,新组织了15 000多劳动力投入到生产一线。

大搞集体福利事业。在城市人民公社化运动中,武汉市城区公社以公共食堂

为中心,实行生产生活集体化,家务劳动社会化,各种各样的福利事业普遍开花。

大办街道文教卫生事业。在城市人民公社化运动中,街街都办文化馆(站)、文工团(队)、俱乐部、医疗站,并建立了大量的扫盲班、民办小学,有的街道还建立了医院、产院。

三、新中国成立17年后,武汉工业的建设成就

经过17年的艰苦创业,武汉市由一个商业比重很大的城市转变成社会主义工业城市,在国家的工业化进程中有着十分重要的地位。

第一,武汉是我国重要的工业基地之一,工业总量居全国第五位。其中,武钢是全国第二大钢铁中心、最大的板材生产基地;武重是全国最大的重型机床厂,被称为重工业的"心脏";武锅是全国四大锅炉厂之一;武汉鼓风机厂名列全国第四位;葛店化工厂位居全国化工企业前列。

第二,武汉工业的发展从根本上改变了我国中部地区工业基础薄弱,尤其是缺乏重工业的历史,改善了全国的工业布局,尤其是重工业的布局,起到了承东启西、沟通南北的作用。

第三,武汉工业对湖北工业的发展具有十分明显的支撑作用。新中国成立后17年间,武汉工业占湖北工业的比重最高为68.4%,最低为54.5%。

第四篇
改革开放后及未来的武汉

　　经过改革开放30年的不懈奋斗,中国胜利实现了现代化建设"三步走"战略的前两步战略目标,正在向第三步战略目标阔步前进。30年的伟大成就,为我们党、我们国家、我们人民继续前进奠定了坚实的基础。

　　武汉市第十三次党代会报告提出,"规划建设世界一流的城市亮点区块,是武汉提升国际知名度、美誉度和城市竞争力的重大举措。启动规划建设长江新城,以超前理念、世界眼光,打造代表城市发展最高成就的展示区、全球未来城市的样板区。本篇章节在参考《武汉2049》《武汉远期规划》"武汉2030"的基础上,结合国内外规划专家为"武汉2030"的建言等,从"现代化、国际化、生态化"的角度畅想了"在长江流域,武汉要成为长江经济带的脊梁,发展核心引领作用;在中部地区,武汉要成为中部崛起的战略支点;在全国,武汉要成为国家中心城市;武汉自我定位'在全球,要成为世界城市发展中的亮点城市'"的目标;从"创新、协调、绿色、开放、共享"的角度分别展望了未来大武汉的迷人特色;从规划步骤展示了武汉"将分三步建设国家中心城市,2021年基本形成框架,2035年初步建成,到21世纪中叶建成具有国际影响力、全球竞争力和可持续发展能力的世界亮点城市"的坚定步伐。以期能相对呈现出2049年武汉发展的蓝图,展示出未来武汉的迷人风采。

第十章　武汉之谋划

第一节　武汉之开放

一、20世纪80年代初期武汉市的经济地位及经济增长

20世纪80年代初期,我国处于工业化初期阶段。在这个时期,国家战略东移的格局尚不明显,武汉作为计划经济体制的老工业基地,其"余威"尚存,经济实力在全国城市中仍居于前列。但由于武汉的对外开放力度不大,经济增长速度开始与沿海地区拉开差距。这一时期,武汉市的经济地位呈现以下特点:武汉经济发展总量水平居第二梯队城市前列,但与第一梯队城市的差距很大,而且增长率也居第二梯队城市后列;武汉地方政府的财政能力和增长率排名均居中,但与排在前几位的城市相比,差距较大;武汉市的工业化水平与其老工业基地的身份比较相符;武汉市的开放竞争力处于中下游水平。

这个时期,武汉市的经济增长较快,但不及沿海中心城市。可分别从投资和消费两个方面来分析:1981年至1985年中,武汉的投资增长率远低于其他大多数城市,居第14位,消费增长率也明显低于广州、青岛、西安、上海等城市,位居第7,这是造成武汉这几年经济总量增长率低于另外9个城市、位居第10的主要原因。

20世纪80年代中期,我国工业化进程由初期阶段向中期阶段加速推进。这个时期,全国实施沿海战略,位于内地的老工业基地武汉市的经济增长速度趋缓,与沿海中心城市的差距显著拉大。这一时期,武汉市在全国城市中的经济地位呈现为以下特点:在多数城市的经济增长不断加速的情况下,武汉的经济增长速度反而放慢了,武汉的位次继续下降;武汉市地方政府的财政能力就自身而言虽然是不断增强的,但其增长速度在整个80年代不断下降,其财政能力与排在前几位城市的差距继续扩大,在沿江城市中居于中游,在中西部地区居首位;武汉市作为

我国重要的综合性工业基地,其工业化水平与中西部以外的其他城市相比并不具有特别的优势,特别是在5个沿江城市中,武汉市的产业结构层次是较低的。

20世纪80年代后半期与前半期相比,武汉市的开放竞争力有所提高。20世纪90年代是我国工业化中期阶段,武汉在这一时期的改革开放力度加大。但由于武汉的开放总体上落后于沿海开放城市的格局已经形成,加上本时期国家的战略重点继续东移,武汉这一时期的经济实力与沿海中心城市的差距依然很大。这一时期,武汉市在全国的经济地位有以下特点:

20世纪90年代是改革开放以来武汉市经济增长最快的时期,其经济总量水平在19个副省级城市中的排位一改20世纪80年代不断下降的趋势,出现了上升的态势,而且与排在前列的城市的差距有所缩小。

从1994年至1999年19个副省级城市的投资、消费及出口增长情况来看,武汉市的投资增长率居第6位,消费增长率居第3位,均处在较前列。就武汉市自身而言,本时期的投资增长率和消费增长率分别比1985年至1988年间提高了9.7%和5.2%,这是促进武汉市本时期的经济增长率远远高于上时期的重要原因。比较20世纪90年代武汉市的投资增长率、消费增长率和出口增长率,可以看出,武汉市20世纪90年代的经济增长主要依靠的是投资和消费,当然,投资的作用更大一些。

二、20世纪80—90年代武汉经济发展中存在的问题

这一时期,武汉市在全国城市中的经济地位有所下降,原因在于一些新兴城市的发展速度远远超过武汉,同时,武汉市地方政府的财政能力和工业化水平相对下降,开放竞争力和企业竞争力均处于弱势。在沿江城市中(上海除外),武汉的经济总量一直保持领先地位,但地方政府的财政能力和工业化水平一直呈现相对下降的趋势,其开放竞争力处于中等水平。武汉的经济总量在中西部城市中一直处于绝对领先地位,但整个中西部地区的城市在全国的经济地位是下降的。武汉市地方政府的财政能力和工业化水平在整个中西部地区也呈现出相对下降的趋势,开放竞争力与重庆几乎不相上下,而利用外资的能力居于首位。武汉市在经济发展中存在着以下问题:

一是武汉市产业结构不合理的布局并没有随着经济的发展而有所改善。武汉市非农产业的发展速度相对较慢,不仅影响了武汉市经济发展的速度,而且使武汉的工业化水平日趋下降。其原因在于武汉的老工业企业转型慢,高新技术产业少,而地方政府的财政能力较弱可能是产业结构调整不成功的重要原因之一。

二是武汉市对外经济贸易对经济增长的贡献较小,经济增长主要依靠投资和消费来拉动。这反映了武汉的产业缺乏足够的国际竞争力,武汉的对外贸易对经

济没能起到应有的促进作用。

三是武汉市未能充分把握对外开放的历史机遇,未能充分吸引外资,外资对武汉的经济增长和产业结构调整的贡献远远小于一些新兴城市。这反映了武汉的开放环境与其他城市相比缺少优势。

四是武汉市缺乏有市场影响力的企业。武汉有实力的重点大型企业过少,特别是知名大企业和知名品牌较少,致使武汉的企业缺乏足够的市场力量,竞争力不强。

三、21世纪初期武汉市经济发展趋向分析

进入新世纪后,武汉市进一步加大了各项改革的力度并已初见成效。为了抓住新的历史机遇,武汉市做出了多种战略部署。

1. 投资的较快增长、旺盛的消费需求和出口状况的不断改善将会有力地拉动武汉市在21世纪初的经济增长

进入21世纪以后,武汉市的投资规模不断扩大,城市基础设施的建设速度加快,数十个省、市级重点工程项目已经上马或初步完工,如国家光电子信息产业基地、武汉出口加工区、吴家山海峡两岸科技产业园、阳逻武汉新港、武汉国际会展中心、武汉体育中心体育场、武汉绕城公路和市内铁路、"武汉外滩"等。2001年,武汉市的基本建设项目有773个,其中新开工项目477个。投资对经济增长的拉动作用加大。

继20世纪90年代年均20.33%的消费增长率之后,21世纪的头几年里,随着收入水平的提高,武汉居民的消费欲望有增无减。特别是武汉商业业态的不断完善,商品交易市场的不断发展,促进了武汉居民将旺盛的消费欲望转变为现实消费。为了满足居民不断增强的消费需求,2001年武汉市新建了26个大中型综合超市,新增注册了44个商品交易市场。房地产业产销两旺的格局更是大大带动了武汉消费的增长。

进入新世纪,武汉市继续实施"开放先导"战略,进一步加大开放力度,在对国际市场和本地产品的比较优势做出充分分析的基础上,大力发展开放型经济。同时,深化外贸体制和经营机制改革,形成贸易出口主体和方式多元化的格局。这必将增强本地企业的外向度,提高本地产品的国际竞争力,促进出口增长。

2. 国企改革进一步深化,企业竞争力将在国际化分工中迅速增强,武汉市将成为当之无愧的华中制造业中心

21世纪初,武汉市的国有企业改革将继续深化,国有企业从计划经济体制完全过渡到市场经济体制,现代企业制度将进一步完善,国有企业的市场主体地位和市场竞争能力将得到进一步加强。

由于国际化分工呈现出深入我国腹地的趋势,武汉作为中部地区的经济、金融和科技中心,在中西部地区具有较大的优势,而且武汉市政府及时提出把武汉发展成为华中地区现代制造业中心的战略规划,这将促进武汉市企业的发展壮大和各种经济成分的齐头并进。事实上,武汉市一批产业规模和竞争能力居全国前列、经营国际化的大企业、大集团正在发展壮大,一批"专、精、特、新"的中小型民营企业也逐步浮出水面。汽车产业、电子信息产业、食品饮料产业、造纸印刷包装产业、电器机械及器材产业、生物工程和新医药产业等六大支柱产业正在成为"武汉新工业的旗帜"。武汉市政府明确提出,通过5年的努力,"打造一批具有市场竞争力和规模化经营的'武汉制造'品牌产品,塑造一批具有较强国际竞争力的名牌企业"。

3. 武汉经济圈的发展将使武汉在更广阔的范围内调动、聚集资源,专业化分工将进一步深化,武汉市将在与周边城市的良性互动中日益强大起来

湖北省委省政府做出了"加快武汉经济圈建设,推进区域经济一体化"的重大战略部署,这一战略部署的实施对于武汉产业结构的提升、资源的供给、企业竞争力的提高和武汉经济实力的增强具有重大而深远的意义。武汉经济圈的意义,首先在于经济圈内不同城市之间分工与协作的深化会促进经济圈整体效率的提高,增强经济圈内企业或城市相对经济圈外的企业或城市的竞争力。经济圈内的城市通过错位发展、特色发展和梯度发展可以改变原有的产业布局大而全、小而全和产业结构严重趋同的现象,作为经济圈龙头的武汉市,可以通过向周边城市输出传统产业来促进自身现有产业结构的升级换代;通过良性循环实现共赢互动的周边城市是武汉经济发展的"支撑点"和"服务"。

武汉城市经济圈的比较优势主要有五点:一是武汉市的"大市场"优势;二是武汉市的产业"龙头"优势;三是武汉周边城市人力、土地等资源优势;四是交通优势;五是内部错位发展的优势。武汉"首位"度高,这既是制约武汉及周边城市发展的一个问题,也是一个以武汉为"龙头"、实现圈内错位竞争发展的有利条件。

第二节 武汉之战略

一、武汉自贸区战略

1. 武汉自贸区概况

自贸区是当前我国最高层次的开放平台。在自贸区,海关特殊监管区域,对

境外货物进入实施免税或保税,全面实现贸易便利化、投资自由化、金融国际化、监管法治化。湖北省申报自贸试验区跨越4个年头。2013年底武汉市开始筹备;2014年湖北省向国家申报中国内陆(湖北武汉)自贸试验区;2015年,湖北省将宜昌、襄阳纳入,重新向国家申报中国内陆(湖北)自贸试验区;2016年8月31日湖北自贸区获批。

2017年4月1日,中国(湖北)自由贸易试验区正式挂牌。覆盖119.96平方公里,地跨武汉、宜昌、襄阳,湖北自贸区,成为荆楚大地新的开放高地。在第三批入选的7个自贸试验区中,湖北是唯一定位为战略性新兴产业和高技术产业基地的省份。

(1) 自贸区指导思想

全面贯彻党的十八大和十八届三中、四中、五中、六中全会精神,深入贯彻习近平总书记系列重要讲话精神和治国理政新理念新思想新战略,认真落实党中央、国务院决策部署,统筹推进"五位一体"总体布局和协调推进"四个全面"战略布局,坚持稳中求进工作总基调,牢固树立和贯彻落实创新、协调、绿色、开放、共享的发展理念,进一步解放思想、先行先试,以开放促改革、促发展,按照"开放先导、创新驱动、绿色引领、产业集聚"的总体思路,全力打造区域经济发展新引擎,为全面深化改革和扩大开放探索新途径、积累新经验,发挥示范带动、服务全国的积极作用。

(2) 自贸区战略定位

以制度创新为核心,以可复制可推广为基本要求,立足中部、辐射全国、走向世界,努力成为中部有序承接产业转移示范区、战略性新兴产业和高技术产业集聚区、全面改革开放试验田和内陆对外开放新高地。

(3) 自贸区发展目标

经过三至五年改革探索,对接国际高标准投资贸易规则体系,力争建成高端产业集聚、创新创业活跃、金融服务完善、监管高效便捷、辐射带动作用突出的高水平高标准自由贸易园区,在实施中部崛起战略和推进长江经济带发展中发挥示范作用。

(4) 自贸区功能划分

按区域布局划分,武汉片区重点发展新一代信息技术、生命健康、智能制造等战略性新兴产业和国际商贸、金融服务、现代物流、检验检测、研发设计、信息服务、专业服务等现代服务业;襄阳片区重点发展高端装备制造、新能源汽车、大数据、云计算、商贸物流、检验检测等产业;宜昌片区重点发展先进制造、生物医药、电子信息、新材料等高新产业及研发设计、总部经济、电子商务等现代服务业。

按海关监管方式划分,自贸试验区内的海关特殊监管区域重点探索以贸易便利化为主要内容的制度创新,主要开展保税加工、保税物流、保税服务等业务;非海关特殊监管区域重点探索投资体制改革,完善事中事后监管,推动金融制度创新,积极发展现代服务业和高端制造业。

2. 建设的具体措施

(1) 制定负面清单 投资项目非禁即入

2014年7月31日的新闻发布会上,公布了省发改委、商务厅、工商局等多个部门及武汉、襄阳、宜昌三地首批"先行先试"的事项,这些工作将在全省范围或东湖高新区(含东湖综保区)内开展。

(2) 三市试点负面清单管理

实施经营异常名录管理制度,并制定相关管理办法,对超规定期限未整改的企业,列入严重违法企业名单,被列入该名单的企业法定代表人、负责人,3年内不得担任其他企业法人、负责人,并受到信用约束机制的相关限制。建立省级信用信息公共服务平台基础框架,实现金融、税收缴纳、社保缴纳、安全生产等多领域信息记录数据入库。

(3) 建成省级信用信息平台

工商部门拟将现行156项工商登记前置审批事项中,属于法律、法规、国务院决定中设定的但未明确应该先办证后办照的行政审批项目,部门规章中设定的行政审批项目以及属于专营项目的91项,全部改为工商登记后置审批项目,实行"先照后证"。

经商务部批准,赋予武汉市东湖高新区和襄阳市、宜昌市省级外商投资企业审批权限,于2014年9月1日起实施。此外,在东湖高新区试点,将鼓励类和允许类外商投资企业由审批制改为备案制。建成并试运行省级投资项目网上并联审批平台,并逐步实现网上审批省市县三级联通。在税务登记上推进电子化登记,即实现网上申请、网上审核、网上发证,对纳税人不需要纸质税务登记证件的不再发放。逐步在全省范围内推广新的免费网络申报平台,不仅可以办理税费缴纳,还具有开具网络发票等多种新功能。

(4) 启动新的免费网络申报平台

在外汇管理方面,争取到了在湖北省开展跨国公司外汇资金集中管理和在东湖国家自主创新示范区开展外汇资本金意愿结汇改革两项试点资格。其中,在鄂跨国公司和大型企业集团可以分别在境内开立国内、国际外汇资金主账户,并在一定的限额内可联通;允许企业集中调配使用境内成员单位的外债和对外放款额度,额度之内的资金划转无须审批;允许企业外贸进出口资金集中收付。在东湖国家自主创新示范区内,外商投资企业外汇资本金由"支付结汇制"改为"意愿结汇制",即企业可自由选择是否将外汇资本金兑换为人民币资金,并自主选择兑换时间。

(5)可在境内分设国内、国际外汇资金主账户

武汉海关还将实施5项新的管理制度。其中,有3项是在东湖综保区实施,包括:先进区、后报关制度——允许企业凭货物舱单信息提货进区,再在规定时限内办理海关申报手续;保税展示交易制度——区内企业提供足额税款担保后,可在区外或区内指定场所开展保税展示交易,发生的内销货物实施先销后税;简化备案清单制度——备案清单40项申报要素减少到30项。在武汉海关关区内外实施跨境电子商务零售出口制度,通过电商平台以邮寄、快递方式向境外零售商品,在订单生成后即可凭清单核放,在一定时间段内集中报关,并凭报关单证明办理结汇和退税手续。

二、长江经济带战略

1. 缘起

作为一个区域概念,长江经济带起于20世纪80年代初的"一线一轴"构想,"一线"指沿海城市线,"一轴"便指长江航道。20世纪80年代中期,国家提出"以上海浦东开发开放为龙头,进一步开放长江沿岸城市,进而带动整个长江流域经济"。20世纪90年代出现"长江三角洲及长江沿江地区经济"概念,并确定了七省二市的地域范围。2005年,七省二市在交通部牵头下签订了《长江经济带合作协议》。2013年7月21日,习近平总书记在武汉考察时指出,"长江流域要加强合作,发挥内河航运作用,把全流域打造成黄金水道"。2014年3月5日,李克强总理首次在《政府工作报告》中明确提出"依托黄金水道,建设长江经济带",标志其上升为国家战略;4月25日,习近平总书记在中央政治局会议上强调,"推动京津冀协同发展和长江经济带发展";4月28日,李克强总理在重庆召开座谈会,研究依托黄金水道建设长江经济带;6月11日,国务院常务会议部署建设综合立体交通走廊打造长江经济带;9月25日,国务院正式印发《关于依托黄金水道推动长江经济带发展的指导意见》及《长江经济带综合立体交通走廊规划(2014—2020年)》;11月,中央经济工作会议把长江经济带与"一带一路"、京津冀协同发展并列为当前重点推进的三大战略。2015年3月,在全国两会上,李克强总理《政府工作报告》再次提出"推进长江经济带建设"。

2. 战略意义

推动长江经济带发展,是党中央、国务院主动适应把握引领经济发展新常态,科学谋划中国经济新棋局,做出的既利当前又惠长远的重大决策部署,对于实现"两个一百年"奋斗目标和中华民族伟大复兴的中国梦,具有重大现实意义和深远历史意义。

2013年7月,习近平总书记在武汉调研时指出,长江流域要加强合作,发挥内河航运作用,把全流域打造成黄金水道。2014年12月,习近平总书记作出重要批示,强调长江通道是我国国土空间开发最重要的东西轴线,在区域发展总体格局中具有重要战略地位,建设长江经济带要坚持一盘棋思想,理顺体制机制,加强统筹协调,更好发挥长江黄金水道作用,为全国统筹发展提供新的支撑。2016年1月,习近平总书记在重庆召开推动长江经济带发展座谈会并发表重要讲话,全面深刻阐述了长江经济带发展战略的重大意义、推进思路和重点任务。此后,习近平总书记又多次发表重要讲话,强调推动长江经济带发展必须走生态优先、绿色发展之路,涉及长江的一切经济活动都要以不破坏生态环境为前提,共抓大保护、不搞大开发,共同努力把长江经济带建成生态更优美、交通更顺畅、经济更协调、市场更统一、机制更科学的黄金经济带。李克强总理多次强调,让长江经济带这条"巨龙"舞得更好,关乎当前和长远发展的全局,要结合规划纲要制定,依靠改革创新,实现重点突破,保护好生态环境,将生态工程建设与航道建设、产业转移衔接起来,打造绿色生态廊道,下决心解决长江航运瓶颈问题,充分利用黄金水道航运能力,构筑综合立体交通走廊,带动中上游腹地发展,引导产业由东向西梯度转移,形成新的区域增长极,为中国经济持续健康发展提供有力支撑。张高丽副总理多次主持召开推动长江经济带发展工作会议、专题会议,扎实推进长江经济带发展各项工作。

长江经济带覆盖上海、江苏、浙江、安徽、江西、湖北、湖南、重庆、四川、云南、贵州等11省市,面积约205万平方公里,占全国的21%,人口和经济总量均超过全国的40%,生态地位重要,综合实力较强,发展潜力巨大。目前,长江经济带发展面临诸多亟待解决的困难和问题,主要是生态环境状况形势严峻、长江水道存在瓶颈制约、区域发展不平衡问题突出、产业转型升级任务艰巨、区域合作机制尚不健全等。

推动长江经济带发展,有利于走出一条生态优先、绿色发展之路,让中华民族母亲河永葆生机活力,真正使黄金水道产生黄金效益;有利于挖掘中上游广阔腹地蕴含的巨大内需潜力,促进经济增长空间从沿海向沿江内陆拓展,形成上中下游优势互补、协作互动格局,缩小东中西部发展差距;有利于打破行政分割和市场壁垒,推动经济要素有序自由流动、资源高效配置、市场统一融合,促进区域经济协同发展;有利于优化沿江产业结构和城镇化布局,建设陆海双向对外开放新走廊,培育国际经济合作竞争新优势,促进经济提质增效升级,对于实现"两个一百年"奋斗目标和中华民族伟大复兴的中国梦,具有重大现实意义和深远历史意义。

3. 目标定位

承东启西、连南接北的"祖国立交桥"。全面建成武汉长江中游航运中心、全国铁路路网中心、全国高速公路路网重要枢纽、全国门户枢纽机场和全国重要物流基地。推进武汉建设成为全国性综合交通枢纽、襄阳建设成为汉江流域综合交通枢纽、宜昌建设成为长江中上游重要综合交通枢纽,构建综合立体交通运输体系。

长江中游核心增长极。加快产业转型升级,做大做强现有优势产业,发展壮大具有潜在优势的战略性新兴产业,突破性发展现代服务业和现代农业,重点打造电子信息、高端装备、汽车等世界级产业集群,提升经济综合实力,努力把湖北建设成为中部地区崛起重要战略支点,支撑长江经济带发展的"龙腰"。

内陆开放合作新高地。加快武汉城市圈、宜荆荆城市群、襄十随城市群发展,强化武汉在长江中游城市群建设中的引领作用,深化与"长三角"、成渝等地区合作,共建"中三角",打造中国经济增长"第四极"。

全国生态文明建设先行区。实施最严格水资源管理制度,实现水资源的科学利用,协调好江河湖泊、干支流关系,加强流域生态系统修复和环境综合治理。全面推进低碳省、生态省建设,继续推进武汉城市圈"两型"社会综改试验区建设,为全国"两型"社会和生态文明建设提供典型示范。

4. 总体要求

推动长江经济带发展是一项重大的国家战略,必须全面贯彻中国共产党第十八次全国代表大会(简称中共十八大)和中国共产党第十八届中央委员会第三次全体会议(简称中共十八届三中全会)、四中全会、五中全会精神,高举中国特色社会主义伟大旗帜,以邓小平理论、"三个代表"重要思想、科学发展观为指导,深入贯彻习近平总书记系列重要讲话精神,按照党中央、国务院战略部署,明确指导思想、基本原则、功能定位和发展目标。

(1) 推动长江经济带发展的指导思想

按照"五位一体"总体布局和"四个全面"战略布局,牢固树立和贯彻落实创新、协调、绿色、开放、共享的发展理念,坚持生态优先、绿色发展,坚持一盘棋思想,理顺体制机制,加强统筹协调,处理好政府与市场、地区与地区、产业转移与生态保护的关系,加快推进供给侧结构性改革,更好发挥长江黄金水道综合效益,着力建设沿江绿色生态廊道,着力构建高质量综合立体交通走廊,着力优化沿江城镇和产业布局,着力推动长江上中下游协调发展,不断提高人民群众生活水平,共抓大保护,不搞大开发,努力形成生态更优美、交通更顺畅、经济更协调、市场更统一、机制更科学的黄金经济带,为全国统筹发展提供新的支撑。

推动长江经济带发展,要遵循五条基本原则:江湖和谐、生态文明;改革引领、创新驱动;通道支撑、协同发展;陆海统筹、双向开放;统筹规划、整体联动。

(2)战略定位

长江经济带横跨我国地理三大阶梯,资源、环境、交通、产业基础等发展条件差异较大,地区间发展差距明显。我们围绕生态优先、绿色发展的理念,依托长江黄金水道的独特作用,发挥上中下游地区的比较优势,用好海陆东西双向开放的区位资源,统筹江河湖泊丰富多样的生态要素,提出长江经济带的四大战略定位:生态文明建设的先行示范带、引领全国转型发展的创新驱动带、具有全球影响力的内河经济带、东中西互动合作的协调发展带。

(3)推动长江经济带发展的目标

到2020年,生态环境明显改善,水资源得到有效保护和合理利用,河湖、湿地生态功能基本恢复,水质优良(达到或优于Ⅲ类)比例达到75%以上,森林覆盖率达到43%,生态环境保护体制机制进一步完善;长江黄金水道瓶颈制约有效舒畅、功能显著提升,基本建成衔接高效、安全便捷、绿色低碳的综合立体交通走廊;创新驱动取得重大进展,研究与试验发展经费投入强度达到2.5%以上,战略性新兴产业形成规模,培育形成一批世界级的企业和产业集群,参与国际竞争的能力显著增强;基本形成陆海统筹、双向开放,与"一带一路"建设深度融合的全方位对外开放新格局;发展的统筹度和整体性、协调性、可持续性进一步增强,基本建立以城市群为主体形态的城镇化战略格局,城镇化率达到60%以上,人民生活水平显著提升,现行标准下农村贫困人口实现脱贫,重点领域和关键环节改革取得重要进展,协调统一、运行高效的长江流域管理体制全面建立,统一开放的现代市场体系基本建立;经济发展质量和效益大幅提升,基本形成引领全国经济社会发展的战略支撑带。到2030年,水环境和水生态质量全面改善,生态系统功能显著增强,水脉畅通、功能完备的长江全流域黄金水道全面建成,创新型现代产业体系全面建立,上中下游一体化发展格局全面形成,生态环境更加美好、经济发展更具活力、人民生活更加殷实,在全国经济社会发展中发挥更加重要的示范引领和战略支撑作用。

5. 长江经济带建设的重大举措

习近平指出,推动长江经济带发展是国家一项重大区域发展战略。这一战略提出以来,推动长江经济带发展领导小组、国务院有关部门和沿江省市做了大量工作,在整治航道、利用水资源、控制和治理沿江污染、推动通关和检验检疫一体化等方面取得积极成效,一批重大工程建设顺利推进。

(1)提升长江中游黄金水道功能

增强长江干支流通航能力,推进宜昌至昌门溪、赤壁至潘家湾等航道整治工

程。抓紧开展长江中游"645"深水航道整治工程模型试验研究,力争纳入国家规划并尽早开工建设。

建设武汉长江中游航运中心,加快武汉航运交易所等航运服务平台建设,加快武汉、黄石、鄂州、黄冈、咸宁等五市港航资源整合,组建大型港航企业集团,提升航运企业能级和产业集聚度,建成国际化港口物流与贸易基地。

扩大三峡枢纽通过能力,加快完善水路、公路、铁路无缝衔接的三峡枢纽综合运输体系,打造三峡枢纽物流产业园区。

(2) 完善长江中游综合立体交通体系

推进铁路通道建设,加快形成全省"五纵两横"为主骨架的铁路路网格局,重点建设武汉—九江、武汉—西安等快速铁路,蒙西至华中地区铁路煤运通道、江汉平原货运铁路等普速铁路。

完善"七纵五横三环"高速公路布局,实现所有县市通高速公路,重点建设武汉—深圳、麻城—安康、宜昌—张家界、宜昌—岳阳等高速公路。

拓展航空运输网络。加快武汉天河机场三期工程建设,开展武汉第二机场前期研究,规划建设荆州、黄冈、随州、荆门等机场。

加快过江通道建设。加快建设宜都红花套、枝江白洋等公路过江通道,武汉杨泗港、宜昌伍家岗、鄂黄(第二)等城市道路过江通道,武汉7、8、10、11号线等城市轨道过江通道。

(3) 建设产业转型升级支撑带

推进武汉、襄阳、宜昌开展国家创新型城市试点,争取设立武汉知识产权法院,建立知识产权运营中心。培育发展具有世界先进水平的产业集群,做大做强食品、电子信息、装备制造、资源循环利用、船舶和海洋工程装备以及医药等六大重点优势产业,发展壮大智能制造、集成电路、新材料、新能源、节能环保、生物医药、新能源汽车、北斗导航、海洋工程、航空航天等十大新兴产业。推动传统产业转型升级,加快钢铁、石化、船舶、磷化工、建材、纺织服装等传统产业改造升级,建立资源消耗高、环境风险大、涉及有毒有害污染物排放的产业退出机制。提升以江汉平原为重点的农业现代化水平,将湖北建成全国重要的水稻、油菜、棉花、畜禽产品、淡水产品和茶叶等特色农产品生产加工基地。

(4) 建设新型城镇连绵带

发挥中心城市集聚辐射作用,力争将武汉建成国家中心城市、襄阳建成汉江流域中心城市、宜昌建成三峡经济合作区中心城市。大力推进武汉、孝感、仙桃、宜城等地开展国家新型城镇化试点。选择沿江开发区、临港工业园区开展城市功能区转型试点,引导港口、产业和城市建设融合发展。推进城乡规划、基础设施、产业布局、公共服务和社会保障等一体化建设,逐步缩小城乡差距,建成长江中游城乡统筹发展示范区。

(5) 建设长江中游生态文明示范带

依法划定生态保护红线,实施最严格的水资源保护制度,建设水清、地绿、天蓝的"生态湖北"。清理涉及岸线资源利用的各类既有项目,编制实施长江干支流岸线资源保护利用规划,提高岸线资源利用效率。建立沿江岸线资源使用权交易制度和岸线使用权回收机制。严格产业环境准入,推进沿江生态产业园区建设,加快武汉青山—阳逻—鄂州循环经济示范区建设,支持荆门、谷城"城市矿产"等示范基地建设,加强湖北环境资源交易中心、碳排放权交易中心建设,运用市场机制推进绿色低碳发展。

(6) 建设跨区域合作示范带

深化武汉、长沙、南昌中心城市互动合作,共同研究设立城市基础设施建设基金,推进住房公积金异地互认、转移接续,促进省际毗邻城市合作发展。探索建立区域内医保基金跨省结算机制,逐步实现跨地区参保人员信息资源互联共享、定点医疗机构互认。加快推进小池与九江融合发展,推进龙山-来凤经济协作示范区,推进荆州融入洞庭湖生态经济区建设。充分利用启运港退税试点政策,畅通武汉至上海洋山港"江海直达"主干线。做大做强泸州-武汉集装箱快班,开展武汉至成都、重庆等长江中上游地区集装箱铁水联运试点,大力发展集装箱"武汉中转"模式。

(7) 构建沿江对外开放新高地

推动武汉外国领事馆集中区建设,构建对外交流服务新平台。设立以武汉为重点的中国(湖北)自由贸易试验区。加强与沿海、沿边口岸通关协作,实行"一次申报、一次查验、一次放行"模式,共同推进长江经济带海关区域通关一体化和检验检疫一体化。加快湖北与俄罗斯伏尔加河沿岸联邦区合作进程。推进中俄"万里茶道"申遗工作。推动武汉与海上丝绸之路相关国家、地区航运通道建设。

三、长江主轴战略

武汉是一座因水而生的城市,长江、汉江交汇于市中心,形成三镇鼎立的格局,穿城而过的长江成为武汉天然的城市中轴线。为此,2017年初,武汉市提出打造"长江主轴"的概念。

2017年武汉市政府工作报告中提出,未来5年,武汉市将规划建设武汉长江主轴,全面规划长江市域段,重点围绕主城区段,与交通轴线、城市阳台、防洪设施等建设相结合,建成国家5A级江汉朝宗文化旅游景区、汉口历史文化风貌街区,推进汉口滨江国际商务区、汉正街中央服务区、武昌滨江文化商务区建设取得重大进展,打造城市交通轴、发展轴、文化轴、生态轴、景观轴,努力建设世界级城市中轴文明景观带。

把长江作为城市中轴来打造,使得长江天堑变成靓丽画轴,引领武汉向中轴结构发展,向长江时代跨越。按照目前已初步形成的规划思路,北至长江二桥,南至长江大桥,面积约26.49平方公里,将作为长江主轴核心段范围,必将成为城市发展最高成就展示区,全球未来城市的样板。

作为长江主轴规划建设的重点功能区块,汉正街中央服务区位于两江交汇处的汉正街核心区域,是大武汉面向全球的现代服务业核心功能区,建设以现代金融、高端商贸、高尚住宅及文化旅游休闲于一体的世界级滨水中央服务区,成为武汉最具科技动感活力及时尚生活体验的示范区。服务区内重点项目绿地汉正中心,以武汉最高的250米双子塔建筑,承载着500年商业文明的汉正街通过长江主轴的建设向未来延伸,成为世界级城市新地标。与绿地636高楼隔江相望,形成武汉"两江四岸"的长江之门,成为世界观察武汉的窗口。

1. 基本思路

首先借鉴世界一流城市轴线的案例经验,结合武汉的优势条件,提出长江主轴的规划定位、基本思路和工作安排。这些一流城市主轴案例包括巴黎中轴线、香港维多利亚港、伦敦泰晤士河、纽约哈德逊河、北京中轴线等。

长江主轴则是对长江两岸现有功能和景观的升级,对标伦敦泰晤士河、香港维多利亚港进行建设,打造媲美世界一流城市的中轴线,让武汉拥有能在世界拿得出手的封面作品。

2. 规划范围

按照"全域覆盖、统一规划、分段建设、逐层推进"的思路,长江主轴的市域范围将划分为核心段、重点段、主城段、拓展段,分别明确近、中、远期规划建设重点。

核心段范围:北至长江二桥,南至长江大桥,面积约26.49平方公里,其中陆域面积约15.18平方公里,长江江段长约6.8公里。

重点段范围:南北拓展至鹦鹉洲大桥和二七长江大桥,面积约61.23平方公里,其中陆域面积约39.67平方公里,长江江段长约12公里。

主城段范围:扩大到白沙洲大桥到天兴洲大桥之间的范围,面积约138.5平方公里,其中陆域面积约79.98平方公里,长江江段长约25.5公里。

拓展段范围:向上下游拓展至武汉市域边界,纵深方向单侧宽度原则上控制在1公里以内,初步划定面积约517平方公里,其中陆域面积约312平方公里。拓展段内重点是明确新城组团、地铁小镇、港区、产业、生态等功能结构,提出管控通则。

在此基础上,为加快启动主轴建设,将选取两江四岸江滩沿线作为启动片

第十章 武汉之谋划

3. 未来愿景

武汉的人口、建筑、交通、产业整体上是沿长江两岸密集分布的,以长江为主轴,能够串起武汉城市最核心的功能区块,促进商业、交通、文化、休闲等多种功能集成。

(1) 长江主轴是未来武汉对标世界最大亮点

长江分割南北两岸,成为武汉天然地理轴线,沿线高楼林立,商贸发达,长江主轴成为长江经济带的"脊梁"。2017年1月,武汉市第十三次党代会提出规划优化长江主轴,到3月底武汉市国土规划局首次披露长江主轴规划范围,仅仅两个月,围绕长江沿线打造的长江主轴世界级名片的形象更加具体,思路愈加清晰。按照此前公示的规划内容,长江主轴将重点围绕武汉主城区长江段,集中展现长江文化、生态特色、发展成就和城市文明,打造世界级城市中轴文明景观带。

长江主轴将是武汉城市最大亮点,并用"并非第一、但要唯一"来回答未来武汉打造的城市格局。按照"一年打基础、两年出样板、三年初见效、五年成规模、十年基本建成"阶段目标任务,有步骤地推进。近期建设重点将放在核心段范围,即北至长江二桥,南至长江大桥之间近20平方公里的陆地和水域面积。

对标伦敦泰晤士河、香港维多利亚港、上海黄浦江两岸等轴线,要打造成媲美世界一流城市的主轴线、独一无二的城市格局,一批世界级城市地理坐标必不可少。从地图上看去,绿地汉正中心项目扼守两江交汇处,背靠汉口商业腹地,与汉阳、武昌隔江相望,处于长江主轴上的核心区段,长江大桥、二桥横截东西,沿长江主轴规划建设的"长江左岸大道"和"长江右岸大道"分割南北,共同构成一个"口"字布局,其规划建设的250米双子座高楼就像一个"长江之门",屹立于这个长江主轴核心区的核心上。

长江过去是一个天堑,现在把它变成一个美丽的画轴,成为引领城市发展的一个带动的支撑点。以长江主轴为统筹,打造城市交通轴、发展轴、文化轴、生态轴、景观轴。集中发展包括商业、金融、信息、咨询、文化创意、旅游等高端服务业是武汉现代化建设之大集成,是"现代化"大武汉的体现。而这个"现代化"武汉的步伐正在通过左岸上的汉正街中央服务区、右岸上的武昌滨江商务区串联起来。

(2) 汉正街中央服务区成为长江主轴重点功能区

从最新的规划内容来看,长江主轴范围内集中发展高端服务业,作为长江主轴规划建设的重点功能区块,汉正街中央服务区,是大武汉面向全球的现代服务业核心功能区,将在武汉两江交汇区域,建设以现代金融、高端商贸、高尚住宅及文化旅游休闲于一体的世界级滨水中央服务区,成为武汉最具科技动感活力及时尚生活体验的示范区。

江汉汇流,三镇鼎立,是大武汉的城市格局之魂。而被誉为"天下第一街"的

汉正街,地处城市中心,不仅是大汉口的发源地,更是城市商业发展之根。随着时代的发展,传统的商业形态和落后的基础设施已经成为汉正街未来发展的障碍,特别是在新的长江主轴战略规划的背景下,两江交汇处的汉正街核心区域,告别传统业态,定位为汉正街中央服务区,是一次关键的转型升级过程,将成为未来城市的超级核心。近期,市领导在汉正街调研时再次强调,汉正街是长江主轴的重要节点和全市现代服务业的重要功能区。

汉正街中央服务区负责人称,这是武汉长江主轴上最大的现代服务业项目,总投资逾300亿元,将大手笔建设武汉金融中心区。根据金融规划,未来武汉将形成"一心、两核、资本谷"的空间结构。"一心"即汉正街,打造汉正街国际金融中心区。

自汉正街2011年启动棚户区改造以来,距今已有近七年的时间。而在2016年,汉正街改造终于取得不少突破性进展。绿地拿下沿江一号二期地块,启动绿地汉正中心项目,目前项目已经开工。其规划中的2栋250米超高双子塔甲级办公楼将成为汉正街未来重要的金融地标。同年底,武汉市国土资源规划局网站上公示了位于江汉区沿河大道与民族路交汇处的"绿地汉正中心"项目规划方案,标志着汉正街中央服务区重点项目落地,世界级滨江金融中心再添新的地标,绿地汉正中心正在依托全新的汉正街和快速发展的城市,穿越时空、融合历史、面向未来,成为展示城市文明进程的窗口。

(3) 绿地汉正中心融入城市战略布局

作为城市运营者,绿地集团根据武汉未来发展潜力提前布局,以地标性建筑成为城市经济发展活力因子。随着长江经济带已经上升为国家战略,长江主轴将成为长江经济带的发展引擎。2010年,绿地携300亿巨额投资进驻武汉,真正完成绿地整个长江战略布局。武昌滨江商务区核心636米绿地中心拔地而起代表着武汉城市新高度,一定程度上代表了一座城市的形象和尊严,同时跨越了建筑的领域范畴,将延伸到产业、经济、城市格局等方面,真正将地产价值、城市价值与经济价值进行立体化结合,成为武汉国际性的时空坐标。

位于两江交汇处的汉正街中央服务区绿地汉正中心以250米高度成为武汉最高的双子塔,再次刷新城市新高度,引领着未来汉正街商业形态新的发展方向。两座建筑依江而立,遥相呼应,矗立于长江主轴核心区域南北两岸,共同成为长江主轴的地理坐标,穿越时代的长江之门,一个象征着武汉城市发展的新高度,一个象征着"敢为人先,追求卓越"的武汉城市精神。

四、长江中游城市群战略

2015年4月5日,《长江中游城市群发展规划》已经国务院批复实施。这是

《国家新型城镇化规划(2014—2020年)》出台后,国家批复的首个跨区域城市群规划。长江中游城市群正式定位为中国经济发展新增长极、中西部新型城镇化先行区、内陆开放合作示范区和"两型"社会建设引领区,旨在推动中国经济朝着健康稳定的方向发展。长江中游城市群以武汉为中心,还包括黄石、鄂州、黄冈、仙桃、潜江、孝感、咸宁、天门、随州、荆门、荆州、河南省的信阳、江西省的九江、湖南省的岳阳,其中,12个为地级城市,3个为省直辖县级市。目前区域内部已形成一定的经济联系,随着武汉市综合经济实力的增强,区域内的经济联系将更加紧密。武汉号称九省通衢,东西有长江黄金水道,南北有京广铁路,经济实力和辐射影响力都很强。长江中游城市群将是中国具有优越的区位条件、交通发达、产业具有相当基础、科技教育资源丰富的城市群之一,在中国未来空间开发格局中,具有举足轻重的战略地位和意义。

1. 长江中游城市群范围及其发展历程

"长江中游城市群"最初是湘鄂赣三省联手谋求全国区域发展新增长极,以武汉城市圈、长株潭城市群、环鄱阳湖城市群等合作打造的国家规划重点地区,又称"中三角"。

(1) 城市群概念及其特点

城市群是城镇化进入到一定阶段后的产物。它是在特定地域范围内,若干不同规模等级的城镇及其腹地,依托发达的基础设施网络,共同发展形成的集约紧凑、联系紧密、功能互补、等级有序,并最终实现一体化的城镇群体。城市群的基本特征是:每个城市群都有一个、两个或者多个经济比较发达、具有较强辐射带动作用的中心城市,这些中心城市是城市群的核心和领导城市;城市群内的城镇具有不同的等级体系,各个城镇承担的功能和作用不同,功能互补性较强;城市群内各城镇之间以及中心城市与腹地之间经济社会联系密切,一体化程度较高,最终将形成规划同编、产业同链、城乡同筹、交通同网、信息同享、金融同城、市场同体、科技同兴、环保同治、生态同建的经济共同体和利益共同体;随着经济发展和城镇化的推进,城市群的地域范围逐步扩大,处于不断变化之中;在全国城镇体系中,城市群具有不同的层次,如世界级、国家级、区域级等。较高层次的城市群一般由多个相互邻近的较低层次的城市群(圈)有机组合而成。

(2) 长江中游城市群的范围

长江中游从湖北宜昌至江西湖口,全长955公里,流经湖南的洞庭湖和江西的鄱阳湖,是中国大江大湖汇聚之地,也是世界上淡水湖泊最多的地区之一。长江中游地区拥有江汉平原、洞庭湖平原和鄱阳湖平原,是中国三大平原之一长江中下游平原的重要组成部分。区内交通区位条件优越,工农业生产较为发达,人口和城镇分布密集,资源和环境承载能力较大,是中国加快工业化和城镇化的国

家级重点开发区域。

早在1995年,国内就有学者提出依托鄂湘赣"加速建设长江中游城市群区"。随后,一些学者从不同角度对推进长江中游城市群建设进行了探讨。但由于长江中游城市群还处于不断形成发展之中,因而不同学者对其范围界定具有较大差异。归纳起来,主要有四种观点:一是早期的湘鄂赣城市密集区观点,并把其范围限定在长江中游下段,南北向京广线、京九线与东西向浙赣线交汇范围内;二是长江中游城市带的观点,其范围包括长江中游沿线的九江、黄石、鄂州、武汉、荆州、岳阳、宜昌等7城市,以及邻近的常德、益阳、仙桃、孝感、咸宁、随州、黄冈等城市;三是大武汉都市圈的观点,其范围以武汉城市圈为中心,向东至九江,向西至荆州,向南至岳阳,向北至信阳,包括湖北省的武汉、黄石、鄂州、黄冈、仙桃、潜江、孝感、咸宁、天门、随州、荆门、荆州,河南省的信阳,江西省的九江和湖南省的岳阳等15个城市;四是"三圈(区)合一"的观点,即以武汉城市圈、长株潭城市群和鄱阳湖生态经济区为基础构建长江中游城市群。在此基础上,还有学者把湖北宜荆荆(宜昌、荆州、荆门)城市群加入进来,提出"四圈(区)合一"的设想,或者把武汉1+8城市圈和宜荆荆城市群整合为大武汉9+3城市圈。需要指出的是,鄱阳湖生态经济区与武汉城市圈和长株潭城市群是不同的概念,二者缺乏可比性。

考虑到地理邻近性、功能互补性、联系紧密度、共同利益诉求、发展基础和潜力等因素,我们认为,构建长江中游城市群应以武汉城市圈、长株潭城市群和环鄱阳湖城市群为主体,在进一步抓好三圈(群)内部一体化的基础上,加快"三圈(群)融合"的步伐,在更大范围、更高层次、更广领域推进一体化进程,使"三圈(群)"逐步融合为"一体",最终形成一体化、跨省域的长江中游城市群。其中,武汉城市圈以1+8为基础,包括武汉、黄石、鄂州、黄冈、孝感、咸宁、仙桃、天门、潜江9市,并把长江中游沿岸或邻近的宜昌、荆州、荆门纳入;长株潭城市群以现有3+5城市群为基础,包括长沙、株洲、湘潭、岳阳、益阳、常德、娄底、衡阳,并把联系密切的江西萍乡纳入;环鄱阳湖城市群包括环鄱阳湖区周边的南昌、九江、景德镇、鹰潭、上饶、抚州6市,并把邻近的宜春、新余纳入。这样,长江中游城市群共包括29个城市,其中,副省级和省会城市3个,地级城市26个。

(3) 长江中游城市群发展历程

若按所涉及的29个地级及以上城市计算,长江中游城市群总面积为30.44万平方公里,分别占中部和全国的29.6%和3.2%;长江中游城市群人口、城镇和产业相对密集,是中部地区经济发展的核心区域,其在促进中部崛起和全国经济发展中起着重要作用。

2006年4月,中共中央、国务院《关于促进中部地区崛起的若干意见》出台;2012年2月10日,长江中游城市集群三省会商会在武汉东湖国际会议中心举行。来自中国工程院、中国社会科学院、国家发改委、国务院发展研究中心等国家部委

第十章　武汉之谋划

和科研院所的领导和学者,以及由湖北、湖南、江西三省省委、省政府主要领导率领的代表团参加了会议,就共同推进长江中游城市集群建设进行深入探讨,并达成高度共识。这标志着长江中游城市集群从构想、探索,进入全面启动和具体实践新阶段。

2012年12月底,国务院总理李克强在江西九江主持召开区域发展与改革座谈会。谈到长江中游城市群,他对安徽、湖南、湖北、江西等省负责人说,把安徽吸纳进来。"长江中游城市群"最初是湘鄂赣皖四省联手谋求全国区域发展新增长极,以武汉城市圈、长株潭城市群、环鄱阳湖城市群、江淮城市群等合作打造的国家规划重点地区,又称"中四角"。

2013年,三省携手深化为四省共襄,"长江中游城市群"从呼之欲出到瓜熟蒂落,一个新经济地理概念水到渠成。2013年2月下旬,长江中游城市群四省会城市首届会商会在武汉举行,长沙、合肥、南昌、武汉四省会城市达成《武汉共识》,将联手打造以长江中游城市群为依托的中国经济增长"第四极"。按照《武汉共识》,四省会城市将在九个层面深入开展协作,包括:共同谋划区域发展战略,推动自主创新、转型发展合作,推进工业分工合作,共同推进内需发展和区域开放市场体系建设,共同推进交通基础设施建设,推进生态文明建设,共同建设文化旅游强区,共建公共服务共享区,共建共享社会保险平台。与此同时,四省会城市交通、科技、商务、卫生等十一个部门也分别签署协议,将加强交通基础设施,推进科技资源相互开放和共享,鼓励科技成果、科技人才、创业资本等科技要素流动,建立医疗服务共享和新型农村合作医疗实现跨市结算等。

2013年6月,在汉召开首届长江中游城市群建设论坛,论坛提出加快建设长江中游城市群环状快速铁路网,合武客专将升级为高铁,并实现提速。论坛上,长沙、南昌、合肥、武汉四城市社科院还签订战略合作协议,决定定期举办"长江中游城市群建设论坛",由四市轮流承办,共同开展长江中游城市群建设的顶层设计。

2014年2月27日至28日,长江中游城市群省会城市第二届会商会在长沙举行。2月28日,长沙、武汉、南昌、合肥四省会城市共同签署发布了《长沙宣言》,携手冲刺中国经济增长"第四极"。《长沙宣言》约定,四省会城市要积极放大长江中游城市群的国家战略优势,共同建设具有国际竞争力的特大城市群,共同推动区域开放融合、创新发展,并就健全四省会城市交流合作保障机制达成了共识。按照"核心带动、多极协同、一体发展"原则,构建新型城市化合作体系和利益协调机制,全面提升省会中心城市高端服务和辐射引领功能,共同探索区域发展新模式;合作推进国家总体规划进程,争取重大基础设施布点,争取重大示范点政策,争取重大产业专项布局,争取重大环保项目布局;加快推进区域营商环境、要素市场、创新网络建设,全面巩固和深化专项领域合作;完善联席会议制度,建立重大项目调度机制,对四省会城市共同推进的重大项目、重大政策,逐项试行牵头负责制。

2015年4月5日,经李克强总理签批,国务院批复同意《长江中游城市群发展规划》,规划涵盖湖北、江西、湖南、安徽四省,标志着"中三角"格局正式得到国家批复,而此前一直参与长江中游城市群规划的安徽省因已被划入长江三角洲城市群的范畴之中,正式退出"中四角"格局。

2. 发展规划

(1) 主要特征

三极三圈三核。在长江中游城市群中,三个特大城市武汉、长沙和南昌,呈"品"字形分布,分别为三省的省会和中心城市,是三个都市圈的"首位城市"和"核心力量"(是为"三核");并以三核为心形成武汉都市圈、长沙都市圈、南昌都市圈共三大都市圈(是为"三圈");三大都市圈,在各省的经济总量中所占的比重均在60%以上,是带动周边地域经济发展的拉动力量,是推动三省经济的发动机和"中部崛起"的增长极(是为"三极")。

主轴成环,城市同带。以武汉—岳阳—长沙—南昌—九江—武汉之间的铁路、高速铁路、高速公路和部分长江水道构成横跨湘鄂赣三省的"环形"快速通道,成为三省生产力布局、城市化和区域经济的主轴;沿轴分布有18个大中型城市和13个县级市(核心城市50公里半径内市、区、县级市计算在内),形成狭长形环状城市密集条带,其物理地理空间呈"条带成环,沿岸分布"的特征(世界5大城市群有3个具"沿岸"特征)。

珠联璧合,相映生辉。城市圈、城市带和城市群,沿以幕阜山脉、九岭山脉为中心的山麓及外沿分布,城市群和位于其间的山岳森林景区(城市后花园),二者巧夺天工、举世无双的组合,可谓珠联璧合、相映生辉。

(2) 发展定位

按照2010年12月国务院审批的《全国主体功能区规划》,由武汉城市圈、长株潭城市群以及鄱阳湖生态经济区为主体的长江中游地区被列为国家重点开发区域。发展方向和定位的具体表述为:充实基础设施,改善投资创业环境,促进产业集群发展,壮大经济规模,加快工业化和城镇化,承接优化开发区域的产业转移,逐步成为支撑全国经济发展和人口集聚的增长极。

(3) 发展趋势

将现有长江中游城市群"扩容"。中国经济一体化的关键是进一步加快统一市场建设,消除区域间的贸易壁垒,各省大城市实力过分集中,中小城市发展滞后,应整合现有资源,将现有长江中游城市群"扩容"。在鄂湘赣三省现有城市群的基础上,把属于长江中游的多个城市吸纳进去,"扩容"后整合成长江中游城市群。

打造3小时都市商圈。武汉是国家著名的老工业基地和中部地区最重要的经济中心,具有相对完整成熟的产业体系。目前,以武汉为中心已经形成了以光电信息产业和生物医药产业为主体的高新技术产业群。沿长江的"宜昌—武汉—黄石"高新技术产业带和沿汉江的"十堰—襄阳—武汉"汽车工业走廊,其经济实力、产业规模、科技水平、发展前景等都较为突出。而长沙、株洲、湘潭是湖南的"金三角",地方财政收入约占2/5;沿京九铁路布局的昌九工业走廊,包括7个省级开发区和1个国家级经济技术开发区,是江西省加工制造业基地和引进外资的主要平台。上述区域主要城市之间的通勤距离基本上都在3小时车程内,无论是从经济规模、产业规模还是交通方面都已经具备了打造3小时都市圈的条件。

(4) 重点任务

城乡统筹发展。坚持走新型城镇化道路,强化武汉、长沙、南昌的中心城市地位,依托沿江、沪昆和京广、京九、二广等重点轴线,形成多中心、网络化发展格局,促进省际毗邻城市合作发展,推动城乡发展一体化。

基础设施互联互通。围绕提高综合保障和支撑能力,统筹推进城市群综合交通运输网络和水利、能源、信息等重大基础设施建设,提升互联互通和现代化水准。

产业协调发展。依托产业基础和比较优势,建立城市群产业协调发展机制,联手打造优势产业集群,建设现代服务业集聚区,发展壮大现代农业基地,有序推进跨区域产业转移与承接,加快产业转型升级,构建具有区域特色的现代产业体系。

共建生态文明。着眼推动生态文明建设和提升可持续发展能力,建立健全跨区域生态环境保护联动机制,共同构筑生态屏障,促进城市群绿色发展,形成人与自然和谐发展格局。

公共服务共享。以推进基本公共服务均等化为重点,全面加强教育科技、医疗卫生等交流合作,共同推动文化繁荣,联合开发人力资源,创新社会治理体制,提升公共服务共建共享水准。

深化对外开放。把握全球化趋势和我国对外开放新格局,大力实施开放带动战略,共建开放通道和平台,推进国内外区域合作,提高开放型经济水准,为加快发展提供强大动力。

3. 推进长江中游城市群建设的重要意义

沿长江中游整合武汉城市圈、长株潭城市群和环鄱阳湖城市群,加快推进三圈(群)融合和一体化进程,并在此基础上构建世界规模级的长江中游城市群,使之成为支撑中国经济持续稳定快速增长的新一代主导地区,对于进一步扩大内需,支撑全国经济快速增长,全面提升国家竞争力,引领和带动中部地区崛起,促进长江流域开发和区域协调发展,保障国家粮食和生态安全,都具有十分重要的

战略意义。

(1) 有利于支撑全国经济持续快速增长

珠三角城市群、长三角城市群和京津冀都市圈是中国经济的三大核心区域,也是改革开放以来引领和支撑全国经济持续快速增长的主导地区。这三大区域对引领全国经济快速增长、提升综合国力和竞争力起到了至关重要的作用。实践证明,城市群已经成为引领全国经济发展的重要支撑和核心增长极。但应该看到,随着要素成本的全面上涨、资源和环境承载能力的下降以及过度集聚带来的不经济现象,近年来这三大城市群已经出现增长放缓的趋势,亟待加快转型升级。为保障和支撑全国经济的持续稳定快速增长,当前亟须在中部地区培育壮大一批城市群,使之成为引领和带动全国经济发展的新增长极。长江中游地区交通便利,区位优越,劳动力资源丰富,且水土配合条件好,各类要素成本较低,资源和环境承载能力较大,现有产业基础较好,是大规模集聚人口和产业,加快工业化和城镇化的国家重点开发区域。与长三角、珠三角和京津冀三大城市群相比,长江中游城市群面积大,其在发展后劲、开发潜力、水土配合、人力资源、生态环境、辐射国内市场等方面具有明显优势,通过整合资源和协同发展,有望成为继长三角、珠三角和京津冀之后引领中国经济增长的"第四极"。目前,长江中游城市群的开发强度还较低,其经济密度远低于沿海三大城市群。这表明,未来长江中游城市群的开发潜力巨大。

(2) 有利于扩大内需和中西部市场

当前,内需不足已经成为制约中国经济发展的一个重要障碍。造成内需不足的原因是多方面的,其中最重要的一点是,中西部地区尤其是中西部农村居民收入水平较低,导致居民有效需求和购买力不足。长江中游地区人口密集,鄂湘赣三省有人口1.67亿,其中长江中游城市群有1.15亿,这本身就是一个巨大的潜在市场。如果长江中游城市群能够达到长三角城市群的水平,将可以增加2万亿元的消费内需。更重要的是,长江中游城市群是规划建设中众多高速铁路的交汇处,在以武汉为中心的3小时高铁圈内,聚集着数亿人口,其市场空间广阔,潜力巨大。同时,长江中游城市群的建设还将会带来巨大的投资需求。因此,加快推进长江中游城市群建设,将有利于提高城乡居民收入,扩大投资和消费需求,是启动内需和中西部市场的重大战略举措。

(3) 有利于促进和带动中部地区崛起

当前中国已经进入城市群主导区域经济发展的时代,区域之间的竞争已经由单纯的城市间竞争转变为城市群之间的竞争。国内外的经验表明,城市群是实现区域经济快速发展的重要引擎和核心增长极。在当前群体竞争的时代,中部地区要实现全面崛起的目标,就必须充分发挥城市群的引领和辐射带动作用。目前,虽然中部六省都高度重视城市群的培育发展,并初步形成了以太原都市圈、中原城市群、皖江城市带、武汉城市圈、长株潭城市群、环鄱阳湖城市群六大城市群为主的发展格局,但限于行政区划的制约,各省均在自己行政区域范围内构建城市群,资源分割、力量分散,"六朵金花"一般大,形不成合力,难以真正带动整个中部地区的崛起。因此,依托长江中游地区,加强鄂湘赣三省合作,培育形成具有世界影响和国际竞争力的长江中游城市群,加快武汉城市圈、长株潭城市群和环鄱阳湖城市群三圈(群)融合、联动发展和一体化进程,将有利于发挥城市群的引领和辐射带动作用,促进中部地区加快崛起。一方面,推进长江中游城市群建设将有利于形成一个更具竞争力和发展潜力的核心增长区域,为中部地区全面崛起提供强劲动力;另一方面,还可以充分发挥长江中游城市群的核心增长极作用,引领和辐射带动整个中部地区的转型跨越,实现全面崛起的目标。

(4) 有利于推动区域经济协调发展

长江流域是中华文明的发源地之一,长江流域经济在中国历史上有着十分重要的作用。要实现中华民族的伟大复兴,长江流域复兴是关键。1987年编制完成的《全国国土总体规划纲要》,将长江沿江地区与沿海地区并列为中国国土开发和经济建设的"T"形主轴线。目前,沿海经济带的开发开放格局已经形成,而长江经济带的建设仍然任重道远。尤其是,自改革开放以来,长江上中下游地区分化明显,发展差距不断扩大。为加快长江流域开发开放,近年来国家先后在长江下游地区批复了《江苏沿海地区发展规划》《皖江城市带承接产业转移示范区规划》《长江三角洲地区区域规划》《浙江海洋经济发展示范区规划》等,在上游地区批复了《成渝经济区区域规划》,并设立了重庆两江新区。相比之下,中游地区除《鄱阳湖生态经济区规划》外,国家层面的区域规划较少。长江中游地区具有连南接北、承东启西的区位优势,在全国交通通信网络和市场体系中处于重要的枢纽地位。因此,加强国家层面的规划,大力推进长江中游城市群建设,将是实现中华民族伟大复兴的重大战略举措。它不仅有利于强健长江经济带"龙腰",加快推进长江经济带的开发开放,促进长江流域上中下游协调发展,为实现中华民族的伟大复兴构筑起龙的脊梁;而且还可以起到引领和支撑中部崛起,辐射带动大西南和大西北,充分发挥长江中游城市群在引领带动中西部、统筹区域协调发展中的战略支撑点作用。

(5) 有利于保障国家粮食和生态安全

目前,长江中游地区正处于工业化和城镇化"双加速"的关键时期。工业化和城镇化的快速推进,很容易与农业和粮食、生态和环境产生冲突,从而造成工业化、城镇化与农业现代化、生态环境不协调的局面。沿海珠三角、长三角等地区的经验教训值得深刻反思和总结。这些地区过去曾经是中国重要的粮食主产区,自改革开放以来,工业化和城镇化的快速推进不断吞食着大片农田,耕地面积大幅度减少,粮食生产呈现萎缩状态,农业现代化没有得到应有的重视。目前,广东、

浙江等地已由过去的粮食主产区转变为粮食主销区,而把保障国家粮食安全的重任转移到了中西部地区。

长江中游城市群地处长江中游平原,涵盖"一江两湖"(长江、洞庭湖、鄱阳湖),是中国重要的粮食主产区之一,也是当前水生态、水环境问题比较突出的地区。吸取珠三角、长三角等地的经验教训,从国家利益的战略高度,加强长江中游城市群的规划建设,切实搞好耕地保护和粮食主产区建设,加大湿地共同保护、港口共同开发、航道和湖泊共同整治、环境共同治理的力度,积极探索不以牺牲耕地和农业为代价,工业化、城镇化、农业现代化和信息化"四化"协调,经济发展与生态环境保护有机融合的跨越式绿色发展新路子,努力打造全国生态型城市群建设的示范区和"两型"社会建设的模范区,构建长江中下游水生态安全保障区,为全国大江大湖综合整治和"两型"社会建设提供示范,对保障国家粮食和生态安全具有重要的战略意义。

五、全面创新改革试验区战略

中共中央办公厅、国务院办公厅印发《关于在部分区域系统推进全面创新改革试验的总体方案》(简称《方案》),《方案》确定京津冀、上海等8个地区为"全面创新改革试验区",武汉名列其中。将武汉列入全面创新改革试验区域,以实现创新驱动发展转型为目标,开展系统性、整体性、协同性改革的先行先试。1个跨省级行政区域为京津冀,4个省级行政区域为上海、广东、安徽、四川,3个省级行政区域的核心区为武汉、西安、沈阳。

1. 指导思想

以实现创新驱动发展转型为目标,以推动科技创新为核心,以破除体制机制障碍为主攻方向,选择一些区域,开展系统性、整体性、协同性改革的先行先试。

2. 主要目标

力争通过3年努力,改革试验区域基本构建推进全面创新改革的长效机制,在市场公平竞争、知识产权、科技成果转化、金融创新、人才培养和激励、开放创新、科技管理体制等方面取得一批重大改革突破,每年向全国范围复制推广一批改革举措和重大政策,形成若干具有示范、带动作用的区域性改革创新平台,创新环境更加优化。

一些区域在率先实现创新驱动发展转型方面迈出实质性步伐,科技投入水平进一步提高,知识产权质量和效益显著提升,科技成果转化明显加快,创新能力大幅增强,产业发展总体迈向中高端,知识产权密集型产业在国民经济中的比重大幅提升,形成一批具有国际影响力、拥有知识产权的创新型企业和产业集群,培育新的增长点,发展新的增长极,形成新的增长带,经济增长更多依靠人力资本质量和科技进步,劳动生产率和资源配置效率大幅提高,发展方式逐步从规模速度型粗放增长向质量效率型集约增长转变,引领、示范和带动全国加快实现创新驱动发展,形成经济社会可持续发展新动力。

3. 基本原则:聚焦最紧迫、有影响、可实现的重大举措

问题导向,紧扣发展。把破解制约创新驱动发展的突出矛盾和问题作为出发点和落脚点,找准改革突破口,集中资源和力量,打通科技向现实生产力转化的通道,创造新的增长点,加快实现经济发展方式转变。

系统设计,统筹布局。把率先实现创新驱动发展作为根本目标,围绕国家区域发展战略,强化顶层设计,选准试验区域,统筹中央改革部署与地方改革需求,总体规划,年度分解,滚动推进,加快重大举措的复制和推广。

全面创新,重点突破。把科技创新和体制机制创新作为双重任务,以科技创新为核心,全面推进经济、科技、教育等相关领域改革,注重工作衔接,聚焦最紧迫、有影响、可实现的重大举措,大胆先行先试,营造创新驱动发展的良好生态和政策环境。

强化激励,人才为先。坚持把激励创新者的积极性放在各项改革政策的优先位置,解放思想,完善机制,给予科技人员合理的利益回报和精神鼓励,创新人才培养、使用和引进模式,充分激发全社会的创新活力。

4. 主要任务:推进政府职能转变,促进科技经济融合

探索发挥市场和政府作用的有效机制。进一步厘清市场与政府边界,明晰市场和政府在推动创新中的功能定位。最大限度发挥市场配置创新资源的决定性作用,加快推进知识产权、市场准入、金融创新等改革,构建技术创新市场导向机制,推进要素价格倒逼创新,实行严格的知识产权保护制度,营造公平竞争的良好市场环境。更好发挥政府作用,加快推进政府职能转变,进一步减少对市场的行政干预,建立和完善政府创新管理机制和政策支持体系,研究建立科技创新、知识产权与产业发展相结合的创新驱动发展评价指标,强化创新政策与相关政策的统筹协调,促进军民融合发展,加快形成职责明晰、积极作为、协调有力、长效管用的创新治理体系。

探索促进科技与经济深度融合的有效途径。进一步打通科技创新与经济发展之间的通道。强化体制机制创新与科技创新的协同。着力改变科研与市场分离状况,加快推进科研院所、高等教育等改革。按照遵循规律、强化激励、合理分工、分类改革的原则,加快科研院所改革,探索去行政化,发展社会化新型研发和

服务机构。深化高等教育体制改革,探索培育创新型人才的有效模式。加速促进科技成果的资本化、产业化,增强科技对经济社会发展的支撑、引领作用。推进构建以企业为主体、政产学研用结合的技术创新体系,加强知识产权运用和服务,促进创新资源向企业集聚,充分激发企业创新的内生动力。

探索激发创新者动力和活力的有效举措。进一步用好利益分配杠杆,让创新人才获利,让创新企业家获利。建立规模宏大、富有创新精神、敢于承担风险的创新型人才队伍,加快推进人才流动、激励机制等改革,强化对创新人才的激励,实施更加积极开放的创新人才引进政策,打破创新人才自由流动的体制机制障碍,促进科研院所、高等学校人才与企业科技人才的双向流动,完善知识产权归属和利益分享机制,探索充分体现智力劳动价值的分配机制,实现人尽其才、才尽其用、用有所成。

探索深化开放创新的有效模式。充分利用全球科技成果和高端人才,开展更高层次的国际创新合作。加快推动建立深度融合的开放创新机制,深化外商投资和对外投资管理体制改革,推进科技计划对外开放,探索更加开放的创新政策、更加灵活的合作模式,鼓励外资企业引进更多的创新成果在我国实现产业化,促进国内技术和国内品牌走出去,扩大国际科技交流合作渠道和范围,主动融入全球创新体系,充分利用全球创新资源。

六、国家中心城市与世界亮点城市战略

国家中心城市是我国经济一体化的战略要地,对国家经济具有控制能力并支配区域战略资源的配置,对国家经济格局具有举足轻重的影响。非均衡发展,是大国崛起的一般规律,在沿海地区率先改革开放、西部大开发成功推进并取得巨大成功后,党中央、国务院于2004年作出促进中部地区崛起的重大战略决策,这些都为中国出现区域经济中心的国家中心城市提供了客观基础。2017年1月25日,"国家中心城市"再增两个——武汉、郑州。至此,被明确定位建设国家中心城市的地方有北京、天津、上海、广州、重庆、成都、武汉、郑州8座。

1. 国家中心城市的内涵

所谓国家中心城市,是指处于中国城镇体系最高位置的城镇层级。肩负重要发展职责、作用,这样级别的城市要在全国具备引领、辐射、集散功能,涉及政治、经济、文化、对外交流等多方面的表现。国家中心城市是全国城镇体系的核心城市,在中国的金融、管理、文化和交通等方面都发挥着重要的中心和枢纽作用,在推动国际经济发展和文化交流方面也发挥着重要的门户作用。

公开报道显示,"国家中心城市"概念最早在2005年提出。原建设部(现住房

和城乡建设部)依据城市规划法编制全国城镇体系规划时,提出"国家中心城市"的概念。2007年,由原建设部上报国务院的《全国城镇体系规划(2006—2020年)》中指出:国家中心城市是全国城镇体系的核心城市,在我国的金融、管理、文化和交通等方面都发挥着重要的中心和枢纽作用,在推动国际经济发展和文化交流方面也发挥着重要的门户作用。国家中心城市应当具有全国范围的中心性和一定区域的国际性两大基本特征。

2010年,住建部发布的《全国城镇体系规划(2010—2020年)》明确提出五大国家中心城市(北京、天津、上海、广州、重庆)的规划和定位。2016年5月,国家发改委和住建部联合发布《成渝城市群发展规划》,将成都定位为国家中心城市。重庆和成都也先后成为西部内陆地区城市开发的高地。2016年12月26日,经国务院正式批复,国家发改委发布《促进中部地区崛起"十三五"规划》,规划支持武汉、郑州建设国家中心城市。至此,已经有北京、天津、上海、广州、重庆、成都、武汉、郑州等8座城市被明确定位为国家中心城市。

国家中心城市应当具备以下功能特征:经济集聚功能,主要体现为经济增长能力和商贸集聚能力;空间辐射功能,主要体现为区域辐射能力、信息枢纽能力和交通枢纽能力;对外开放功能,主要体现为国际贸易能力和国际交流能力;文化创新功能,主要体现为科技创新能力和文化影响能力;管理服务功能,主要体现为行政管理能力和社会服务能力;生态保护功能,主要体现为资源节约能力和环境保护能力。综上所述,国家中心城市是指那些在全国城镇体系中具有核心控制作用,在全球城市网络体系中具有重要的功能节点作用的特大中心城市。其兼具国内与国际的双重使命,是全国政治、经济、文化、环境、服务等综合发展水平的最高代表,对周边地区的发展有着长远的带动和辐射作用;同时,是全球资源的集散地和决策中心,是国家对外开放的门户和载体。

"国家中心城市要完成国家赋予的国家战略的实现,比如'一带一路'战略,国家中心城市就必须在其中起到核心的节点作用;当前中国正在进行产业转型升级,从中国制造到中国创造,要参与全球的产业分工,提升产业分工的层次;同时还要设立各类对外开放的平台,比如自由贸易区,统筹建设国际交流区,提升中国国际化程度和国际竞争力;建立国际性的综合交通枢纽,提升中国的国际门户和枢纽地位等等,都需要国家中心城市带动。"还有一些重要的国家战略,比如科技创新、科教兴国、传统文化传承发展、绿色发展等,这些战略的实施,需要国家中心城市来释放引领作用。

2. 武汉建设国家中心城市的背景与优势

(1) 背景

中国经济增长预测。高盛集团在2004年的报告中称,中国的经济增长率即

使到2020年降为5%,2040年降为3.5%,那么中国也将成为2040年全球最大经济体。亚太经合组织关于2060年的全球经济展望报告称,以2005年的购买力平均价格计算,预计在2010—2030年间,中国经济年均增长率将保持在6.6%左右,而全球仅为3.7%;到2020年,中国经济将超过美国,占到全球经济的28%。卡内基国际和平基金会通过分析研究,预测中国经济将在2030年超过美国,2050年达到82万亿美元,而美国仅为44万亿美元。国内学者林毅夫认为,我国将有能力保持8%的经济增长率在20年内不下滑,据此推算大约到2035年中国经济总规模将超过美国(按汇率计算)。因此,按照国内外学者的分析,在2030年以前中国经济将保持6%~8%的较快增长,2030—2050年中国经济将维持3%~4%的缓慢增长。

全国经济发展格局。到目前为止,中国主要分为五大经济板块:长三角城市群、京津冀都市圈、中三角城市群、珠三角城市群和成渝城市群。在未来的20~30年,中国的经济发展将进一步向这五大板块集聚,而中三角城市群在五大板块中的经济比重将呈现上升趋势。根据相关部门的预测:到2050年,五大板块的GDP占全国的65%左右,中三角城市群占五大板块的比重将上升到10%~12%。

武汉经济总量预测。通过经济增长率法测算:2010—2020年,武汉的GDP增长率将持续保持在10%左右。2020—2030年,将保持在7%左右。据此推算,2030年,武汉的GDP将达到3万亿元。2030—2050年,武汉的GDP增长率为4.5%,2050年武汉的GDP将达到7万亿元。

(2)自身优势

从历史发展来看,武汉长期承担着全国性中心城市的功能。武汉拥有三镇鼎立、两江交汇的独特城市格局,地处要塞而且水资源丰富,一直都是战略重地。明清时期,中国商品经济开始萌芽,武汉便是全国仅有的重要发展地区之一。近代以来,随着对外通商、洋务运动及新中国工业基地的建设,武汉创造了辉煌的城市发展历程,长期位居国家战略中心城市之列。对外通商的发展,使武汉成为广大内陆市场与国际市场相接轨的重要节点;洋务运动的开展,加快了武汉的工业化进程,使其与上海、天津并列成为全国的三大制造业中心;新中国成立初期一直到改革开放初期,武汉都是全国的工业重镇;直到20世纪80年代,武汉仍然是全国的经济、工业和商业中心。就目前来看,武汉的比较优势在中部地区甚至是全国范围内都表现突出。

展望全国,没有哪一个城市像武汉这样渴望崛起,就如同全球没有哪一个国家像中国这样渴望崛起一样,是如此的相似。武汉和中国一样,在历史的长河中,曾经长期保持辉煌,所以现在渴望崛起。明清时期,武汉是中国"四大名镇",自汉口开埠通商,张之洞督鄂以来,武汉成为中国近现代工商业文明发祥地和重镇。孙中山先生在《建国方略》中期许武汉建成"东方芝加哥",大武汉由此扬名海内外。辛亥首义,武汉"敢为天下先";抗日战争,"保卫大武汉"响彻全国;新中国成立后,武汉成为重要的重工业基地,武汉曾经长期走在全国前列。改革开放以来,沿海地区率先对外开放,武汉与沿海地区差距迅速拉大。得益于西部大开发的政策和直辖的优势,重庆迅速发力,超过了武汉,武汉在全国城市中的地位下滑,在经过一段艰难的调整期后,武汉终于再次进入新的上升周期。

3. 武汉国家中心城市建设方向

国家发改委网站公布《关于支持武汉建设国家中心城市的复函》,明确要求武汉以全国经济中心、高水平科技创新中心、商贸物流中心和国际交往中心等四大功能为支撑,加快建成国家中心城市。

增强辐射中部的现代服务功能。武汉要增强辐射中部的现代服务功能。推动科技资源开放共享,支持有条件的高校建设一流大学和一流学科,建设具有国际知名度的科教中心。深入开展大众创业、万众创新,打造环大学创新生态圈。加快引进世界知名研发机构,建设信息服务和数据处理中心、网络安全人才与创新基地。同时,大力发展现代服务业。创新发展科技金融、绿色金融,加快推进现代物流创新发展城市试点,并引进、培育国内外高端知名会展品牌,加快发展文化创意和设计服务业。《关于支持武汉建设国家中心城市的指导意见》(以下简称《意见》)还要求武汉加快建设产业创新中心。聚焦信息技术、生命健康、智能制造重点产业,构建全新的产业创新体系;积极推进区域协同创新,打造汽车、电子信息、高端装备等世界级制造业集群;加快国家存储器、国家航天产业基地等建设,构建未来产业、战略性新兴产业和支柱产业相融合的迭代产业体系。

打造全国重要综合交通枢纽。建设长江中游航运中心,形成全国铁路路网中心,打造国际门户枢纽。未来,武汉要加快形成沿江高铁及武汉至周边重要城市的高铁大通道,建设完善武汉枢纽货运系统,并统筹建设"中欧班列(武汉)",建设境外分拨集散中心,强化武汉战略保障基地铁路快速直达范围和运输功能。与此同时,将天河机场打造成为衔接高铁和城市交通的大型国际门户综合枢纽,规划建设第二机场,打造武汉区域专业航空货运枢纽。积极推进低空开放,推进武汉区域通用航空取得突破。

构筑面向全球的内陆开放高地。武汉探索内陆城市开放新模式,积极营造国际化、市场化、法治化营商环境。全面融入"一带一路"战略,加快中国(湖北)自由贸易试验区武汉片区建设,不断提高投资自由化、贸易便利化水平。积极吸引更多的国际性组织、国际商会(协会)和国际经贸促进机构落户武汉。《意见》还要求武汉放宽外资准入,鼓励外资设立各类功能性、区域性总部和分支机构,并有序扩大服务业对外开放,加快汽车及零部件出口、科技兴贸、船舶出口等外贸出口基地和品牌建设。

  建设国际知名的美丽宜居城市。武汉要合理开发水资源和岸线资源,确保水土资源不超载。并大力保护水资源,修复水生态,塑造水景观,建设国际湖泊名城。同时,传承长江文明,探索通过市场化方式设立长江文明传承与发展基金,深度挖掘楚文化、三国文化、近代工商都市文化、水文化等内涵,提升武汉文化在世界文化体系中的知名度。在城市宜居方面,要求武汉逐步改善人居环境,建设"公交都市",实施拥抱蓝天行动计划、绿满江城行动计划,加快海绵城市和地下综合管廊建设。

第十一章　武汉之复兴

第一节　武汉之机遇

一、武汉之国家风向标

从城市的发展历程可以发现,武汉在历史上先后三次体现了国家战略地位:第一次体现国家战略地位——明末清初四大名镇之一;第二次体现国家战略地位——20世纪初对外通商口岸和近代工业城市;第三次体现国家战略地位——"三线建设"时期工业基地和物资调拨枢纽。武汉作为一座有着悠久历史的城市,其发展与起起落落一直体现着国家战略风向标的地位。并且从新中国成立以来城市的起伏与国家战略息息相关:当国家实行非均衡、外向战略的时候武汉的地位下降,当国家实行相对均衡、内向战略的时候武汉的地位上升。

不能回避的是,武汉历史上的大发展时期都依赖于强大的外力作用,当前的发展机遇仅仅是历史长河中的一个片段,我们认为只有将优势和机遇转化为城市内在积极进取的动力,才会具有可持续性,才能进一步确定武汉在国家战略中的重要位置。当前,武汉面临着第四次体现国家战略地位的新机遇——复兴大武汉,建设国家中心城市,是武汉必须肩负的国家使命。既从宏观政策、经济发展趋势、企业选择等视角都反映出武汉积极向上的态势,也回应了武汉长期以来积累的区位、人才、市场和技术的四大优势。

《2017国家中心城市发展报告》对目前已有的8个国家中心城市给出了综合评估排名,排名依次为北京、上海、广州、重庆、天津、武汉、成都、郑州。该报告从国家中心城市的综合实力、中心作用与战略影响3个一级指标出发:综合实力排名依次为北京、广州、上海、武汉、天津、重庆、成都和郑州;中心作用排名依次为北京、广州、上海、重庆、武汉、天津、成都和郑州;战略影响排名依次为上海、北京、重

庆、天津、广州、成都、武汉和郑州。

整体来看,武汉在综合实力、中心作用上都排到了前五,仅战略影响排名稍落后。武汉将以全国经济中心、高水平科技创新中心、商贸物流中心和国际交往中心等四大功能为支撑,加快建成国家中心城市、世界亮点城市。可以看出,武汉未来蓝图与国家的战略定位是吻合的。

二、武汉之机遇

在过去的三十年中,中国经济取得了举世瞩目的成就。2017年中国经济发展也取得了良好的成绩。中国国家统计局总经济师盛来运在谈及《2017年国民经济和社会发展统计公报》时指出,2017年中国经济实力实现新跃升。当年,中国国内生产总值(GDP)占世界经济的比重为15%左右,比5年前提高3个百分点以上,稳居世界第二位。数据显示,2017年,中国国内生产总值比上年增长6.9%,总量超过80万亿元,达到82.7万亿元。按年平均汇率折算超过12万亿美元。当年,中国经济增量折合1.2万亿美元,相当于2016年澳大利亚的经济总量。6.9%的增速比上年提高0.2个百分点,这也是中国年度经济增速近7年首次反弹。除经济保持中高速增长外,盛来运指出,2017年中国的综合国力和国际影响力均迈上新台阶。

根据武汉市统计局、国家统计局武汉调查队联合发布的《2017年武汉市经济运行情况》,2017年武汉国民经济质量并进,稳中向好,多项指标创近年来新高,主要指标增速在全省实现由跟跑到领跑,总体实现全年经济发展目标。初步核算,2017年,武汉实现地区生产总值(GDP)13 410.34亿元,按可比价格计算,比上年增长8.0%,同比提高0.2个百分点,分别高全国、全省1.1个百分点和0.2个百分点,为2012年以来首次超过全省平均增幅,也是2010年以来首次同比回升,增速在全省17个市州中排第4位,上升9位,为近年来最好位次。总的来看,2017年武汉国民经济延续了稳中有进、稳中向好的发展态势,质量效益稳步提升,"三化"大武汉、国家中心城市和世界亮点城市建设迈出坚实步伐。

根据中国各省经济发展动态,2002年到2009年,是中国重化工业重新快速发展的重要时期,内蒙古借助煤炭资源丰富的优势,通过发展煤电重化工业,持续实现经济增速第一;2010—2013年,天津借助发展滨海新区,通过化工等行业快速发展,实现了经济增速第一;再后来是重庆通过向西部开放,通过承接沿海加工工业转移的轻工业发展,实现了经济发展的新动力。在全国经济进入新常态后,贵州通过发展大数据和旅游业,实现了"无中生有"的经济发展新优势。2016年底,国务院正式公布"十三五"国家战略性新兴产业发展规划》(以下简称《规划》),标志着我国新兴产业新一轮发展浪潮即将来临。自《规划》发布以来,在我国经济发展

第十一章 武汉之复兴

进入新常态的大背景下,战略性新兴产业增速全面回升,产业结构不断优化,产业投资不断升温,产业创新不断涌现,成为宏观经济平稳运行的重要力量。武汉在2016年、2017年通过一系列措施实现了农业稳定增长、服务业快速发展、投资较快增长、市场消费平稳、外贸大幅回升、财政较快增长、企业效益较好、新经济加快发展,在全国省市的经济增长中呈上升趋势。

国家发改委印发《促进中部地区崛起"十三五"规划》,明确提出支持武汉建设国家中心城市。武汉作为中部区块核心城市之一,西连"丝绸之路经济带"、东接"海上丝绸之路",承东启西、连南贯北。

我国的长江经济带战略,对于武汉发挥辐射带动作用寄予厚望,明确提出要发挥沿江包括武汉在内三个超大城市的核心作用。武汉处在长江经济带的特殊位置上,处在中国新的增长点和战略支点上。

从经济发展趋势看,中国正经历一个由沿海向内陆推进的过程。而放眼全球,中国也处在一个"由追赶变成领跑"的世界格局变迁中。武汉这座内陆滨江城市,需要以阔大的格局和胸襟面对变迁。

全面创新改革试验区、自主创新示范区、自由贸易试验区、"两型"社会建设综合配套改革试验……多项国家重大改革发展试点落户武汉,多重机遇叠加。

到2021年,武汉将高水平全面建成小康社会。放在实现"中国梦"和"两个一百年"目标的历史进程下审视,武汉规划建设"三化"大武汉、国家中心城市和世界亮点城市,是顺时应势的自觉选择,切实引领武汉奔向"青年之城、梦想之城、创新之城、活力之城"。

第二节 武汉之趋势

一、武汉经济的发展趋势

近日,中国社科院与联合国人居署共同发布了《全球城市竞争力报告2017—2018》。在排行榜前100中,我国共有21座城市入围,其中,武汉凭借近年来成功的经济转型、城市经济竞争力排在全球第40位。

未来,中三角地区将成为全国经济版图中的重要组成部分。武汉将承担起对外联系全球、对内辐射区域两个"扇面"的门户职能。随着内陆城市国际化的步伐不断加快,武汉将进一步融入全球经济体系。在这一时期,武汉需要建立国际门户枢纽的地位,建设国际化的航空港和信息港,以更加开放的姿态吸引跨国投资,同时扩大贸易展览和文化的交流。武汉需要将实体经济与虚拟经济相结合。武

汉本地有中国宝武武钢集团有限公司、武昌船舶重工集团、武汉锅炉股份有限公司、东风汽车集团有限公司、烽火科技集团武汉邮电科学研究院、长飞光纤光缆有限公司等实力雄厚的大企业,应以龙头企业为核心构建高端制造体系,代表国家参与全球竞争。武汉科教资源丰富、创新氛围浓厚,有能力在光电子、地理空间信息、生物医药、新能源等领域保持较强的国际竞争力。此外,武汉应提高服务能级,尤其是生产性服务业的水平,在金融、商贸、现代物流等领域体现城市的控制力,更好地为实体经济服务。

二、武汉空间的发展趋势

1. 人口变化趋势

我国人口发展趋势主要体现在三个方面:总量、城镇化与人口红利。按照联合国的预测,世界人口总量将从2011年的70亿人增长到2050年的93亿人。人口的增长主要集中在城市,城市人口将从2011年的36亿人增长到2050年的63亿人。其中,发展中国家城市人口的增长将成为主要动力,从2011年的27亿人增长到2050年的51亿人,同时期发达国家的城市人口仅增长1亿人。发展中国家剧烈的城市化进程将成为21世纪前50年全球人口变化的最主要特征。根据联合国的预测,预计2050年,我国人口将减少到13亿人左右,总体变化趋势呈现倒U形曲线。

据统计,2016年年末中国大陆总人口(包括31个省、自治区、直辖市和中国人民解放军现役军人,不包括香港特别行政区、澳门特别行政区和台湾省以及海外华侨人数)138 271万人,比上年末增加809万人。全年出生人口1786万人,比上年多增131万人,人口出生率为12.95‰;死亡人口977万人,人口死亡率为7.09‰;人口自然增长率为5.86‰,比上年提高0.9个千分点。

根据国家统计局的数据,2012年我国15～59岁的劳动年龄人口在相当长时期里第一次出现了绝对下降,比上年减少了345万人,达到9.37亿人。蔡昉(2012)预测,2013年人口红利拐点出现,在2013年中国劳动年龄人口将不再增长,之后则是负增长。同时他也指出,中国人口红利拐点的到来,将会对中国经济的增长起到显著的影响。根据OECD(2012)的预测,到2060年我国劳动人口比例将下降到61.4%。

第六次全国人口普查数据显示2010年中国城镇人口为6.6亿人,根据联合国的预测,2050年全国城镇人口将达到10亿人,即在40年间城镇人口净增加3.4亿人,其中异地移民将占城市人口的40%。随着大量的人口从农村迁移到城市,城镇化水平也将大幅升高。我国城镇化水平将从2012年的52.6%提高到2050

年的77.3%,之后将处于较稳定状态。

未来四十年是我国城镇化的加速阶段,但从趋势来看城镇化水平增速将逐渐放缓:2020年以前年均增速约为1.2%,2020—2030年年均增速为0.7%,2030—2050年降到0.4%。随着城镇化水平增速的放缓,我国城镇化将从侧重"量"的提高向强调"质"的提升转变。从国家层面来看,2013年左右就已达到人口红利的拐点。

2. 因城镇化而变化的区域规划

同经济份额进一步向全国五大重点板块集聚的趋势一致,未来人口也将进一步集聚。2010年长三角占全国人口的份额最高为16%,中三角(湖北、湖南、江西)占全国人口的12%,京津冀、广东和川渝各占8%,五大板块占全国人口的51%。预计未来人口将进一步集聚,五大板块占全国的比重将达到60%左右,中三角和川渝板块未来增长的潜力最大。预计中三角占全国人口的比重将从目前的12%左右上升到15%左右。

根据联合国(2011)的预测,到2025年世界将形成37个人口超千万的巨型城市,其中东京、德里、上海位列前三,武汉位列第26位,有1270万人。随着国家战略重点向中西部地区转移,加上武汉对周边地区强大的吸引力,未来区域城镇化(主要是省内人口流动)将成为武汉城镇化发展的主要动力。根据联合国对我国城镇化水平的预测以及对武汉人口增长趋势的判断,预测2030年武汉总人口为1300万~1400万人,城镇人口为1250万人,城镇化水平达到88%左右;2050年总人口为1600万~1800万人,城镇人口为1600万人,城镇化水平达到94%左右。

因此从区域角度来看,部分地区的人口红利仍然十分明显,我国正从国家人口红利向区域人口红利转变。一方面,长距离迁移的比例在减小,人们更愿意在省内或区域内的城市寻找就业的机会;另一方面,人口回流的趋势在加强,回流的重点地区也是区域内或省内的中心城市以及县城。人口区域化的趋势背后蕴含着经济和文化的意义:首先是生产组织的区域化能够降低物流成本,构造以区域为单元的垂直分工产业体系;其次是消费组织的区域化,人口特征、消费者偏好等因素导致消费市场空间的区域化,而集体消费也可以带来规模经济。再次,是文化认同的区域化,中国地域广阔,不同地区在语言习俗、生活方式等方面差异显著,因此文化地域的认同感是影响人们选择城市的重要因素。基于人口流动的区域化和本土化的趋势,未来中国的城镇化格局将以城镇群作为主体形态,县城作为重要支撑。《全国城镇体系规划(2006—2020年)》提出构建京津冀、长三角、珠三角三大都市连绵区,以及山东半岛、闽东南、北部湾、江汉平原等13个城镇群。《全国主体功能区规划》提出到2020年建设环渤海、长江三角洲、珠江三角洲地区三个特大城市群,以及哈长、江淮、海峡西岸、中原、长江中游等18个大城市群。

城镇群作为城镇化的主体形态已经达成了共识。

《武汉2049远景发展战略规划》（以下简称《规划》）中，将武汉城市空间形态定位为1个主城区＋6个新城的"1＋6"格局。来自联合国2011年的数据显示，武汉已成为巨型城市，到2025年，武汉城市人口将达到1270万人。据预计，主城区城市人口将逐渐向新城转移，腾出空间发展现代服务业及楼宇经济集群，新城则实现产城融合，武汉城市人口逐渐南扩，城市生态结构渐趋合理。

《规划》介绍，城市建设用地近5年年均增长量在40平方公里左右，城市建设用地增速处于历史最高期。专家组调查发现，武汉城市人口向主城集聚，外围新城密度偏低。主城区集中了都市发展区83%城镇人口、54%建设用地及77%GDP。比较之下，上海中心城区人口总量20年间控制在1000万以内。此外，武汉人口沿江两岸集聚，以汉口最为明显，汉正街一带人口密度最高，达到10万人/平方公里以上。

中央商务区增速较快，但定位缺乏层次与梯度。调研发现，武汉中央活动区核心职能突出，但副中心发展缓慢，新城副中心尚未发育。外围新城组群产住分离，特色不明，平均块头偏小，对主城人口缺乏吸引力。

在城镇化的另一端，需要通过大力发展县城实现基本公共服务的均等化。通过分析1999年到2009年湖北各级城镇人口占全省城镇人口比重变化可以发现，县城人口由34%增长到38.4%，增速在省内各级城市中最高。通过进一步调查可以发现，教育、服务等生活因素在县级城市人口集聚中的作用相对突出，县城作为未来"本土化"的趋势将起到关键的作用。

第十二章　武汉之愿景

第一节　武汉之畅想

曾经的工业化时期,城市发展的目标更多聚焦经济领域,关注经济增长的速度和规模。进入后工业化时期,城市发展的目标更加多元,从关注经济增长转向关注生态平衡、社会和谐等可持续发展的多元目标,更重要的是从关注物质空间转向关注人的成长。"物质主义"向"后物质主义"的时代转向,为我们制定远景战略目标提供了基本的出发点。基于未来城市发展的硬实力与软实力两大主线的考虑,我们畅想2049年的武汉成为一个现代化、国际化、生态化的城市。

一、武汉规划

2017年1月22日,武汉市第十三次党代会报告提出,"规划建设世界一流的城市亮点区块,是武汉提升国际知名度、美誉度和城市竞争力的重大举措。启动规划建设长江新城,以超前理念、世界眼光,打造代表城市发展最高成就的展示区、全球未来城市的样板区。"中央要求,在长江流域,武汉要成为长江经济带的脊梁,发展核心引领作用;在中部地区,武汉要成为中部崛起的战略支点;在全国,武汉要成为国家中心城市。武汉自我定位:在全球,要成为世界城市发展中的亮点城市。

为深入推动习近平总书记治国理政新理念新思想新战略在武汉落地实践的具体要求,把中国梦细化、具体化为武汉发展蓝图,贯彻落实省委省政府"建成支点、走在前列"和强化主中心决策部署,武汉将加快建设"三化"(现代化、国际化、生态化)大武汉,创新、协调、绿色、开放、共享,武汉将为全球未来城市树立标杆。这是中国梦在武汉的生动实践。

何谓"现代化大武汉"? 国家中心城市框架体系基本形成,国家创新型城市建

设走在全国前列,在长江经济带和中部崛起中的核心带动作用更加凸显,在全国发展大局中的战略地位明显上升。

何谓"国际化大武汉"？国际通达能力大幅提升,成为连贯长江经济带、联结"一带一路"、联通世界的重要枢纽城市。国际化大都市的独特魅力充分展现。

何谓"生态化大武汉"？使武汉成为"美丽中国"典范城市、国际知名宜居城市,实现人与自然、人与人、人与城市和谐共生,让绿色福利惠及子孙后代。

武汉两江交汇、三镇鼎立,大开大合的城市地理人文格局世界少有。江汉朝宗、龟蛇对望,是武汉乃至整个长江最为形胜之处。近些年武汉发展取得了巨大成就,但城市建设缺乏起鲜明引领性作用的亮点板块。此外,高端产业和现代服务业对地区生产总值贡献不高,山水人文传统优势没有充分发挥,留汉就业创业的人才不够多,也是客观现实。与国内同类城市相比,前有标兵、后有追兵,武汉有危机感、紧迫感。

为了解决这些问题,武汉急需一个能够承载武汉梦想的发展规划,展现武汉区位优势明显、交通便捷、生态资源丰富、环境承载能力强的优势和美好未来。规划"三化"大武汉,到了最关键的时间节点。它既是武汉城市发展的美好规划,也是世界城市发展轨迹的自然结果,是现代大城的必然追求。规划建设国家中心城市、世界一流的城市亮点区块,是全新的历史使命,是时代的崭新呼唤,注定深深拨动世人的心弦。

二、武汉特色

1. 武汉创新

武汉正处于创新驱动发展的城市转型期,本轮城市总体规划战略提出,未来武汉将朝着成为"全国经济中心、高水平科技创新中心、商贸物流中心和国际交往中心"的目标努力,争当中国经济第四极。

创新中心是四大中心的核心,突出科技与创新职能,未来将聚集一批科学大师,一批引领世界的科技成果在这里产生,一批科技领军企业和企业家从这里走向世界;贸易中心突出商贸与流通职能,成为全国重要的物流枢纽节点;金融中心突出核心经济与商务职能,未来武汉将成为华中地区的金融信息服务中心,全国重要的金融服务区域型中心城市;高端制造业中心突出在制造业上的引领作用,"武汉造"恢复"汉阳造"历史地位,成为名副其实的全国先进制造业中心,在全球制造体系中都有一席之地。

武汉将全面激发科技创新能力,营造多元协同的科技创新空间。同时,提高区域金融服务能力。巩固和培育新兴产业集群,加速传统产业转型与智能化升级,优化制造业空间布局,建设国家先进制造业中心。武汉新城区则按照"独立成市,产城联动"的思路,科学安排产业用地及生活配套用地比例,实现副城与新城组群的平衡,吸引产业人口集聚,推动产城融合发展。

推动国家级开发区改革创新。东湖高新区,锁定"天下谷"目标,以人才为支撑,重点发展信息技术、生命健康、智能制造、现代金融等产业,实现"五谷丰登"。武汉开发区,重点发展新能源汽车、智能网联汽车、飞行汽车,以及智能家居、智能装备、通用航空制造等新产业,超前布局人工智能、下一代高铁等未来产业,形成"四都鼎立"之势。武汉临空港经济开发区,重点发展临空制造、网络安全及大数据、现代健康食品等产业,推进"三港齐发"。

推动四个国家新基地建设。国家存储器基地:确保第一工厂2018年投产,力争2019年量产,推进第二、第三工厂和配套产业项目建设,组建国家先进存储产业创新中心、存储芯片联盟,在3年内让世界用上"中国芯"。国家航天产业基地:推进火箭及运载服务、材料、低轨卫星和应用等领域重大项目,争取2018年发射2颗天基物联网验证星。国家网络安全人才与创新基地:按照"网络安全学院+创新产业谷"模式,加快推进一批云计算、大数据以及相关产业项目建设。国家新能源和智能网联汽车基地:紧盯汽车轻量化、电动化、智能化、网联化趋势,抢先布局下一代汽车,加快汽车产业转型升级。

推动实施"万千百工程"。加快打造光电子信息、汽车及零部件2个万亿级产业集群。提升装备制造、能源及环保、生物医药、健康食品等若干个千亿产业上水平。突出抓好东风本田汽车有限公司、中国宝武钢铁集团有限公司等20户百亿企业增长,加快推进长江存储、华星光电、武汉天马等一批企业加快项目建设步伐。

2017年年初,武汉率先提出"新民营经济"这一新概念,引起广泛关注。新民营经济通过八个方面凸显其"新"——"创业主体新""产业领域新""发展动力新""融资方式新""集聚格局新""商业模式新""市场需求新""治理结构新"。武汉在新民营经济发展大会上,发出大力发展新民营经济的动员令。"新民营经济是富民兴汉的源头活水。要努力把武汉打造成新民营经济集聚地。"

2018年2月25日,武汉长江新城管委会与"新民投(筹)"在汉签订合作意向协议。"新民投(筹)"揭牌。双方将在长江新城合力打造"中国新民营经济创新区",重点发展"五新+2H"产业,即新零售、新金融、新制造、新技术、新能源和幸福生活、生命健康产业。

助人才成就事业,为城市赢得未来。构建人才"金字塔"。做大塔基,用5年时间为城市留住百万大学毕业生。做强"塔身",争取引进更多海外高层次人才、杰出校友企业家、杰出科技型校友人才。做高"塔尖",重点引进诺贝尔奖级的、世界领军型的产业科学家。通过不懈努力,形成"大学生人才—高层次人才—顶尖人才"为支撑的人才"金字塔"结构。搭好人才"登高梯"。送就业岗位,组织招聘

会发动企业为大学生送岗位。送创业服务,安排专项资金支持孵化器、大学生创业特区等众创孵化平台建设,为大学生创新创业提供场地支持和"拎包入驻"等"保姆式"孵化服务。送创新平台,加快建设国家实验室、大科学装置、国家研究中心等重大创新平台。打造人才"无忧城"。实行大学毕业生落户"零门槛",只要凭大学毕业证即可登记落户。实行八折购房租房新政策,争取让更多留汉就业创业的大学毕业生以低于市场价20%买到安居房,以低于市场价20%租到租赁房。2017年年底,武汉启动建设首个青年城,2018年年底就可以建成上市。实施大学毕业生指导性最低年薪标准,专科毕业生最低年薪4万元,本科生最低年薪5万元,硕士生最低年薪6万元,博士生最低年薪8万元,在全国同类城市中位居前列,今后视收入变化情况进行动态调整。

发挥科技成果转化局制度优势,让"创新花"结出"发展果"。武汉是科教大市,创新资源丰富,但长期以来,科技成果转化率不高,存在科技与经济"两张皮"现象。武汉将从"两个最"入手,努力让武汉科技创新的"百花园",成为高质量发展的"百果园"。加快科技成果转化,要构建最高效的转化机制。充分发挥在全国率先建立科技成果转化局的制度优势,继续深化高校院所科技成果转化对接工程,建设市科技成果转化信息服务与交易平台,大幅度提升在汉高校院所科技成果就地转化率。

提高自主创新能力,要建立最具吸引力的创新生态。积极推动中央和省、市系列创新引导扶持政策落地见效,不断深化投贷联动、科技成果所有权混合所有制、股权激励、科技悬赏奖等创新性举措,激发高等院校、科技人才创新积极性。继续创新住房、薪酬等政策,加快建设全国科技保险示范区,为各类人才来汉创新创业解除后顾之忧。

2. 武汉协调

(1) 构建活力的社区

随着社区服务功能向"个人生活圈"回归,未来武汉能形成城市社区的活力中心,包括居住地区级、居住社区级和居住邻里级三个层级。居住地区级承担一定的城市功能,面向更广域的城市人群。邻里级满足居民最基本的需要。居住社区级活力中心与居民的日常生活联系最为紧密,是居民购物、娱乐、交往、休闲和交通出行的主要场所。结合武汉的轨道交通线网布局,未来武汉主城区轨道交通站点600米范围覆盖率将达到66%。大部分的城市社区的活力中心都结合轨道交通站点布置,包括巴士/PRT换乘枢纽、自行车停放点、电动汽车充电桩等交通设施,商业综合体/商业街、菜市场等商业设施,社区服务中心、图书馆、影剧院等文体设施,以及占地1公顷的社区公园。绿道能够连接居住地、社区中心、学校、公园和公交换乘站,居民步行10分钟以内就可以到达社区中心。在人口密度高、用地紧张的特大城市,围绕轨道交通站点组织社区已经成为许多城市的选择。如花园城市新加坡强调紧凑的布局,围绕捷运系统形成"新市镇—小区—邻里"三级结构,以其等级体系构建城市的和谐、秩序与理性。未来,武汉主城区轨道交通站点600米范围覆盖率将包括大部分社区,适合高密度、公交导向的出行模式。

(2) 营造和谐的社区

在营造和谐物质环境基础上,我们还希望未来武汉的社区更是和谐、包容和多元的。社区能够实现居民自治,这是城市基层民主管理的重要环节。社区应由社区居民民主选举产生居民委员会,同时建立社区自治章程,由社区成员代表大会全体成员表决通过并实施。社区居民通过社区成员代表大会等途径行使对社区重大问题的决定权。从社区居委会成员的产生、社区财务的管理到社区重大事务的讨论决定,都能参照社区自治章程有序参与并有效地行使自己的一份权力。居民委员会具有管理社区事务,协助维持社会治安,调解邻里纠纷,组织社区活动等职责。社区居住应是混合而多元包容的,不同收入层次、不同文化和职业背景的人群不是隔离居住,而是以自己的实际购买力为前提,共同居住在不同价位梯度的居住区内,和谐相处、优势互补。在社区开发过程中,将公共住宅和商品住宅结合起来开发,高收入和中低收入住宅形成一定比例的混合,公共住宅和商品住宅的比例需视当地住房市场的状况来确定。社区中应该有丰富的邻里活动。未来在武汉的社区中,居民相处融洽,邻里活动丰富多彩,居民心态平和不攀比,邻里关系和睦,人与人之间相互信任。居民在邻里中心、社区活动中心聊天、会客,在社区委员会的组织下开展文化、体育、美食、健康、育儿等社区活动,定期举办各种讲座、汇演。社区是一个幸福的大家庭,将独立的个体组织起来,共同参与到社区活动中。

(3) 武汉城市圈规划

根据空间模式研究以及武汉的空间布局特点,未来武汉应在主城区聚集相关核心城市职能,在外围地区通过"四个次区域"建设带动地区发展,引导产业提升和新城功能培育,四个次区域带动"1+8"城市圈的发展。

3. 绿色武汉

未来的武汉是一个绿色的城市。我们通过生态安全、生态底线、蓝绿网络与低碳发展四个方面来达到构建绿色武汉的目标。在生态安全方面,协调武汉"1+8"城市圈的用地布局,依托长江及大别山、幕阜山脉,重新优化区域生态空间,调整区域蓄滞洪区布局,控制长江洪涝威胁,实现生态化发展。在生态底线方面,通过研究生态敏感性和生态阻力来识别武汉的生态底线,制定生态底线保护措施,合理确定不同生态安全级别下的适宜发展规模,为城市空间扩展提供生态支撑。在蓝绿网络方面,规划构建"四横七纵"的蓝色生态网络和以郊野公园、城市生态

公园、社区生态节点为基础的"六横五纵"的绿色生态网络。以建设多类型郊野公园为抓手,切实形成对生态资源的有效管理。在低碳发展方面,强调低碳建设,以碳强度减排为核心,以可再生能源为发展方向,实施多层次的智能电网系统,推进能源的终端管理。实施循环经济,降低制造业总碳排放量,推广绿色建筑,发展绿色交通。

协调生态安全。在确定武汉城市圈共同发展的前提下,如何共同应对长江洪水这一江汉平原最大的生态威胁;如何有效控制各个城市组团的发展边界,特别是城市之间缺乏天然的山体屏障,容易造成"摊大饼"式的发展格局;如何保护区域内的重要水体、湿地等生态资源迫在眉睫。基于上述背景,有必要对区域生态安全进行重新的规划与协调,确保武汉城市圈的生态安全。

共同守住生态底线,共同保护具备高生态价值的区域。大别山脉与幕阜山脉的生态涵养价值高,对武汉城市圈的生态安全起到决定性的作用,共同保护两大山脉有利于区域内各个城市的发展与协调。在区域发展时,应严格控制生态底线,减少对生态斑块的破坏,降低对生态系统的影响,共同守住生态开发的红线,合理制定生态补偿机制,协调区域城市间的生态缓冲地带建设、取水口排污口建设、长江防洪堤线建设等实际工程。

对于主城区强化显山透绿的生态建设。严格保护山体,不开挖、侵占山体,不伐树,加强城市中心区域山体的生态保育。严格保护龟山、蛇山、珞珈山、喻家山等山体。

严禁缩小水面率,还湖于城,协调生态良好的自然排水系统。区域内的水体湖泊众多,许多湖泊跨越了行政边界,区域内湖泊对调蓄长江水患、调节区域微气候均具备重要意义。规划应协调区域内各城市主体的现实利益,制定合理可实施的跨区域湖泊保护与治理措施,尤其是梁子湖这类跨行政边界湖泊,严禁向湖泊内排放污水,强化湖边的绿化保护隔离范围。规划应共同制定区域水面率保持方案,严禁缩小总水面率,切实有效防治区域内涝的发生。

统筹区域长江蓄滞洪区的规划建设,合理确定南水北调新格局下的蓄滞洪区的范围与数量。长江中游沿线的蓄滞洪区一直是保护区域生态安全的重要屏障。武汉市域内存在五片长江蓄滞洪区,总面积达到两千多平方公里。南水北调中线工程和引汉济渭工程实施后,长江武汉段和汉江武汉段的防洪形势将发生重大变化,东西湖蓄滞洪区存在的价值大大减弱。而近几十年的发展已使东西湖区成为湖北省县域经济发展的龙头,成为武汉不可分割的重要组成部分,不应该再继续承担区域分蓄洪区的功能。

控制生态底线。生态底线是保证城市生态增长的首要前提,通过对武汉生态基底的研究,分析近年来武汉的山、水、农林地、建设用地这些基本生态要素的变化,寻找武汉生态基底演变的规律,并通过生态敏感性和生态阻力的分析来确定武汉的生态底线。在此基础上确立生态底线的保护措施,确保城市与生态协同发展。

建设用地扩张侵蚀农田。从 2004 年到 2010 年的短短 6 年间,武汉市城镇建设用地扩张速度迅猛,主城区周边多处建设用地扩张明显。在各种生态用地中,农业用地是最脆弱最容易被侵占的,也是开发经济代价最小的,因而在城市快速发展阶段往往被建设用地替代。武汉市主城区周边农田被侵占现象严重。

水体减少与水环境恶化。武汉市水生态要素的变化主要表现为水域面积减少、水系连通性弱化和水环境恶化。武汉市长期的围湖造田造城大量侵占了水域空间,沙湖、南太子湖等湖泊被部分填埋,更有一些湖泊甚至被全部填埋而消失。从 1950 年到 2010 年武汉市水域面积减少了近一半。沿江沿河农田开发和城镇建设导致河岸硬质化、河道束窄、过流能力降低甚至断流,湖泊水系之间的天然联系被割裂,水体之间的交换循环速度放缓甚至丧失连通性,成为无源之水。大量的污染物排放与湖泊生态功能的退化同步,导致了水体的自净能力降低,现状的水体环境多数在Ⅳ类以下,生态环境不容乐观。

植被覆盖度缓慢下降。NDVI 指数能够在一定程度上反映地表植被覆盖情况:NDVI>0 表示有植被覆盖,越接近 1 表示植被覆盖度越高。2000 年、2005 年、2010 年的 NDVI 分布图表明武汉市的植被覆盖度呈现缓慢下降趋势。

建设生态网络。依托长江、汉江等主要水系及水系连通河道构建武汉市蓝道网络,市域共规划"四横七纵"的一级蓝道结构。依托水系及主要城市道路构建"六横五纵"的绿道网络系统,以郊野公园管理武汉市域范围内的非建设用地,以生态公园系统来管理主城区内的生态斑块,通过生态廊道进行串接,形成城市发展的蓝绿网络。在主城区内形成"500 米见绿、1000 米见园、2000 米见水"的生态景观体系。

促进低碳发展。武汉在能源利用和低碳发展方式上有着后发优势。以碳强度减排为目标,以可再生能源为发展方向,依托科技进步与先进管理,实现多层次的智能电网系统,推进能源的终端管理,确保武汉长期的能源安全与生态安全。

低碳发展,大力降低碳强度。规划 2049 年实现碳强度较 2005 基准年降低 60%,同时控制碳排放总量,实现低增长或零增长。规划通过采取以下策略实现武汉节能减排:逐步改变高碳排放的产业结构,大力推广清洁能源;实施循环经济,推行低碳生产,开发节能环保技术,降低制造业总的碳排放量;推广绿色建筑,实施对新建建筑的绿色设计,发展绿色建筑材料和技术、绿色施工等,率先推行绿色建筑的标准化与产业化;发展绿色交通,加强对交通车辆的尾气控制,提高汽车油品品质,发展地铁和公共交通,减少交通引起的碳排放;实行碳交易与碳金融,通过制定碳交易策略抑制武汉自身的碳排放,同时将武汉打造为华中地区的碳金融中心。

确保能源安全,推进可再生能源的使用。通过节能措施约束能源总量增长能够确保城市的能源供应安全。产业节能方面,在武汉的主导行业里大力推进结构节能,按照循环经济理念,优化产业结构和空间布局,推进产业向上下游一体化、能源资源综合利用方向集中;建筑节能方面,以广义建筑为抓手,将周边的环境纳入到建筑节能的系统中来,从广义建筑系统角度出发构建建筑的节能体系与工程可行性;交通节能方面,优先发展城市公共交通,提高公共交通效率,大力推进交通节能技术进步,积极应用高新节能运输工具。

发展可再生能源,逐步替代非清洁能源。规划优先发展光伏太阳能系统,积极推进空气源和地热源热泵制热水及空调技术,研究开发利用交通可替代能源和其他可再生能源。充分挖掘武汉自身的可再生能源禀赋,建设一个多方面宽门槛的可再生能源利用系统,2049年武汉的可再生能源占比应达到45%以上。

构建智能电网系统。智能电网技术可以高效地将多种可再生能源串接起来联合发电供电,形成双向的智能化电网平台,2012年武汉光谷地区已经率先进行智能电网建设。智能电网建设内容包括清洁能源接入及储能系统、智能变电站、配电自动化、微网接入运行控制、用电信息采集、智能家居、电动汽车充电设施、互动化营业厅、电力光纤到户、智能楼宇综合能效管理系统、智能电网可视化平台及智能风光互补路灯等项目。规划通过建设武汉区域智能电网系统,降低对分布式可再生能源的准入门槛,提高自发电在武汉电力需求中所占有的比例,从较大程度上摆脱严重的外部能源依赖。通过智能电网建设,实现电力的供应端与需求端双向管理,从而确保各种节能技术的安全运用。

目前,按照"共抓大保护、不搞大开发"的要求,规划建设长江新城,形成基础设施体系框架,形成支撑性高效产业雏形。努力打造代表城市发展最高成就的展示区、全球未来城市的样板区。

规划建设武汉长江主轴,全面规划长江市域段,重点围绕主城区段,与交通轴线、城市阳台、防洪设施等建设相结合,建成国家5A级江汉朝宗文化旅游景区、汉口历史文化风貌街区,推进汉口滨江国际商务区、汉正街中央服务区、武昌滨江文化商务区建设取得重大进展,打造城市交通轴、发展轴、文化轴、生态轴、景观轴,努力建设世界级城市中轴文明景观带。

规划建设东湖城市生态绿心,建成百里东湖绿道,完成景中村改造,建设国家级生态湿地公园和国际知名的生态旅游风景名胜区。

三、智慧城市

随着国家治理体系和治理能力现代化的不断推进,随着"创新、协调、绿色、开放、共享"发展理念的不断深入,随着网络强国战略、国家大数据战略、"互联网+"

行动计划的实施和"数字中国"建设的不断发展,城市被赋予了新的内涵和新的要求,这不仅推动了传统意义上的智慧城市向新型智慧城市演进,更为新型智慧城市建设带来了前所未有的发展机遇。

基于此,应以"一个体系架构、一张天地一体的栅格网、一个通用功能平台、一个数据集合、一个城市运行中心、一套标准"等"六个一"推进"新型智慧城市"建设,从而实现治理更现代、运行更智慧、发展更安全、人民更幸福。

2015年12月16日,习总书记在乌镇峰会开幕致辞中提出了关于推进全球互联网治理体系的四点原则和构建网络空间命运共同体的五点主张,这对于互联网时代的新型智慧城市建设这一重大主题具有十分重要的指导作用,尤其是加快网络基础设施建设、推动网络经济创新发展、保障网络安全等主张,指明了新型智慧城市建设的关键所在。

武汉智慧城市建设的总体架构即建设一套信息基础设施,构建应用、产业和运行3大核心体系,配套出台15个专项智慧规划,涵盖社会综合管理与服务、国土规划、市政设施、旅游、公共安全、交通、城管、文化、教育、医疗卫生、环保、水务、食品药品监管、社区和物流等重点领域。

因极具系统性和完整性,武汉智慧城市总体规划开全国先河,是全国首个智慧城市试点城市。2012—2015年试点示范,2016—2020年全面推广。该规划在国内首次将"社会综合管理与服务"和"地理空间基础设施"纳入方案。

智慧城市建设是与水电路气等并重的重大城市基础设施建设,是重要的科技惠民工程和城市管理创新工程,有助于推进武汉"两型社会"建设,整体提升武汉城市的管理服务。

目前,武汉市着力推进先行先试、重点突破,争当全面深化改革"排头兵"。深化"放管服"改革,建立"网上审批为常态、网下审批为例外"的4.0审批服务新体系,打造审批项目最少、审批速度最快、服务质量最优的城市。努力在创新政府治理、建立完善生态补偿和考核机制、创新驱动发展体制机制、创新社会治理等16项改革上率先取得重大突破。

四、开放城市

1. 目标一:复兴区域文化影响力和包容的文化精神

武汉历史流传下来诸多地方色彩浓郁的文艺和民俗,然而这些传统项目没有得到很好的发展,在全国的知名度不高,未来应重点加强地方特色文化的传承和创新,特别是抢救濒临灭绝的文化形式,以国际眼光更新和改进武汉的文化形态和文化功能,建立起文化自信和本土文化认同。

另一方面,武汉自古以来就是各省文化的交汇之地,武汉人对外来文化长期秉持着接收与排斥兼而有之的矛盾态度,随着城市化进程的加速,以及建设国家中心城市和世界城市目标的确立,武汉将应对大量外来人口,这些移民如何在文化心理上融入社会,成为新武汉人的问题,这要求在文化差异中寻找理性兼容的方向,彻底消除对外来移民的排斥,包容的城市将是武汉文化建设努力的方向。

2. 目标二:打造有特色的文化空间和有活力的文化场所

在物质层面,武汉需要挖掘已有历史文化资源,通过历史街区(建筑群)的功能提升,彰显文化特色、促进国际交往;通过保护规划、专项再利用规划,重点研究历史建筑所处地段的城市社会经济、文化生活,促进文化资源与城市功能的融合。在战略地区优化发展文化产业园,强化分工与协作,形成完整的文化产业链。还要加强城市文化设施建设,建设一批国际、国内领先水平的旗舰型文化设施项目,提升文化设施水平;要以全覆盖的基层文化设施满足居民日常需求,通过文化中心、街道及社区文化设施建设来保障市民参与文化活动的场所,并通过世界级大事件策划引领城市文化的发展。

五、武汉共享

国家发改委印发的《促进综合交通枢纽发展的指导意见》,确立了42个全国性综合交通物流枢纽,武汉就是其中之一。武汉作为全国性综合交通物流枢纽,跨境、跨区域运输流转功能要突出,辐射范围广,集散规模大,综合服务能力强,对交通运输顺畅衔接和物流高效运行具有全局性作用。

未来,武汉交通体系的构建将紧紧围绕世界城市的发展目标,建设一个与国际大都市匹配的高效运营的交通网络。首先,世界城市需要拥有极高的区域交通地位,2049年武汉必须成为我国中部地区的航空与高铁枢纽。其次,武汉需要构建符合自身发展特色的绿色交通体系,才能确保未来的可持续发展。最后,武汉应该充分利用物流业的发展优势,成为华中地区的物流运营和管理中心。

武汉未来铁路枢纽规划(2016—2030年)已获中国铁路总公司和湖北省政府批复。本次武汉铁路枢纽规划范围为北至京广铁路孝感站(含),南至京广铁路山坡站(含),东至武九铁路葛店站(含),西至武康铁路下辛店站(含)。规划年度2030年,远景展望2050年,近期工程2020年。武汉枢纽将逐步形成衔接郑州、合肥、安庆(杭州)、九江、长沙、贵阳、重庆、西安等方向,京广、武西、武九高铁、汉孝、武咸、武冈、武天荆城际及京广、武九、武康、合武、汉宜铁路、汉麻联络线等13条干线引入的环形放射状大型枢纽。

1. 目标一：构建我国中部的国际交通枢纽

2049年，武汉的交通发展目标是成为国际交通枢纽。对于一个内陆城市而言，航空枢纽的地位是第一重要的。此外，武汉未来有可能凭借欧亚铁路通道，形成国际铁路枢纽的地位。在具体的分目标上，武汉的未来需要：第一，一个航线基本覆盖全球的门户机场；第二，机场的客货运量规模以及运行的效率全球领先；第三，将汉阳站打造成为国际铁路的货运枢纽；第四，构建多式联运的交通网络系统，以达到高效运输的效果。

2. 目标二：形成一体化的大都市绿色交通体系

生态资源是武汉的一大优势，未来为武汉构建一个绿色发展的交通体系，使城市走上可持续发展的道路。构建一体化的大都市绿色交通体系包括三个分目标：首先是构建紧密结合城市内部发展的公交体系；其次是到2049年，武汉市公交出行分担率超过60%；最后，实施有效的交通需求管理，构建合理的道路网络。

3. 目标三：打造华中物流的运营枢纽与管理中心

武汉物流业发展的总体目标可以分解成三个方面：首先是强调多种货运方式的联运体系，建成"铁水公空"系统的无缝衔接；其次，构建主城区内客货分离的体系；最后是达到市域范围内全面减少货运的成本。武汉的物流发展需要硬件和软件两方面同时改进，才能在未来发挥潜力，充分利用优势资源。硬件建设方面，将现有三大铁路货运站、港口以及机场利用便捷的交通方式联系。软件建设方面，引入职业化管理的方式，政府退出全面经营模式。引入第三方、第四方物流企业，参与城市的货运系统运营。

4. 目标四："高铁＋城际"成为主流出行方式

按照《武汉2049远景发展战略规划》，到2020年，机场旅客吞吐量将达4200万人次，货运吞吐量达44万吨。到2040年将成为内陆城市最大的国际门户机场，武汉新港水运量破亿吨。高铁客运量占全国客运份额逐年上升。公路货运量5年内年均增长率30%，2030年30%的货运将从道路转移至铁路、水路。类比北京、上海、南京的轨道建设历程，未来20～30年，武汉轨道交通将进入线网加密阶段，呈现"环形＋轴线"的特大型城市轨道交通特征。武汉与孝感、咸宁、黄石、黄冈、天门、仙桃、潜江城际铁路在武汉枢纽内形成环形，30分钟或1小时交通圈形成，任意方向客流均可通过最多一次的城际列车换乘到达天河机场。依托沪汉蓉高速铁路、京广客运专线，以及武九、武西客运专线，武汉与中部城市间形成2小时交通圈。汉口站、武汉站、孝感、咸宁、黄石先期将建设空铁联运远程值机点，实

现面向乘客的"空铁"无缝衔接,"高铁+城际"将成为武汉未来市民出行主流交通方式。今后5年,武汉每年至少通车2条地铁线,实现"主城联网、新城连通",运营里程超过400公里,加快打造世界级"地铁城市"。畅通二环、提升三环、建成四环、东扩外环,新建5条以上放射性道路,打造环射成网、循环连通的"五环二十四射"快速路网体系。

第二节 武汉之亮点

2018年1月16日,武汉市政府常务会审议了《武汉建设国家中心城市实施方案》(送审稿)。方案提出,武汉将分三步建设国家中心城市,2021年基本形成框架,2035年初步建成,到21世纪中叶建成具有国际影响力、全球竞争力和可持续发展能力的世界亮点城市。

一、武汉之发展方略

1. 实干谋远,打造世界亮点

武汉建设"国家中心城市",实施方案明确而鼓舞人心。

在长江沿线城市中,武汉经济总量和人口均位居前列,具有支撑长江中游地区和承启上下游的独特作用。过去,由于城市圈建设滞后,高端服务功能不足,辐射带动作用不够强,难以发挥长江经济带中游地区以及长江中游城市群核心城市的支撑作用。建设国家中心城市,有利于补齐武汉高端功能短板,提升城市综合实力和服务带动功能,挺起长江经济带脊梁。

近年来,武汉加快产业转型升级,以信息技术、生命健康、智能制造为立足之基,芯片、基因工程、金融等新技术革命要素正在重新锻造城市灵魂。2017年,武汉地区生产总值达1.34万亿元左右,三大战略新兴产业产值均增长17%以上,新技术、新产业、新业态、新模式层出不穷,为建设国家中心城市打下了坚实基础。

武汉建设国家中心城市实施方案,既有近期的实干目标,也对中远期进行谋划展望,"略如纽约、伦敦之大"将不再是遥不可及的梦想。这座城,将成为世界的亮点。

2. 吸纳资智企,冲击全国第一梯队

实施方案提出,要在打造经济中心、科技创新中心、商贸物流中心、文化创意中心等方面发力,在全球范围内吸纳资金、人才、企业,加快建设实体经济、科技创新、现代金融、人力资源协调发展的现代化经济体系,建设综合经济实力强、产业能级高端、资源配置高效、集聚辐射能力强的全国重要的经济中心。到2021年,综合经济实力进入全国城市第一梯队、世界城市先进行列。

城市发展,离不开资金、人才和产业。招商引资正作为武汉"一号工程"实施推进。2017年,武汉各类招商活动签约金额2.58万亿元,实际到位资金8227亿元,创历史新高;实际利用外资96.5亿美元,居全国同类城市首位。未来,武汉将继续围绕全产业链、创新链、城市功能链招商,力争招商引资实际到位资金年均增长15%左右。

招才引智与招商引资并举。武汉将坚持实施"百万大学生留汉创业就业工程",发展"菁英经济",让大学生能就业、易创业、快落户、好安居,打造"大学生最友好城市",优化人才结构,再赢人口红利。实施"百万校友资智回汉工程",发展"校友经济"。实施"高校科研成果转化对接工程",发展"院士经济"。实施"海外科创人才来汉发展工程",发展"海归经济"。

大力发展高效高新产业,建设"中国制造2025"试点示范城市。到2021年,基本建成国家先进制造业中心和工业经济强市,战略性新兴产业产值占工业总产值比重达到20%。

武汉是大学之城,科教资源是得天独厚的优势。武汉将以科技创新为核心带动全面创新,打造世界级科技创新平台,引进建设10家世界级产业研发机构和一批跨国企业研发中心;支持武汉大学、华中科技大学等高校建设成为世界一流大学。

此外,武汉还将打造全国重要的商贸物流中心和国际知名的文化创意中心。到2021年,培育3家收入过百亿元、8家收入过50亿元的物流企业,工业设计总营业收入超过300亿元,时尚创意设计产业产值超过550亿元。

以资金促产业,以产业留人才,三者相互促进,武汉经济有望迎来新的腾飞。

3. 整合水陆空,打造国际交通枢纽

水上,打造长江中游最大水上门户,以阳逻国际港为核心,实现"中部海港"功能;地面,加快形成"米"字形高铁网,构建以武汉为中心呈放射状的城际交通网络;空中,增开洲际直达航班,实现航空线路通达全球重要国家和地区。

实施方案提出,武汉将以水港、陆港、空港整合统筹为抓手,建成规模合理、功能完善、畅通有序、安全便捷的综合交通体系,打造现代化国际性综合交通枢纽。

建设长江中游航运中心。从港口基础设施建设、优化运输组织、健全现代航运服务体系等方面努力,巩固"江海直达"品牌,打造"水上高铁"。

建设国际陆运枢纽。加快形成"米"字形高铁网,形成联通中外的铁路快速货运网络,建成高速公路骨架网络。

建设国际航空枢纽。发挥天河机场4F级机场功能,加快航空枢纽站国际化建设,启动天河机场第四期扩建,策划建设第二机场,在机场口岸实现7×24小时常态化通关,确立国际门户机场地位。大力发展通用航空,打造中部地区通用航空制造基地和城市航空公共服务重要示范区。

武汉还将全面提升市内交通环境。到2021年,建成运营400公里以上轨道交通,力争进入世界地铁城市第一方阵,公共交通占机动化出行比例超过60%。全面建成快速放射线,形成"五环二十四射"快速路网,加强中心城区与新城区通道建设。完善自行车道、宁静步道等设施,建成"以人为本、绿色低碳"三镇慢行交通系统。

4. 链接地球村,构建内陆开放高地

未来的武汉,不再仅仅是"九省通衢",而是"国际通衢"。

实施方案提出,要立足国际通衢,建设国家全面开放的战略连接点、推动长江经济带与"一带一路"联动发展的战略枢纽,构建开放型经济体系,增强对外开放平台功能,提高武汉国际竞争力和影响力,打造面向全球的内陆开放高地。

湖北自贸区武汉片区、中法武汉生态示范城都是开展对外贸易和文化交流的优质平台。实施方案认为,在加快推进这些平台建设的同时,还要增强开放型经济竞争力,强化出口主体培育,力争到2021年,新增外贸出口总额超过80亿美元,年均出口额过亿美元的企业超过30家。

继续支持企业"走出去"开展工程设计、服务外包、文化创意等业务,支持企业抱团出海,在有条件的国家建立武汉产业园区。力争2021年服务外包合同执行额超过22亿美元,年均增幅超过10%。

实行高水平的贸易和投资自由化便利政策,全面实行准入前国民待遇加负面清单管理制度,大幅度放宽市场准入,保护外商投资合法权益。到2021年,在汉世界500强企业超过290家。

此外,武汉还将提升对外交往层级,建设中部地区涉外服务中心。引进更多领事机构和国际性组织落户武汉;打造"留学武汉"品牌,吸引海外学生来汉学习交流,稳步提高在汉外籍常住人口数量;结合大型赛事和国际活动扩大武汉的国际影响力,吸引更多境外游客来汉。

二、建设美丽宜居城市

建设现代化、国际化、生态化大武汉,打造历史之城、当代之城、未来之城,建设国家中心城市,新时代武汉的奋斗目标一个接着一个。发展侧重虽有所不同,但都有着共同的愿景:复兴大武汉,使之成为一座美丽宜居的城市。

第十二章　武汉之愿景

建设世界一流的城市亮点区块。以长江、汉江交汇的南岸嘴为原点,以长江武汉段为蓝轴、龟蛇山系为绿轴,覆盖两江四岸20余平方公里区域,建设世界级历史人文集聚展示区,打造长江文明之心。加快规划建设长江主轴,引领武汉大都市区由"组团结构"向"中轴结构"发展。以世界眼光、国际标准、中国特色、高点定位建设长江新城。完善东湖绿道,开展生态修复,进行"景中村"有机改造,打造世界级城中湖的典范。

塑造国内外知名的滨水生态绿城。修复长江生态环境,全面落实河湖长制,全力推进"四水共治",到2021年,武汉重要水功能区水质达标率超过85%。

建设全国一流的园林城市。实施"绿满江城、花开三镇"工程,到2021年,建成区绿化率达到41%,人均公园绿地面积达到12平方米。实施"拥抱蓝天"行动计划,2021年,空气质量优良天数比例确保达到71%以上。

武汉还将打造面向未来的智慧城市。建成覆盖华中、辐射全国的武汉大型数据中心和超算中心。布局5G无线网络,争取在武汉地区率先实现5G大规模商用。通过建设"云端武汉"平台,让市民在网上就能享受政务、医疗、教育等资源。

第五篇
大美武汉

　　从6000年前新石器时代的先民在这地上留下足迹起,武汉人筚路蓝缕,描绘着武汉的长卷。在这幅瑰丽宏伟的画卷中,哪些是最具有知名度、彰显独特性、具有时代感和美誉度的城市名片呢?武汉是多面的,她彪悍火爆又温柔多情;武汉是善变的,她每天都不一样。到底哪些面最能彰显武汉独特的魅力呢?

　　武汉悠久的历史孕育了许多动听的武汉故事,这些故事沉淀在了武汉的景观之中,成为武汉的标志和名片。武汉的地名见证了历史的风云变幻,沉淀了岁月的沧海桑田,武汉的街路名同样具有独特性、历史性、时代性、地域性,武汉的地名也是武汉的一张独特的名片。

　　武汉是一座历史文化名城,武汉的城市文化,既深沉悠远,又充满现代活力,是一道亮丽的风景线,具有江城特色和荆楚韵味。这座历史文化名城孕育了数不清的名人,无数的英雄豪杰在武汉这个舞台上书写了他们的辉煌人生。随着历史的演进、岁月的沉积,武汉自然形成了融合东西南北又独具特色的名肴和品种繁多的风味小吃,深受南来北往的宾客以及武汉当地人的喜爱。

第十三章　武汉之美景

第一节　武汉之名胜

一、东湖

武汉东湖生态旅游风景区简称东湖(见图 13-1),位于武汉市中心城区,是国家 5A 级旅游景区、全国文明风景旅游区示范点、首批国家重点风景名胜区。

东湖因位于武汉市武昌东部而得名,景区总面积 88 平方公里,水域面积达 33 平方公里,是杭州西湖的 6 倍。武汉东湖每年接待海内外游客达数百万人次,是华中地区最大的风景游览地之一。2014 年前武汉东湖是中国最大的城中湖,2014 年因武汉中心城区扩大,东湖退居武汉市江夏区的汤逊湖之后,成为中国第二大城中湖。

图 13-1　东湖

自古以来,东湖就是游览胜地。屈原在东湖"泽畔行吟";楚庄王在东湖击鼓督战(清河桥古桥遗址);三国时期,刘备在东湖磨山设坛祭天;南宋诗人袁说友用"只说西湖在帝都,武昌新又说东湖"赞美东湖;李白在东湖湖畔放鹰台题诗;毛泽东于新中国成立后先后视察东湖44次,在东湖接待了64个国家的外国政要;朱德在50多年前写下"东湖暂让西湖好,今后将比西湖强"的诗句。

东湖生态旅游风景区由听涛景区、磨山景区、落雁景区、吹笛景区、白马景区和珞洪景区6个片区组成,楚风浓郁,楚韵精妙。湖岸曲折,港汊交错,碧波万顷,青山环绕,岛渚星罗,素有"九十九湾"之说。武汉大学、华中科技大学和中国地质大学(武汉)等全国重点大学坐落在东湖湖畔,成为一道绝佳的风景线。

1. 听涛景区

听涛景区又名东湖公园,位于东湖最大的湖泊郭郑湖的西北岸,前身是中国现代著名银行家、实业家周苍柏先生的私家花园——海光农圃,也是东湖最早建成的开放景区。听涛景区主要景点有纪念战国时期爱国诗人屈原的行吟阁(见图13-2)、屈原纪念馆,亭名取自《楚辞·渔父》的沧浪亭,供游人品茗休闲的长天楼,与行吟阁遥遥相对的鲁迅广场,太平天国九位女英雄的长眠地九女墩,位于湖心小岛的湖光阁,集观光、休闲、旅游、拓展、游乐为一体的楚风园和全国内陆最大的海沙沙滩浴场等。

图13-2　行吟阁

2. 磨山景区

磨山景区位于东湖东岸,三面环水,六峰相连,山水相依,总面积达14.37平方公里,其中水域面积为2.7平方公里,素有"十里长湖,八里磨山"之称,风景极佳。磨山景区主要由两部分组成,山北是以楚文化为内涵的楚文化游览区,山南是以湖水地区乡土植物为主的十三个植物专类园。

湖北为古楚国腹地,根据历史典籍和传说,东湖磨山景区在青山绿水间建成楚文化游览区。主要景点有雄伟壮观的楚城门、楚人进行商贾贸易的楚市、楚之始祖祝融塑像、媲美江南三大名楼的楚天台、镌刻于绝壁之上的毛泽东楷书《离骚》碑刻、全国最大的"唯楚有才"石雕园和南国哲思园等,它们生动直观地显现了古楚国经济、文化的博大精深与辉煌灿烂。此外,该景区还有索道、滑道、观光游览车和儿童生态乐园等。

著名的朱碑亭位于楚文化游览区与植物专类园游览区之间,是纪念朱德同志为东湖题词的纪念性建筑。亭上悬挂着郭沫若先生题写的"朱碑亭"匾额,上刻有朱德亲笔题词:"东湖暂让西湖好,今后将比西湖强。东湖有很好的自然条件,配合工业建设,一定可以建设成为劳动人民十分爱好和优美的文化区和风景区。"

东湖磨山植物专类园区种植的观赏树种达 250 多种,共 200 余万株,在武汉有"绿色的宝库"之誉。这里花的品种成千上万,梅花、杜鹃花、樱花、兰花、荷花、桂花、月季、海棠、桃花是这些花卉的主要代表。园区主要有樱园、梅园、荷园、杜鹃园、盆景园等主题园。磨山桂花也享有盛誉,素有"八里磨山,十里飘香"之说。

东湖樱园(见图 13-3)占地面积 150 多亩,该园既有中国古典园林特色,也借鉴了日本造园手法,樱花品种达 30 多个,樱花总数有近万株。其中包括日本前首相田中角荣为缅怀周恩来总理,颂扬周总理为维护世界和平、促进中日友好所做的巨大贡献而送给邓颖超的 78 株樱花树。邓颖超精心选址,最终将这些樱花树安家于周总理生活工作过的武汉东湖之滨的磨山,并修建了一座具有日本民族风格的七十八樱花亭。

图 13-3　东湖樱园

东湖梅园是武汉市唯一的一座观赏市花——梅花的专类园,面积 800 余亩,现有梅花品种达 320 余种,种植梅花 20 000 多株,是中国梅花中心的所在地,是我们在传统节日——春节之际最著名的赏梅胜地。梅园中并建有古梅园,占地 150

亩,分古梅花区和古蜡梅区,共栽植有从全国各地收集的百年以上的梅花和蜡梅近 200 株,最高树龄达 800 年。一年一度的梅花节已经成为广大游客和武汉市民春节期间不可或缺的文化盛宴。

磨山杜鹃园占地 175 亩,园内建有杜鹃花海、雾森溪流、水花广场、观花栈道、景石拱桥等园林景观。"珍品杜鹃齐争妍,漫山春花红艳艳"的花海盛景正是磨山杜鹃园的写照。

磨山盆景园是湖北最大的盆景园,其建筑风格和庭园布置融合了南北园林艺术的精华。园内珍藏有各类盆景近万盆,并常年展出花卉盆景。

3. 其他景区

落雁景区位于东湖东段团湖水域的沿岸,南缘九峰马鞍山森林公园山谷,东沿新武东村西南岸,北至白马区,总面积 10.24 平方公里,其中陆地面积 5.95 平方公里,水域面积 4.29 平方公里。这里岸线曲折,湖湾交错,沿湖湿地水生植物资源丰富,自然分布面积达十几万平方米,陆地植物种类繁多,是武汉市古树名木资源最集中、最具观赏价值的古树名木群落。由于这里自然生态环境保护良好,近年来到此栖息繁衍的鸟类越来越多,落雁景区已成为一个人与自然和谐共生的生态旅游胜地。

白马景区位于落雁景区的北面,区内有一白马洲。相传 208 年赤壁之战后,鲁肃转回夏口骑马过洲,战马陷泥而死,鲁肃含泪葬马于洲,故此地称为白马洲。落雁景区和磨山景区的东面是吹笛山。据传,明代皇帝朱元璋的第六子朱桢被封赐在武昌时,曾在此地吹过笛子,此山因而得名"吹笛山"。

说道东湖风景区,就不能不提东湖绿道。东湖绿道"藏身"于武汉东湖风景区内,依托于东湖秀丽的风光和人文历史,是国内首条城区内 5A 级旅游景区绿道。二期建成后,东湖绿道总长达到 101.98 公里。东湖绿道分为听涛道、湖中道、白马道、郊野道、森林道、磨山道和湖山道七段主题景观,还有荧光跑道、高铁竞跑、职业自行车赛道和海绵绿道等特色跑道。

二、黄鹤楼

武汉有"百湖之市"的美誉,又为国家园林城市,山水相依是武汉的自然地理格局。如果把长江、汉水、东湖、南湖以及星罗棋布的湖看成是连绵的水域的话,城市陆地则是点缀在水面上的浮岛,武汉就是一座漂浮在水上的城市。在这个壮阔的水面上,有一条中脊显得格外突出。从西向东,依次分布着梅子山、龟山、蛇山、洪山、珞珈山、磨山、喻家山等,这一连串的山脊宛如巨龙卧波,在这条卧波巨龙的腰上建有一座著名的楼阁,名曰黄鹤楼。

1. 黄鹤楼的历史沿革

现在的黄鹤楼(见图13-4)巍峨耸立于蛇山峰岭之上,位居江南三大名楼之首,享有"天下第一楼"的美誉。黄鹤楼最初建造于武昌蛇山黄鹄矶头,始建于三国时代东吴黄武二年(223年)。唐代《元和郡县图志》记载:孙权始筑夏口故城,"城西临大江,江南角因矶为楼,名黄鹤楼"。孙权为了"实现以武治国而昌"的目标,建楼以瞭望,可见,修黄鹤楼最初是为了军事目的。到唐朝时,黄鹤楼已经演变为著名的风景名胜地,不少文人墨客到此游览,留下了很多脍炙人口的名作佳句。唐代诗人崔颢一首"昔人已乘黄鹤去,此地空余黄鹤楼。黄鹤一去不复返,白云千载空悠悠。晴川历历汉阳树,芳草萋萋鹦鹉洲。日暮乡关何处是,烟波江上使人愁"已成为千古绝唱,更使黄鹤楼名声大噪。而李白的《与史郎中钦听黄鹤楼上吹笛》"一为迁客去长沙,西望长安不见家。黄鹤楼中吹玉笛,江城五月落梅花"更是为武汉"江城"的美誉奠定了基础。此后黄鹤楼声名远播,不少江夏名士"游必于是,宴必于是"。尔后兵火频繁,黄鹤楼屡建屡废,后唯一遗留下来的一个黄鹤楼铜铸楼顶,此后近百年未曾重修。1957年建长江大桥武昌引桥时,占用了黄鹤楼旧址,1981年在距旧址约1000米的蛇山峰岭上选址重建黄鹤楼。

图 13-4　黄鹤楼

2. 黄鹤楼名称的由来

关于黄鹤楼得名的由来,有"因山"和"因仙"两说。历代的考证都认为,黄鹤楼的名字是因为它建在黄鹄山上而取的。古代的"鹄"与"鹤"二字一音之转,互为通用,故名为"黄鹤楼"。"因仙"得名则来自美丽的传说,这些传说中以辛氏酒楼的故事最为有名。话说有一位姓辛的老者在蛇山脚下开了一个小酒馆,虽然本小利微,但也能勉强度日。一天,一位衣着非常破烂的老道士来到辛老板开的酒馆门口找他讨酒喝,辛老板为人却是非常好,给了这个道士一些酒,道士喝完酒之后就这样扬长而去。自此之后,道士天天过来,老板也天天打发人给他酒喝。一年过去了,一年之后,道士再次来到辛老板门前对辛老板说:"我白喝了你一年的酒,现在我将要离去,我有件小礼物要送给你。"道士捡起地上的橘子皮,在酒馆内的墙壁上画了一只鹤,因为是用橘皮画的,所以是黄鹤。道士告诉老板,只要他以手相招,黄鹤就会从墙上跳下来翩翩起舞。说完道士就离开了。辛老板一试,黄鹤果然为他跳起舞来,在座的客人都看呆了。辛老板家有只会跳舞的黄鹤这个事一传十,十传百,周围的十里八乡都知道了,都过来看,辛老板家的生意也是越做越好。十年之后,道士再次来到辛老板门前,辛老板大呼欢迎,道士问:"不知道十年之间黄鹤为你跳舞让你赚的钱还够了我当年欠你的酒钱没有?"老板忙不迭地说:"够了够了,早就够了。"道士说:"既然如此,那我得带我的黄鹤离去了。"说完,道士从身上取出随身所携带的铁笛开始吹起来,黄鹤来到道士面前,道士骑着黄鹤,黄鹤扑扇着双翅起飞,道士和黄鹤越飞越高,飞到天空消失不见了。原来这个道士不是别人,正是八仙之一的吕洞宾,辛老板非常感念他与道士还有黄鹤的这段奇缘,所以用他毕生的钱财在蛇山之上建了一栋楼,取名"黄鹤楼"。

3. 黄鹤楼的建筑特色

黄鹤楼主楼高49米,共五层,攒尖顶,层层飞檐,四望如一。底层外檐柱对径为30米,中部大厅正面墙上设大片浮雕,表现出了历代有关黄鹤楼的神话传说;三层设夹层回廊,陈列有关诗词书画;二、三、四层外有四面回廊,可供游人远眺;五层为瞭望亭,可在此观赏大江景色;附属建筑有仙枣亭、石照亭、黄鹤归来小景等。远远望去,整座楼形如黄鹤,展翅欲飞。

黄鹤楼的形制自创建以来,各朝皆不相同,但都显得高古雄浑,极富个性。与岳阳楼、滕王阁相比,黄鹤楼的平面设计为四边套八边形,谓之"四面八方"。这些数字透露出古建筑文化中数目的象征和伦理表意功能。从楼的纵向看,各层排檐与楼名直接有关,形如黄鹤,展翅欲飞。整座楼雄浑之中又不失精巧,富于变化的韵味和美感。

三、古琴台

古琴台(见图13-5)又名俞伯牙台,始建于北宋,重建于清嘉庆初年(1796年),位于武汉市汉阳区龟山西脚下的月湖之滨,东对龟山、北临月湖,是中国音乐文化古迹、湖北省重点文物保护单位、武汉市文物旅游景观之一,与黄鹤楼、晴川阁并称"武汉三大名胜",有"天下知音第一台"之称。

据《吕氏春秋》《列子》等记载,春秋战国时期,俞伯牙于该处偶遇钟子期(见图

图 13-5　古琴台

13-6),弹奏一曲《高山流水》,伯牙视子期为知音,并相约一年后重临此地。不料,一年后伯牙依约回来,却得知子期已经病故,伯牙悲痛之余,从此不复鼓琴,史称伯牙绝弦。从此,人们以"高山流水"象征深厚友谊,把"知音"喻作知心朋友。中国古人将"相知"分为三重境界:恩德相结,谓之知己;腹心相照,谓之知心;同气相求,乃谓之知音。可见知音是相知的最高境界。伯牙所奏《高山流水》古曲,则随历史的长河传承不息,原先只有一曲,唐朝时已分为两曲,据说早已流传至海外。

图 13-6　伯牙遇子期

古琴台建筑群占地约 15 亩,除殿堂主建筑外,还有庭院、林园、花坛、茶室等,布局精巧、层次分明。殿堂前有琴台,为汉白玉筑成的方形石台,约 20 平方米,相传为伯牙抚琴之处。

四、晴川阁

晴川阁(见图 13-7)又名晴川楼,全国重点文物保护单位、国家 4A 级旅游景

图 13-7　晴川阁

区,与黄鹤楼、古琴台并称"武汉三大名胜"。晴川阁位于武汉市汉阳龟山东麓禹功矶上,北临汉水,东濒长江,与武昌蛇山黄鹤楼隔江相望,是武汉地区唯一一处临江而立的名胜古迹,有"楚天第一名楼"之称。

晴川阁始建于明朝嘉靖二十六年到二十八年(1547—1549 年),为汉阳太守范之箴在修葺禹稷行宫(原为禹王庙)时所增建,得名于唐朝诗人崔颢的诗句"晴川历历汉阳树,芳草萋萋鹦鹉洲"。

晴川阁景区整个占地约 10 000 平方米,平面呈三角形,由晴川阁、禹稷行宫、铁门关三大主体建筑和禹碑亭、朝宗亭、楚波亭、荆楚雄风碑、敦本堂碑,以及牌楼、临江驳岸、曲径回廊等十几处附属建筑组成。

五、武汉长江大桥

武汉长江大桥(见图 13-8)位于武汉市武昌区蛇山和汉阳龟山之间,是万里长江上的第一座大桥,也是新中国成立后在长江上修建的第一座公铁两用桥,被称为"万里长江第一桥"。武汉长江大桥建成伊始即成为武汉市的标志性建筑。

1. 多次规划

武汉区位优势独特,到清朝末期,已经成为"内联九省、外通海洋"的大商埠。1906 年,京汉铁路全线通车,而粤汉铁路也在修建当中,建桥跨越长江、汉水,连接京汉、粤汉两路的构思引起各方关注。在武汉建第一座长江大桥的设想最早由湖广总督张之洞提出,用以沟通南北铁路。

第一次规划是由中国著名的铁路工程师詹天佑担纲完成的。此次规划虽然未获实行,但其选址被历史证明为十分适宜,与此后几次规划选址基本相同。

图 13-8　武汉长江大桥

第二次规划肇始于孙中山。1919年2月,孙中山写就了《实业计划》,在其论述中即提到关于武汉修建长江大桥或隧道的选址问题。后来由于建设费用庞大,美国桥梁专家华德尔提出的方案流产,计划也就不了了之。

第三次规划是在1935年。鉴于粤汉铁路即将全线建成通车,京汉、粤汉两路有必要在武汉连通。由茅以升担任处长的钱塘江大桥工程处又对武汉长江大桥桥址做了测量钻探,并请苏联驻华莫利纳德森工程顾问团合作拟订了又一建桥计划。但由于集资困难,结果也不了了之。

第四次规划是在抗日战争结束后。战后的中国百废待兴,而兴建武汉长江大桥的计划也再度被提起。后因国共内战、经济困难,国民政府无暇顾及长江大桥的建设,武汉长江大桥的计划再次搁置。

第五次规划是在1949年。1949年9月21日至30日,中国人民政治协商会议第一届全体会议在北平召开,会议上通过了建造长江大桥的议案,并于1949年末电邀李文骥、茅以升等桥梁专家赴京,共商建桥之事。

2. 施工建设

经国务院批准后,武汉长江大桥于1955年9月1日提前正式动工。武汉长江大桥全部工程除了大桥本身以外,还包括大量配套工程,即汉水铁路桥、大桥联络线、由丹水池站经江岸西站至汉水铁路桥头的汉口迂回线(今京广铁路正线)、江岸站至江岸西站的联络线、江岸西编组站、汉西站、汉阳站等设施。

3. 建成通车

1956年6月,毛泽东从长沙到武汉,第一次游泳横渡长江,当时武汉长江大桥已初见轮廓,毛泽东即兴写下《水调歌头·游泳》一词,其中广为传诵的一句"一桥飞架南北,天堑变通途",正是描写的武汉长江大桥的气势和重要作用。1957 年 9 月 6 日,毛泽东第三次来到武汉长江大桥工地视察,并从汉阳桥头步行到武昌桥头。

1957 年 9 月 25 日,武汉长江大桥全部完工,并于当天下午举行试通车。1957 年 10 月 15 日,5 万武汉人民在武汉长江大桥举行了大桥落成通车典礼(武汉长江大桥纪念碑见图 13-9)。

武汉长江大桥不仅仅是一座桥,它还是一个时代的丰碑,是中国人民站起来了的见证,大桥的建成凝结了全国人民的汗水与智慧,也是几代中国工程专家心血的累积。自

图 13-9　武汉长江大桥纪念碑

此之后,一座座形态各异的桥梁,跨越两江四岸,三镇间的交通、经济联系更加紧密。

六、黄陂木兰文化生态旅游区

黄陂木兰文化生态旅游区坐落于武汉市黄陂区,包括木兰山、木兰天池、木兰草原、木兰古门、木兰云雾山、清凉寨等,占地面积约 18.6 平方公里,是国家 5A 级旅游景区。

1. 木兰山

木兰山(见图 13-10)是国家地质公园、省级风景名胜区、湖北省自然保护区。木兰山位于武汉市黄陂区北部,处于亚热带季风气候,其主峰祈嗣顶高度为海拔 582.1 米,是大别山南麓高峰之一。其自然区域东濒木兰天池,西临滠水河,北接长塔公路,南抵梳研公路,占地面积为 1550 万平方米。山势呈南北走向,南低北高。林地面积 373 公顷,林区面积达 2000 公顷,森林覆盖率达 95%。整个风景区分为古寨区、石景区、花苑区、山庄区四区。

木兰山不仅有着旖旎的自然风光和人文景观,而且有着悠久的历史和灿烂的文化,其风景名胜与历史文化珠联璧合,相得益彰。木兰山上,佛、道两教同处一山,建有七宫八观三十六殿,是一座有着 1500 年历史的宗教名山。这里的一山一水、一草一木都蕴藏着木兰将军的动人传说,传承着"忠、孝、勇、节"的木兰精神。

山上至今还保存着木兰花树、试箭石、龙尾石、穿箭崖、棋盘石、下马石、木兰殿、玉皇阁、祈嗣顶等一大批与木兰传说相关的遗址和遗迹，仿佛向人们讲述着木兰将军代父从军、杀敌报国的传奇人生。

图 13-10　木兰山

2. 木兰天池

木兰天池（见图 13-11）是国家级森林公园，是黄陂木兰文化生态旅游区重要组成部分。木兰天池位于武汉市黄陂区北部的石门山，距武汉市中心 50 公里，距武汉天河国际机场 40 公里。

图 13-11　木兰天池

木兰天池面积 13 平方公里，由"浪漫山水""高峡人家"和"森林公园"三大主题景园连接成一个南北走向、长达 10 余公里的森林山水大峡谷。高山环抱的木兰天池，水如明镜，清澈见底。这里是三峡濒危植物保护培育基地，有 10 多种国家一、二级保护植物在此落户。

3. 木兰草原

木兰草原（见图13-12）位于武汉市黄陂区王家河街道聂家岗，在木兰山东面、胜天农庄南面，属"木兰八景"之一。木兰草原规划面积20 000余亩，分为草原风情旅游区和休闲度假区，融草原风情观光、户外拓展、水上游乐、商务会议、休闲度假为一体，是华中地区唯一的以草原风情为主题的景区。

图13-12　木兰草原

4. 清凉寨

清凉寨（见图13-13）位于武汉市黄陂区蔡店街道西北部，距武汉市中心城区85公里，距黄陂中心城区62公里，平均海拔600余米，景区总面积10平方公里，年平均温度低于武汉市中心城区4～6 ℃。清凉寨山体高大陡峭，植被丰富，层峦叠嶂，是"木兰八景"之一。

图13-13　清凉寨

第二节　武汉之地名

　　武汉是一座历史文化名城,武汉的地名见证了历史的风云变幻,沉淀了岁月的沧海桑田,武汉的街路名同样具有独特性、历史性、时代性、地域性,武汉的地名也是武汉的一张独特的名片。武汉地名有些来自传说和历史故事,有些源于重大历史事件,在武汉这片热土上,很多历史人物书写了他们人生的壮丽篇章,武汉人将他们的名字留在了武汉的大街小巷。

一、源于传说和历史故事的地名

1. 六渡桥

　　传说现六渡桥一带为水洼之地,一位老人的独生儿子在此不慎失足落水,老人遂募捐修桥,募六斗米,并带动其他人捐钱捐物,很快修好了桥,故名六斗桥,即为现今的六渡桥。

2. 丹水池

　　丹水池是京广铁路线上的一个小站名称。传说清末有位老人在这里江边端水,有人问他此地叫什么名字,他以为问他在干什么,随口答道:"端水吃。"问话人只听到三字的字音,以为当地名叫丹水池,沿用至今。

3. 卓刀泉

　　相传在赤壁大战前,关羽奉诸葛亮之命,率兵马途经此地。正值盛夏,士兵们酷暑难熬,关羽便派人四处寻找水源,均无所获。这时,一名老者告诉关羽:"这里原是水丰林茂之地,后来出了个老虎精,把湖湾水源全给糟蹋了。"话刚出口,一阵狂风起处,一只金睛白额老虎张牙舞爪地扑了过来。关羽见状,随手祭起那把青龙偃月刀。大刀化为一条青龙,呼啸着迎虎而上,瞬间飞沙走石,龙虎斗得天昏地暗。青龙越斗越勇,猛虎一阵惨叫,趴在地上化成一座石头山,而青龙又还原成大刀回到关羽手中。随后,关羽以刀斫地,就在他的大刀斫地之处,居然冒出涓涓清泉。后来,人们便把这处清泉取名为卓刀泉,把白虎精化成的山叫作伏虎山。

4. 钟家村、古琴台、琴断口

　　前面介绍了钟子期和俞伯牙的故事,与这传说相关的三个地方,都有了相关的地名:钟子期隐居亦即俞伯牙痛失知音的村子,叫作钟家村;两位知音切磋之处,叫作琴台;俞伯牙绝望摔琴的渡口,叫作琴断口。

5. 姑嫂树

1521年,明兴献王世子朱厚熜从钟祥赴京继承帝位时,曾乘船经过此河,后人便将此河改称为接驾河(后又谐音改名捷径河)。有个姓刘的船民在接驾河上以撑船为生,他和他的妻子、妹妹在此筑墩建屋居住,称为刘家墩。刘家姑嫂在家,除种地外,还在农闲时到墩西的余家塘埂上摆摊卖茶、卖稀饭。为了便于过往行人歇息,她们在塘埂上种了一棵棠梨树。此树长大后,枝繁叶茂,粗壮高耸,不仅可为行人歇息时遮阴,而且成为这一带水陆通道的显著标志。从此,人们称这一带为姑嫂树,而不再称刘家墩。

6. 舵落口

舵落口之名源于当地流传的一则神话,数百年前,这里原有一湖,湖边有一仙翁,一日伫立船头,从一只葫芦里放出一股黑气,霎时一声雷鸣,其船沉于湖底,仙翁腾空而去。当地渔民捞起沉船,不见其舵。一年大旱,湖水干涸,渔民在沉船处的泥沙下发现脱落的船舵,忽然变成一条红龙,腾空降雨。人们感念仙翁脱落于湖中的船舵化龙降雨的大恩,便称这一带为舵落口。

7. 取水楼

新华路体育场附近,有个地方叫取水楼。相传早先取水楼这里的百姓吃水十分困难。因无钱挖井,只得到当地财主家买井水吃。财主有个心地善良的美貌女儿,经常偷偷接济穷人。她多次看见一个书生帮助前来汲水的老人,且长相出众,渐萌生爱心。这位书生父母双亡,孤身一人寒窗苦读,小姐得知愈加怜爱,让书生到她家提亲。可财主嫌贫爱富,小姐只好暗中资助。书生赴京应试时,财主把女儿许配给了一有势有财的浪荡子。迎亲那天,小姐在绣帕上写下遗书后投井自尽了。书生中进士后,皇帝恩准其回乡做县令。书生得知小姐不屈投井的事情后大哭一场。上任后他支出官银,开挖了一个大水塘,供百姓饮用,因县令姓白,大家取名白水湖。后县令又在小姐自尽的水井旁盖起一栋漂亮的楼阁,取名取水楼,表达对小姐的赞美和怀念。如今,取水楼早已被拆除,但地名仍沿用至今。

8. 升官渡

清道光年间,蔡甸大集场有一吴姓举人进京赶考,走到汉阳城西一渡口,因无渡船,万分焦急,深恐误考。适逢一位渔翁在此收网,见此情景即摇船送他到对岸,吴举人正要付酬,渔翁不收,说:"这里虽是南来北往要道,但战乱不断,没人敢

设渡,如他日金榜高中,若能架座木桥,八方百姓定会感恩于你。"吴举人听后连连称是。赶考完毕,吴举人被钦点进士,后几经升迁,至汉阳府县令。他没有忘记渔翁的话,在此架了座木桥,百姓方便欢喜,称此地为升官渡,以表示对吴举人的钦佩。

9. 三眼桥

相传,前清一位盐商的女儿与一年轻渔夫成亲后,小两口靠打鱼兼运盐,小有积蓄。几年后,两口子回娘家,到此请渡船。贪心的船主"狮子口"大开,提出要付足十两银子方肯接送他们。面对船主的"敲竹杠",夫妇俩好不心烦。于是卖掉仅有的三艘盐船,斥资在这琴断河上修起石桥。乡民们感念他俩的义举,便将此桥唤作三盐桥。因桥下为双墩三孔,久而久之又被谐称三眼桥。

10. 珞珈山

珞珈山原名罗家山,指此处原本有罗姓家族居住,也有人称之落驾山。传说在春秋战国时期,楚庄王平定了叛乱以后,见死伤的人数不多,国家的元气未伤,决定继续出征,并将大营移到东湖南岸一座风景秀丽的小山上,对参加平定叛乱的人论功行赏,还赦免参与叛乱的人。这样一来,全军上下斗志昂扬,楚军在战斗中又接连获胜。后来,人们就把楚庄王设营的这座山称为落驾山,由国立武汉大学首任文学院院长闻一多先生将其改为现名珞珈山。

11. 龟山、蛇山

很久以前,大禹承父遗志,为治水三过家门不入,率领百姓挑土筑堤,疏江导河,劳动号子声震云霄,惊动了玉皇大帝。玉帝深为感动,派龟、蛇二将下凡帮助治水。大禹非常高兴,便叫蛇做开路先锋。蛇领命后努力向前,所过之处立刻出现一条大江。由于蛇走起路来弯弯曲曲,故蛇拖出的大江也曲折而行,龟则紧跟在蛇后面,背上驮着神土,让大禹及时将神土撒下筑成长堤。当长江开到汉水口时,龟蛇因出力过度,累得不能动了,龟就趴在汉阳,蛇就躺在武昌,龟蛇隔江相望,化成龟、蛇二山,护佑着两岸百姓不受水害。

12. 墨水湖

墨水湖的名称来源及传说有许多种,最主要的传说是:古代有个秀才住在湖边,每日勤奋著书写字,常到此洗笔(也有说是五代十国时期,昭明太子写《昭明文选》后,在湖内洗笔),而把湖水染黑,致湖色墨黑而得名。

13. 胭脂路

说到胭脂路的来历，不得不提及胭脂山。从前，这里曾横卧一东西走向的小山，山不大，却颇有来头，话说是当年南海观音赶赴王母娘娘的蟠桃盛会，途中停下来休息时，不慎打翻了胭脂盒，胭脂盒掉到人间，化作了这座名曰胭脂山的小山。

二、源于重大历史事件的地名

1. 集家嘴

据《汉口丛谈》载：明嘉靖元年，世子朱厚熜从钟祥出发，经此赴北京继承皇位，因此后人把皇帝经过的这个渡口称为接驾嘴，后来因这里码头多作转运粮食之用，改称集家嘴。

2. 广埠屯

明太祖时要求诸王护卫军屯田护卫，明成祖时更是要求发展农业生产。楚王积极响应，他命令驻扎在东门外交通孔道口的护卫军置屯耕戍。明太祖时赐给诸王的仓库名称都以"广"字开头，楚王的仓库名"广埠"，因而护卫军屯垦之地就称为广埠屯。

3. 阅马场

阅马场位于武昌城区的中部，东至蛇山洞延伸出来的武昌路，南至阅马场小学，西至湖北剧场，北至蛇山南麓，东西长100米，南北宽300米，是个知名度很高的广场。清代初年，巡抚刘兆麟在明代楚王府之东辟建练兵演武的校场，场上有演武厅，是举行武科考试的场所，称为阅马厂。新中国成立后在书写时改"厂"为"场"，已经约定俗成。

4. 二七街

二七街是二七大罢工的发源地，因纪念二七大罢工而得名，附近的很多地名包括桥梁都以"二七"命名。1923年2月1日，京汉铁路工人在中国共产党的领导下，在郑州召开京汉铁路总工会成立大会，遭到直系军阀吴佩孚的阻挠和破坏。4日，京汉铁路沿线三万多工人举行总同盟罢工。7日，吴佩孚派军队对罢工工人进行血腥镇压，江岸分会委员长共产党员林祥谦、京汉铁路总工会法律顾问共产党员施洋先后惨遭杀害。此后各地工会组织除广东、湖南外都遭封闭，全国工人运动暂时转入低潮(武汉二七纪念馆见图13-14)。

图13-14　武汉二七纪念馆

5. 起义街

起义街位于武昌起义门外,长不足400米,南起赛宝巷,穿明伦街,北止于起义门(见图13-15)。起义街原本不叫起义街,因挨近武昌城的中和门,称为中和门外正街,之所以易名起义街,缘于改变中国命运的一桩重大历史事件。

图13-15　起义门

辛亥革命第一枪打响之后,战事进展很快,不久,起义军就占领了军火囤积要地楚望台。其后,按原计划,起义军一方面坚守已经占领的地盘,一方面派人冲击中和门。城门洞开之后,火速迎进南湖炮队,人拉马拽地,把各式火炮辎重拖进城来,在中和门城楼和蛇山架设起,向总督署一带固守顽抗的清军好一阵猛轰。就这一阵子炮轰,轰下了满清政府的龙旗,轰垮了中国最后一个封建朝代,轰出了一个革命军政府。中和门在辛亥革命武昌城光复的战争中起了如此重要的作用,故首义成功后的第二年亦即 1912 年,革命军政府将中和门改名为起义门。这一改惠及中和门外正街,亦得了个起义街的名字。

6. 失马港和卸甲岭

失马港和卸甲岭不在市区,却是武汉地名文化史中相当精彩的一页。李自成,这位曾经横扫中国的农民领袖,在武汉留下的地名竟然就是他的最终结局。

李自成从襄阳败退至武昌的路上连战失利,全部人马不足 20 万。李自成到达武昌后,将大顺军布置在汉阳龟山、美娘山及扁担山这些屏障之地,又在武昌城内外的大、小东门等处也安置大军防守。但是,由于长途奔走,加之连战皆败,大顺军军心已涣散。因此,当清兵追到汉阳时,美娘山、扁担山防线迅速被攻破。为了保存仅有的一点实力,李自成下令趁夜色从武昌城突围。大军边打边撤,撤至今天的洪山区左岭镇的一条小河港时,身处血海中的李自成失身从马上摔下,混乱中战马离开了主人。这就是失马港地名的由来。

失去了战马的李自成靠着士兵的浴血保护,才得以退到一个比较安全的小山坡(今左岭镇庙岭公路东侧),为了迅速地脱离危险地带,李自成在山坡的树林中脱下了沉重的铠甲,这就是卸甲岭地名的由来。

7. 与京汉铁路相关的地名

京汉铁路(当时称为卢汉铁路)是洋务运动的产物。沿着这条铁路,产生的几乎都是与铁路有关的地名,玉带门、大智门、循礼门等都是当时铁路上重要的站点。大智门火车站(见图 13-16)于 1903 年建成启用,是京汉铁路的终点站,在当时是亚洲首屈一指的现代化车站。尽管现在铁路已不复存在,但由京汉铁路派生的地名被沿用了下来。

图 13-16　大智门火车站

顺道街形成于民国初年,是一条和京汉铁路平行的道路,是一条沿着京汉铁路的走向而开辟的道路。用最通俗的话解释这个地名,就是顺着铁路线开辟的一条街,故名顺道街。

京汉铁路沿线的地名中,有三处提到了滑坡。当初修建卢汉铁路时,为了保证铁路路基的坚固,防止水患对路基的影响,均以石块砌筑护坡,抬高路基。路基修筑完毕后,通常高于地面6~8米。从路基到地面的高且陡的护坡,就是我们说的滑坡。从江汉区到江岸区,短短的距离内,有三个地名称为"滑坡"。

单洞门和双洞门的名称也来自京汉铁路。双洞门位于江汉区友谊路和双洞正街相交处。卢汉铁路修到此处时,是费了一番周折的,因为这里的路基较低,修建护坡不合适,铁路建设者便在这里建立了跨路双孔砖石桥,俗称"双洞门"。随着居民区的不断扩大,这一带的街巷都以此派生得名。单洞门是建设者修建的半圆形的通道,单洞门实际上是单孔隧道桥洞,洞的上方就是京汉铁路的铁轨。

三、与历史人物相关的地名

1. 中山大道和中山路

在汉口有中山大道,在武昌有中山路,以"中山"为名当然源于孙中山。孙中山名文,字德明,号日新,后改逸仙,在日本从事革命活动时曾化名中山樵。孙中山出生于1866年11月12日,广东香山(今中山市)翠亨村人,出身于农民家庭,青少年时期受到广东人民斗争传统的影响,向往太平天国的革命事业。孙中山是中国伟大的民主革命先行者,武昌起义就是在以孙中山为首的革命派的影响和领导下爆发的。

2. 黄兴路

在汉口胜利街和友谊街之间有一条与之垂直的马路名叫黄兴路。黄兴是近代民主革命家,武昌起义的指挥者之一。辛亥革命是孙中山领导的,但具体组织国内起义的则是黄兴。特别是黄花岗、武昌两大起义,黄兴都直接指挥,并亲自参战。所以有人说,孙中山是一面旗,黄兴是一把剑,二人并称"孙黄",都是辛亥革命的领袖。

黄兴路原在法租界内,法国人命名为巴黎街,抗战胜利后更名黄兴路,就是为了纪念这位为辛亥革命做出重要贡献的革命先驱。

3. 蔡锷路

蔡锷路在汉口车站路下首,东南端为滨江公园粤汉码头。蔡锷路原在法租界内,称为福熙大将军街,1945年后易名。蔡锷是中国近代军事家,武昌起义爆发后,与云南讲武堂总办李根源在昆明举兵响应,建立军政府,任云南都督。1913年12月在云南组织护国军起兵讨伐袁世凯。

4. 张自忠路

在汉口沈阳路下首与沿江大道、中山大道垂直有条街名为张自忠路。张自忠是国民革命军第三十三集团军总司令,著名抗日爱国将领。抗日战争爆发后,他率部南下抗战。1940年5月1日,在枣宜战役中英勇殉国。1982年,中华人民共和国民政部追认张自忠为革命烈士。为纪念这位抗战英雄,将原日租界内的成忠路改名为张自忠路。

5. 岳飞街

岳飞街与车站路垂直交叉,上起黄兴路,下接中山大道。这条街原在法租界内,原名霞飞将军街,是以法国征战亚非的将领霞飞命名的。后改名为岳飞街,以纪念这位曾在武汉活动的精忠报国的民族英雄。

6. 彭刘杨路

从武昌造船厂东大门往北,有一条从平湖门至阅马场的东西行马路,称为彭刘杨路。这条路是纪念在武昌起义中献出了宝贵生命的彭楚藩、刘复基、杨宏胜三位烈士的。1931年在他们献身的湖广总署东辕门旧址,现在武昌造船厂东大门内建立了三烈士亭。亭中立石碑一块,上书"彭刘杨三烈士就义处"9个大字。1991年值武昌首义80周年之际,武昌区人民政府举办首义文化节,在武昌阅马场树起了彭、刘、杨三位烈士的塑像,让后人瞻仰和缅怀烈士的英雄勋业。

7. 张公堤与张之洞路

张公堤位于武汉市东西湖区东部,东起汉口堤角,西至舵落口,全长23.76公里。原为清光绪三十一年(1905年)张之洞任湖广总督时,为治理水患、确保汉口安全拨款所建,故称张公堤。

张之洞路位于武昌紫阳湖以北,西起临江大道,东至中山路。因此路有张之洞任湖广总督十多年的总督衙门和他洋务新政办的实业、学堂、兵营的遗址和遗迹,1936年曾被命名为张之洞路,1972年更名为紫阳路,2010年又命名为张之洞路。

8. 郝梦龄路

汉口胜利街上有一条小路叫郝梦龄路,它是以抗日名将郝梦龄将军的名字命名的。郝梦龄曾任国民革命军第九军军长,1937年他由贵州北上抗日,10月16日在山西忻口指挥战斗中以身殉国,时年39岁,被追认为上将。10月24日,郝梦龄的灵柩运回武汉,以国葬之礼安葬在武昌卓刀泉。郝梦龄将军是抗战初期牺牲在抗日疆场上的第一位军长,为了纪念他,将燮昌小路改名为郝梦龄路。

9. 陈怀民路

在汉口中山大道上有一条600米长的路叫陈怀民路,它是以抗日英雄陈怀民的名字命名的,以纪念这位以身殉国的空军英雄。

1938年4月29日,侵华日军航空队出动飞机空袭武汉,陈怀民奉命在武汉上空与敌机展开短兵相接的鏖战,结果年仅22岁的陈怀民壮烈牺牲。"四·二九"空战,中苏空军联手击落日机21架,中国空军损失飞机12架,此战是抗战中最激烈的一次空战。之后,陈怀民遗体被安葬在武汉青山,后迁至武昌阵亡将士公墓。抗战胜利后,国民政府在南京航空烈士公墓为他建立了衣冠冢。武汉人民为了纪念他,将汉口原租界的一条路命名为陈怀民路。

图13-17 黎黄陂路街头博物馆标识

10. 黎黄陂路

黎黄陂路位于武汉市江岸区,东南到沿江大道,西北到中山大道,长604米,与两侧的兰陵路等马路平行,中间与洞庭街、鄱阳街、胜利街等街道相交。此路原在汉口俄租界,称夷玛路。因黎元洪是武汉黄陂人,人称"黎黄陂"。1946年元旦,国民政府在收回全部租界后,将夷玛路命名为黎黄陂路。

如今的黎黄陂路被辟作街头博物馆(见图13-17),街道的两侧至今仍完好保留着许多租界时代留下来的欧式建筑,包括俄国巡捕房旧址、中华基督教信义大楼旧址、美国海军青年会旧址、顺丰银行旧址、巴公房子旧址和高氏医院旧址等17座楼房。

第十四章　武汉之人文

第一节　武汉之人物

武汉自古以来就是山河形胜之地,区位优势得天独厚,因此武汉物华天宝、山水相彰、人杰地灵。在武汉历史发展中,武汉这座历史文化名孕育了无数的名人,无数的英雄豪杰在武汉这个舞台上书写了他们的辉煌人生。

一、禹功矶上思大禹

在汉阳晴川阁与武汉长江大桥之间的汉阳江滩之上,有以一组雕塑为主题的景观园,这个景观园的主角就是大禹。禹姓姒,名文命,史称大禹、帝禹,为夏侯氏首领、夏朝第一任君主。相传四千多年前中华大地洪水泛滥,禹的父亲鲧用堵的办法治水,结果功用不成,水害不息,被杀于羽山。禹继续了父亲没有完成的使命,禹主要用疏导的方法治理洪水,最后功成,最终舜将王位禅让给他,禹成为夏朝的第一任天子。全国很多地方都流传着大禹治水的传说,留存着大禹遗迹。"南为江汉淮汝,流之注五湖之处,以利荆楚、于越与南夷之民。"《墨子·兼爱》中的这段话表明长江、汉水流域正在大禹治水范围之内,大禹神话园正是源于武汉流传的相关传说。今天的龟山古名大别山,得名源于大禹。传说大禹治水初登此山时,发现山南山北景色迥异,脱口而出,一山观两景,真大别也,大别山由此得名。后来得一灵龟相助,杀死水妖,汉水疏导成功,灵龟化成一座山,即龟山。龟山东麓有名为禹功矶的临江石头矶,相传为禹疏导汉水如长江之所。此地元代有禹王庙,清代立有禹公碑,碑上以蝌蚪文记叙了大禹治水之功。在离龟山四十余里的东西湖有一古镇名柏泉,也与大禹关。据说禹在龟山植柏树一棵,该树的根系一只延伸到了一口古井,此井名为柏泉井,柏泉古井今天仍在。有关大禹的传说,遍布三镇的大禹庙阁及相关的地名体现了武汉人浓浓的大禹情结,武汉人在

挣扎着抵御洪水的心态使大禹成了武汉的一张文化名片。

二、开疆武汉的楚君熊渠

熊渠生活于公元前9世纪,西周时楚国国君。熊渠继位后积蓄力量,得到江汉间各族人民的拥护,是楚国对武汉地区的开拓者。当时他乘周王朝势力衰落之机,从周夷王七年开始,大力向外开拓疆土。先后征伐了荆山(今湖北武当山东南、江水西岸)以西的庸国(今湖北竹山一带)、长江中游的扬越,随后又沿江东进至江南的鄂国(今湖北鄂州市一带),使楚国的疆域得到很大扩展。武汉也由此纳入楚域。他因此藐视西周王朝,自立为"王",占有了江汉间广阔的土地。后来,他为避免西周王朝的征讨,去掉了楚王的称号,同时派人再次向周王室进贡龟贝,臣服周王,使楚国在扩境之后,得到了一个休养生息的时期。

三、屈原行吟鄂渚

屈原名平,字原,是我国杰出的爱国诗人。楚武王儿子瑕的后裔,故乡在湖北秭归东北乐平里。他的治国主张是选贤任能,厉行法治,合纵抗秦,改革政治,振兴楚国。由于遭谗言中伤,被楚怀王贬谪,在改革无望之际,屈原流浪于汉水北(今宜城、襄阳一带),后又被楚怀王封为三闾大夫,但并不被信任,难酬其救国之志。不久,楚怀王应秦国之约去武关谈判,受骗被扣,客死秦国。楚顷襄王继位后,屈原被罢官,被放逐到遥远的南方——湖南溆浦。

相传,屈原随顷襄王逃离郢都时,沿长江东下,直抵陵阳(今安徽以南的陵阳镇)。不久,又溯江而上,抵达鄂渚(在今武昌),行吟于泽畔。还有传说,屈原放逐江南溆浦时,绕道鄂渚,行吟泽畔。又云,公元前278年,屈原放逐途中来到汉阳,吟下了"登大坟以远望兮,聊以舒吾忧心"的诗句。据郭沫若解释,大坟就是龟山。

为了纪念屈原,弘扬其爱国情怀和对楚文化的卓越贡献,并取其泽畔行吟之义,武汉东湖建有行吟阁,塑有屈原像。汉阳龟山还有望郢台旧址。

四、一代狂士数祢衡

祢衡,字正平,平原郡(今山东德州临邑德平镇)人,东汉末年辞赋家,时任江夏太守书记,代表作有《鹦鹉赋》《吊张衡文》。祢衡恃才傲物,和孔融交好。孔融著有《荐祢衡表》,向曹操推荐祢衡,但是祢衡称病不肯去,曹操封他为鼓手,想要羞辱祢衡,却反而被祢衡裸身击鼓而羞辱。后来祢衡骂曹操,曹操就把他遣送给刘表,祢衡对刘表也很轻慢,刘表又把他送去给江夏太守黄祖,最后因为和黄祖言语冲突而被杀,时年二十六岁。祢衡死后,黄祖后悔不迭,以礼厚葬之于黄鹤楼下、长江中的一处险要的沙洲之上。黄祖为祢衡修墓立碑,并在墓前建一祠堂。

因祢衡曾在此洲作的《鹦鹉洲赋》名扬天下,后人为纪念他,将此洲称为"鹦鹉洲"。

五、抗清名将熊廷弼

熊廷弼(1569—1625),字飞百,又字芝冈,江夏人。1598年中进士,初任保定推官,任工部主事,后起为大理丞。1608年奉命巡抚辽东时,弹劾巡抚赵楫及总兵官李成梁弃地驱民之罪。建议在边境屯田及修缮城垣、建筑堡垒等,均准予施行。后因与巡按御史荆养不和不睦而被罢职。1619年后金(清)攻占开原、铁岭、抚顺,守将杨镐兵败,明廷震动。因他熟谙边事,被提升为兵部右侍郎兼右佥都御史、辽东经略。他造战车、治火器、浚濠筑城、召集流亡、整肃军令、训练部队,在职年余,后金不敢侵掠。熹宗即位后,遭魏忠贤诬陷,被排挤去职归籍。321年,后金侵占辽阳、沈阳,朝廷惊恐,任命他为兵部尚书,再任辽东经略,但实权操在阉党参议、广宁巡抚王化贞手中。王不懂兵事,大言轻敌,不受调度,仅分兵五千予他守山海关。王自拥兵十四万守广宁(今辽宁北镇)。次年,王大败,他被迫随同退至关内。朝廷追究责任时,魏忠贤索贿不得,遂指使党羽诬陷他侵吞军资十七万。1625年被冤杀,传首级于九边,弃尸骨于荒野。崇祯时才诏许其子持头归葬。著有《辽中书牍》《熊哀愍公集》。今武昌之熊廷弼路是后人以其名命名的。墓地在江夏区西南的官坊岭。熊当年免职回籍时,曾筑熊公堤,即今武金堤。

六、民国总统黎元洪

黎元洪(1864—1928),字宋卿,黄陂黎家河(今属大悟)人,故人称之为"黎黄陂",中华民国第一任副总统、第二任大总统。

1911年10月10日,武昌起义爆发。革命党人吴兆麟等根据革命团体在起义前商议,"以黎元洪在湖北负人望,且甚得军心,此时出任都督,最为合适"的意见遂到黎住处。据传,黎元洪当时躲在一个僚属家床下,初将他拥到楚望台,后拥至咨议局,举为都督,故人称为"床下都督"。

黎元洪到北京后,不接受袁世凯封赠的武义道王,对袁称帝不赞同。1916年6月袁世凯死后,黎元洪出任大总统。在对德宣战问题上,与内阁总理段祺瑞矛盾日益尖锐,由此演成"府院之争"。7月张勋带兵入京复辟,黎元洪被迫弃职避走天津。1922年6月,直系军阀集团要黎元洪复职,他于月6日发出著名的"鱼"电,提出"废督裁兵"作为出山的条件。11日在曹锟、吴佩孚的"拥戴"下,入京复任大总统。1923年6月被直系军阀赶下台,11月东渡日本养病,1924年5月回到天津做寓公。

1928年6月3日,黎元洪因脑溢血逝世。1935年11月24日,国民政府在武昌为黎元洪举行国葬。汉口有黎黄陂路,以纪念这位民国总统。

七、京戏泰斗谭鑫培

谭鑫培(1847—1917),本名金福,字望重,堂号英秀。武昌大东门外沙湖一带谭家湾人。著名京剧演员,主攻老生,有伶界大王之赞。

谭鑫培的唱腔不但吸取程长庚、余三胜、张二奎等人唱法之精粹,且糅合青衣、老旦、花脸各行当的音调及昆曲、梆子和大鼓声腔,形成独具特色的"云遮月"的嗓音,创造了飘逸洒脱、悠扬婉转、于平淡中见灵巧、长于抒情、有时略带感伤的"谭派"唱腔,轰动京城。1905年,谭鑫培主演的《定军山》被拍成电影,是中国最早的戏曲片;也灌成唱片,是中国最早的唱片。1917年,广西军阀陆荣廷到京,北洋军阀为陆举办堂会,以示欢迎,强迫患病的谭鑫培演出《洪羊洞》,谭演后心情抑郁,病情加重,不久去世。

京剧著名老生余叔岩、言菊明、马连良、杨宝森、奚啸伯、李少春,直到当代的名演员孙岳、殷宝忠等,无不宗法于谭鑫培。谭鑫培有八男二女,其子孙多沿袭其唱功,谭门成为戏曲界少见的绵延七代的梨园世家。1997年,武汉举行了纪念谭鑫培诞辰150周年演出,谭氏子弟在汉演出,轰动一时。江夏建有谭鑫培公园以纪念这位艺术大师。

八、"东湖之父"周苍柏

周苍柏(1888—1970),湖北武汉人,中国现代著名银行家、实业家、爱国民主人士。1917年毕业于美国纽约大学经济系。曾任汉口上海银行经理,湖北省银行总经理,重庆华中化工厂、汉中制革厂董事长。

1949年新中国成立后,时任省政协副主席的他主动将位于东湖西北岸边、周氏家族培植和修整了数十年的私家园林"海光农圃"捐赠给新中国的人民政府,更名为"东湖公园",即今天东湖风景区的前身,因此被誉为"东湖之父"。

九、打响武昌起义第一枪的熊秉坤

熊秉坤(1885—1969),原名祥元,又名炎炳,字戴乾,江夏人。早年在武昌平湖门一带码头做搬运工。后入湖北新军第八镇工程第八营当兵,加入日知会。

1911年(宣统三年)春,加入共进会,担任共进会工程第八营营代表。至起义前夕,任工程营革命军大队长。10月10日,工程营面对孙武受伤、彭楚藩、刘复基、杨洪胜三烈士就义,起义计划暴露的严峻局面,议决率先发动起义。程正瀛首先开枪打死值班排长陶启胜,后击毙前来弹压的黄坤荣、张文涛,全营振动,枪声四起。熊立即"下楼吹哨笛集合队伍",随即对空连放3枪,率部占领楚望台军械库。进攻督署战斗开始后,熊组成敢死队40人攻破督署东辕门。督署下,武昌光复。为此,熊常被誉为打响武昌起义第一枪者。

十、武昌首义孙武

孙武(1879—1939),原名葆仁,字尧卿(又作摇清),号梦飞,汉口柏泉乡人。近代民主革命家,共进会领导人之一。自幼好武,故以武为名,名片曾作"孙武摇清",以示反清。

1909年,共进会编会党为五镇,旋赴梧州参加起义,事败后退居香港,经冯自由介绍加入中国同盟会,并假托孙文之弟的名义开展工作。不久,返汉口创办《雄风报》。孙武主张实行"抬营主义""借矛夺盾",由联络会党转而运动士兵。1911年9月24日,孙武被武汉共进会、文学社等团体推为主席,准备组织武昌起义,并被推为革命军参谋长。1911年10月9日,孙武在汉口俄租界宝善里试验炸弹,爆炸负伤撤退,引起清军大搜捕,致使革命党人于10日仓促起义。武昌起义后,孙武任湖北军政府军务部部长,1912年3月自行引退。1915年任参政院参政。1922年,湖北督军萧耀南委孙武为汉口地区清查督办。1926年,任湖北地区清查督办。国民革命军北伐军抵武汉后,孙武退居北平。1939年11月10日病逝于北平。

十一、董必武和武汉中学

董必武(1886—1975),原名董贤琮,又名董用威,字洁畲,号壁伍,湖北红安人。中国共产党的创始人之一、伟大的马克思主义者、杰出的无产阶级革命家、中华人民共和国开国元勋、党和国家的卓越领导人。

1919年在上海初步接触了马克思主义以后,便和陈潭秋等同志商量,决定办学校宣传马列主义,培养革命骨干。经过他们的艰辛创业,1920年春在武昌涵三宫(今双柏街)南面小巷中原湖北教育会的一所房里办起了武汉中学。董必武在实际主持武汉中学期间,毅然冲破旧的封建教育的传统,大胆创新,实行教育革命。譬如他打破男女分校的壁垒,破例招收了三名女生,尽管舆论大哗,他也毫不动摇。在董必武的倡导下,武汉中学在湖北首先采用白话文教学。他自编自选国文教材,还带学生到附近农村、工厂做访问。董必武特别重视作文教学。他反对写八股文,提倡自由体。

董必武主持的武汉中学,既是造就人才的革命摇篮,又是团聚革命分子的战斗堡垒。为了使学校教育紧密结合武汉地区斗争实际,董必武组织学生走出校门、投入社会斗争。

武汉中学从1920年春举办,到1928年被反动军阀封闭,经历了八个春秋。董必武从创办起一直工作至1925年。1925年春,适应国共合作的新形势,董必武调

出武汉中学,但仍然和武汉中学保持联系。在董必武和学校党团组织的教育下,许多武汉中学的学生参加黄麻起义、鄂南农民起义,成为坚定的无产阶级革命战士。

武汉中学于1965年得到重建,校内建有董必武陈列室。

十二、江城精英恽代英

恽代英(1895—1930),又名遽轩,字子毅。祖籍江苏武进(今常州市武进区),生于武昌。中国共产党早期著名的青年运动领导人之一。

1913年进武昌中华大学预科。1917年10月,在该校学生中发起组织进步社团互助社。1921年加入中国共产党。1923年夏调上海,参加中国社会主义青年团中央的领导工作,曾任团中央宣传部长及《中国青年》主编。1926年3月,任黄埔军官学校政治总教官。1927年春,主持武汉中央军事政治学校,并参与中共湖北省委的领导工作。同时,在中央农民运动讲习所兼课。5月中旬,夏斗寅叛变;他领导中央独立师,协助叶挺部队,击退了夏斗寅的进犯,保卫了武汉的安全。后参加"八一"南昌起义,任组织起义的前敌委员会委员。广州起义时,任广州苏维埃政府秘书长。在中国共产党六届二中全会上继续当选为中央委员,并任中共中央宣传部秘书长。1930年,在《红旗》上发表《请看闽西农民造反的成绩》和《闽西苏维埃的过去与将来》,热情赞颂毛泽东、朱德在苏区的革命斗争。同年,因反对李立三的"左"倾错误而受打击,后调任上海沪东区行动委员会书记。5月6日,被国民党反动派逮捕。1931年4月29日,在南京监狱中遭杀害。牺牲前写下了"浪迹天涯忆旧游,故人生死各千秋,已摈忧患寻常事,留得豪情作楚囚"的不朽诗篇。

十三、革命先驱陈潭秋

陈潭秋(1896—1943),名澄、宗秀,字揪苏,号云先、潭秋,化名孙志、徐杰、徐国栋,湖北黄冈人。幼时受胞兄中国同盟会会员陈树三的民主革命思想影响。1912年就读于武昌湖北省立第一中学,1915年入国立武昌高等师范学校(简称武昌高师)预科,次年转英语部。1919年五四运动时期,带领武昌高师英语部同学上街游行、演讲,声援北京学生反帝爱国行动。同年夏,随武汉学生参观团赴上海交流学生运动经验,结识董必武、李汉俊等。1920年春,受聘于董必武等创办的私立武汉中学,任英语教员,开始学习、传播马克思主义。

1920年秋,与董必武、刘伯承等在武昌抚院街董必武寓所秘密举行会议,成立武汉共产党支部(后通称武汉共产主义小组),参与发起组织公开的马克思学说研究会和半公开的武昌社会主义青年团。1921年春,任武汉共产党支部书记。7月出席中国共产党第一次全国代表大会。同年秋,中共武汉地方委员会成立,任组织委员,以其任教的私立武汉中学、私立共进中学、武昌高师附小等校为阵地,传播马克思主义,发展党员、团员。1922年领导女师学潮。1927年4月,出席中国共产党第五次全国代表大会,当选为中共中央候补委员。后任中共湖北省委委员、组织部长。

1927年"七·一五"事变前夕,离汉前往江西。后历任中共江西省委书记、顺直省委宣传部长、中央组织部秘书、江苏省委秘书长、福建省委书记、中华苏维埃共和国中央临时政府粮食部长、中共驻共产国际代表。1942年在任中共驻新疆代表和八路军驻疆办事处主任时被新疆军阀盛世才秘密逮捕,1943年9月27日惨遭杀害。由于消息隔绝,1945年在中共第七次全国代表大会上仍被选为中央委员。其遗作被收入《陈潭秋文集》。

十四、工人出身的革命家项英

项英(1898—1941),原名项得龙,亦作项德龙、项德隆,笔名夏英,湖北江夏(今武汉市江夏区)人。杰出的无产阶级革命家,著名的工人运动活动家、党和红军早期的领导人之一、新四军的创建人和主要领导人之一。

从1920年起,项英就投身于工人运动,1922年4月加入中国共产党。在中国工人运动的第一次高潮中,项英同志是最活跃、最有影响的领导人之一。在中共三大、六大上分别被选为中央委员、中央政治局委员。1926—1930年期间,曾任湖北省总工会党团书记、全国总工会执行委员兼上海总工会党团书记。1931年后,任苏区中央局代理书记、中华苏维埃共和国临时中央政府副主席等职。红军主力长征后,任中共中央江西分局书记、中央苏区军区司令员兼政治委员,在赣粤边坚持游击战争。

抗日战争时期,1941年1月,项英任中共中央东南局书记、新四军副军长兼政委。在国民党反动派发动的皖南事变中,项英被叛徒杀害。

新中国成立后,项英遗骸于1955年6月移葬于南京雨花台烈士陵园。1990年,在武昌为项英立了铜像,镌有中华人民共和国国家主席杨尚昆题词——"项英同志浩气长存"。

十五、国家主席李先念

李先念(1909—1992),1909年出生在湖北黄安(今湖北红安)一个贫苦农民家中,是一位以湖北、武汉为根基的党和国家领导人。15岁时,李先念就到汉口学木工,人称"小李木匠"。1926年北伐军占领武汉后,湖北农民运动高涨,李先念回黄安参加农运,成为当地农运骨干。1927年参加共产党,同年11月参加著名的黄麻起义。在长期的革命斗争中,李先念成为红四方面军重要将领,参加过长征。抗

战爆发后,李先念于1938年底与刘少奇等从延安到中原地区,任鄂豫边区党委军事部长、军委副主席,次年率部挺进武汉外围,建立新四军豫鄂挺进支队、豫鄂挺进纵队。1941年皖南事变后,李先念出任新四军五师师长兼政治委员,指挥部队在汉阳、汉川、沔阳以及武汉四周开展抗日游击战争,部队发展到5万多人。抗战胜利后,李先念任中原野成军司令员,国民党以30万大军包围中原部队,郑位三、李先念等根据中央指示在1946年实施中原突围。

1949年5月16、17日武汉解放,20日在孝感成立中共湖北省委,李先念任省委书记、省人民政府主席,同时兼任湖北省军区司令员、政委。1952年,李先念兼任武汉市市长、武汉市委书记。对湖北武汉的国民经济恢复、社会主义改造做出了巨大贡献。1954年后任国家财政部部长,国务院副总理。1982年在中共第十二届一次全会上当选为中共中央政治局常委。1983年荣任国家主席。

从少年时期在汉口打工到逝世之前的半个多世纪中,李先念与武汉都结下了不解之缘。他成长于湖北武汉,创业于湖北武汉,也建功于湖北武汉,他的史迹遍存在三镇和四郊。

十六、蜡烛精神萧楚女

萧楚女(1891—1927),汉族,原名树烈,又名萧秋,学名楚汝,出生于湖北汉阳。1919年参加五四运动。1922年8月加入中国共产党,同年11月创办重庆公学。1923年6月担任《新蜀报》主笔,该报每天刊出的政论或社论,绝大多数出自萧楚女的手笔。同时,他经常给《向导》《中国青年》撰稿。他的文章,笔锋犀利,战斗性很强,矛头所向,不是"指责土酋军阀",就是"痛骂贪官污吏",连反动派所控制的报刊也不得不赞叹萧楚女的文章是"字夹风雷,声成金石"。

1924年8月,萧楚女任中共中央驻四川特派员,领导重庆社会主义青年团和四川的革命斗争。10月组织四川平民学社,并出版刊物《爝光》。1925年6月戴季陶主义出笼后,专门写成《国民革命与中国共产党》一书,批驳戴季陶对共产党的攻击和污蔑。他还撰文开展了对国家主义派的批判。

1927年4月15日萧楚女在广州被国民党反动派逮捕,4月22日在狱中被杀害,年仅34岁。他生前在农讲所和黄埔军校带病工作时曾说:"同学们,你们想蜡烛不是能放光明吗?做人也要像蜡烛一样,在有限的一生中有一分热发一分光,给人以光明,给人以温暖。"他形象地形容自己的人生观是"蜡烛人生观",并以此自励。他是这样说的,也是这样做的。萧楚女的"蜡烛精神"在共产党人中代代相传。

十七、物理学泰斗朱光亚

朱光亚(1924—2011),核物理学家,湖北武汉人。1945年毕业于西南联合大学物理系。1949年获密执安大学物理学博士学位。中国科学院院士。

我国核科学技术的主要开拓者之一,参与组织领导了我国原子弹、氢弹的研制及历次核试验,为我国两弹一星事业的创建与发展做出了重大贡献;参与组织领导了秦山核电站筹建、放射性同位素应用开发研究、国家高技术研究发展计划的制订与实施及国防科技与武器装备发展战略研究等工作。1985年获国家科技进步奖特等奖。1994年当选中国工程院院士。1999年获"两弹一星"功勋奖章。

曾任全国政协副主席、国家科教领导小组成员、国务院学位委员会副主任委员、中国科学技术协会主席、中国工程院首任院长,以及总装备部科技委主任、中国科学技术协会名誉主席、中国工程院主席团名誉主席。因病于2011年2月26日10时30分在北京逝世,享年87岁。

十八、中国铁娘子吴仪

吴仪,女,汉族,1938年生,湖北武汉人。1962年4月加入中国共产党,1962年8月参加工作,北京石油学院石油炼制系炼油工程专业毕业,大学学历,高级工程师。曾任第十六届中央政治局委员、国务院副总理。

在国际谈判桌上,吴仪以其机智、干练和强硬,赢得"中国铁娘子"的美誉。1991年,中美进行知识产权谈判。一开场,美国人态度嚣张:"我们是在和小偷谈判。"吴仪闻后,立即予以反击:"我是在和强盗谈判,请看你们博物馆里的展品,有多少是从中国抢来的?"她犀利的回答让对手意识到"这个女人不简单"。美国前商务部长埃文思评价她说:"她总是面带微笑,可这微笑中能让人感到她坚强的神经和工程师般的思维。"

第二节　武汉之文化

当华夏族在黄河流域以领先的地位主宰沉浮时,楚族也在一隅之地发展壮大。熊绎绝不自甘落后,苟且求安,虽为国之君,出门却乘粗陋的柴车(筚路),身着破旧的麻布衣(褴褛),率领大家在方圆不足百里的穷乡僻壤中开拓基业,尽忠于周天子,尽心于楚子民。于是"筚路蓝缕"作为中华民族艰苦创业的象征进入典籍,激励后人。春秋之际,中原战乱,周室四顾不暇,楚国迅速东进,楚国名列"春秋五霸",成为空前庞大的南方第一国。据说,楚庄王东征西伐,曾在武昌东湖的鼓架上击鼓督战,大有问鼎中原之势。

武汉地区楚文化的覆盖区和发展区,是楚文化向东南伸展的通道。楚由熊绎传至熊渠(公元前约800年)整军经武,实力大张。熊渠挥师东进,开拓江汉地区,

当时江汉地区诸多小的方国和土著蛮夷,或被征服,或被招抚。熊渠进克鄂(今鄂州和武昌一带),封次子熊红为鄂王。此时,武汉地区被纳入楚国疆域。

提起楚文化,人们更多地想到《楚辞》。楚文化的成就和顶峰首推《楚辞》。在《楚辞》之前,江汉地区就有不少广为流传的民歌和诗,《诗经》中均有载录。中国文学史上极珍贵的《越人歌》"今夕何夕兮,搴舟中流。今日何日兮,得与王子同舟"即是鄂君子晳在鄂邑(武昌就在鄂邑的范围之内)采风而录传。楚地的民歌和诗滋养了《楚辞》。

一、编钟和湖北省博物馆

要了解楚文化,自然要联想到楚文物典藏最多的湖北省博物馆。该馆位于武昌东湖之滨,占地面积9100平方米,其中陈列大楼面积3000平方米,实际展览面积为1600平方米。馆内藏有历史文物20多万件,已整理入库珍藏的有4万件,陈列展出的有商周青铜器、盛楚漆木器具、秦时竹简、历史名人字画、郧阳猿人及长阳人齿化石,尤以曾侯乙编钟、越王勾践青铜剑、吴王夫差矛、二十八宿天文图等珍品举世瞩目。馆藏图书资料有10余万册,许多为善本和孤本。建馆30多年来,主持或参与发掘的古文化遗址约百处、古墓葬8000余座。在文物征集、考古发掘、陈列展览的同时,还整理出了多项研究成果。特别值得一提的是馆藏编钟,它是中华国宝、世界精华。1977年秋,随州市驻军某部在建造营房时发现了曾侯乙墓,次年,湖北省文物考古工作者对此进行了发掘。博物馆序厅中央按1∶10比例制作的曾侯乙墓模型,如实地反映了该墓的结构以及数量巨大的珍贵随葬品和放置位置,墓内出土的青铜礼器与用器、兵器、车马器、金玉器、漆器、乐器以及竹简等有15 000余件,许多都是罕见的珍器。

1983年8月,湖北省歌舞团创作演出的《编钟乐舞》在武汉首演,"音震中外,好评如潮"。1985年5月,《编钟乐舞》赴日本为筑波国际科学技术博览会"中国日"庆典演出,受到与会几十个国家、地区友人的赞誉。博览会负责人说:"博览会举行过13个'国庆日'庆典演出,从没有出现过'中国日'这样的盛况。"《编钟乐舞》的构思,正是源于曾侯乙墓出土的"金、石、丝、竹、匏、土、革、木"8类125件古乐器,特别是其中的65件青铜编钟。

二、汉剧和楚剧

武汉的汉剧和楚剧具有浓郁的地域文化特色。

1. 汉剧

汉剧,本名汉调,旧名楚调,又名黄腔,1914年改名汉剧,是湖北主要的大型古老剧种。我国四大声腔中的皮黄腔,是西皮、二黄在湖北结合形成和发展起来的。西皮源于陕西梆子,传入鄂西北后演变为襄阳腔,然后发展成为西皮;二黄来自安徽。皮黄结合,成为历史悠久的汉剧,距今已有 200 多年的历史。

汉剧早期同徽剧经常相互影响。在发展过程中形成荆河、襄河、府河、汉河四大流派。对湘剧、川剧、赣剧、粤剧、桂剧、滇剧等及本省地方小戏的形成和发展都有影响。清嘉庆、道光年间,汉调流传到了北京,加入徽调班社演唱,逐渐融合演变而形成京剧。

汉剧角色分为一末、二净、三生、四旦、五丑、六外、七小、八贴、九夫、十杂共十行。名角有余洪元、李罗克、吴天保等。当代的陈伯华是健在的汉剧大师,在艺术界声望很高。

汉剧传统剧目号称八百出,其中有案可查的约六百多出。新中国成立以来,整理了《宇宙锋》《二度梅》《窦娥冤》《打花鼓》等传统剧目,移植了《柜中缘》《屈原》及现代戏《借牛》等剧目,创作了《血债血还》等剧目,推动了汉剧艺术的改革发展,在群众中影响较大。其中,《宇宙锋》曾荣获第一届全国戏曲会演演出奖、表演奖和演员奖,还有《二度梅》《留住汉宫春》《审陶大》《借牛》《闯王旗》等优秀剧目,由于深受群众欢迎,已先后摄制成戏曲艺术影片,在群众中广为流传,为汉剧之花增添了新的光彩。

2. 楚剧

楚剧,是湖北黄陂、孝感一带的花鼓戏,原称黄孝花鼓,又称西路花鼓,1926 年改名为楚剧。黄孝花鼓的历史,可追溯到 130 年以前。它的产生,当不晚于清道光年间,是在黄陂、孝感一带的竹马、高跷等民间歌舞及鄂东哦呵腔的基础上发展形成的。原为人声帮腔,锣鼓伴奏,1902 年进入武汉后,受到汉剧、京剧的影响,逐步发展提高,1923 年改为丝弦伴奏。

楚剧传统剧目约 300 个。经过整理的《葛麻》《百日缘》《吕蒙正泼粥》《打豆腐》《杨绊讨亲》《白扇记》《吴天寿观书》《赶会》及现代戏《双教子》《追报表》等,影响较大。其中《葛麻》曾荣获第一届全国戏曲会演剧本奖和演出奖,并拍成影片;《赶会》《吴天寿观书》《打豆腐》《杨绊讨亲》《白扇记》等分别拍摄成资料片。现代戏《刘介梅》《双教子》《追报表》已拍成舞台艺术片。这些剧目,大多取材于农村生活和民间传说故事,一部分取材于历史故事;可分为正剧、悲剧、讽刺喜剧、闹剧等,语言质朴,通俗易懂,具有浓厚的乡土气息和强烈的人民性。

楚剧的表演艺术在小旦、小丑对子戏的基础上,发展成为正旦、花旦、小旦、老旦、窑旦、小生、老生、丑、花脸等行当。

三、武汉宗教文化

1. 武汉四大佛教丛林

归元寺与宝通寺、古德寺、莲溪寺,合称"武汉四大佛教丛林"。所谓丛林,意为众僧聚居一处,有如众木相依为林;凡有佛寺的地方,必有郁郁葱葱的林木相回护,形成一片特殊的丛林。

(1) 归元寺

归元禅寺始建于1658年,坐落在武汉市汉阳区翠微路西端,为武汉佛教的四大丛林之一。归元禅寺属于佛教禅宗五家七宗之一的曹洞宗,故称归元禅寺。同时还是武汉市佛教协会的所在地。此地素有"汉西一境"之称,明清之际,即是一处风景秀丽之地。自建成归元寺,向有"百尺茂林,千竿修竹,红分日刹,绿绕云房"之誉。现仍保持殿阁巍峨,林木葱蔚,是武汉市保存较好的一座古代寺庙。寺名"归元",其意有二:一说出自佛经《楞严经》"归元无二路,方便有多门";一说出自《汉阳归元寺三塔碑铭》,它把《易经》上的"一元"之义揉到了"归元"之中。"白光、主峰二师,即凤山葵园之地,创建丛林,额曰'归元',盖以宗门有万法归一之旨,谓一者元也。乾元坤元乃资始资生之道。"

(2) 宝通寺

宝通寺坐落在武昌洪山南麓,为历世清净佛刹,是三楚第一佛地,是武汉市佛教四大丛林之一,也是武汉现存最古老的寺院。寺院占地11万多平方米,是中南地区城市中占地面积最大的寺院,其规模之大、殿堂之宏伟为武昌诸刹之首。寺中的洪山宝塔,更是远近闻名。

洪山原名东山,在南北朝时期即建有寺庙,当时称东山寺,距今已有1400多年。630年尉迟敬德封鄂国公,奉命修建鄂州(今武昌)城时,在东山寺基础上扩建寺宇,铸造铁佛,更名弥陀寺。南宋理宗嘉熙年间,抗金名将枣阳人孟珙出任荆湖制置使,为避兵乱,与民兵都统张顺将随州大洪山之幽济禅院尊众(即多尊佛像)迁来武昌东郊,连同灵济慈忍大师的"佛足"及历朝所颁告敕一起安置在弥陀寺,并奏请赐寺名为"崇宁万寿寺",同时将"东山"改名为"洪山"。

(3) 古德寺

古德寺,位于武汉市汉口黄浦路上滑坡74号。古德寺混合了欧亚宗教建筑的特色,融大乘、小乘和藏密三大佛教流派于一身,在汉传佛寺中实属罕见,堪为"佛教圣地一大奇景""汉传佛寺第一奇观",具有很高的建筑、文化和历史研究价值。

古德寺的历史比宝通寺、归元寺、莲溪寺均短。1877年(清光绪三年),今汉口解放大道东段、黄浦路北段一带还是一片坡地。有位法号隆常的禅师在此建起一座小小的寺庙,名"古德茅蓬",他便是古德寺的开山祖。随着后湖的变迁,前来烧香的人一天天多起来,至1905年进行首度扩建。民国初年,昌央法师主持扩建,定名古德禅寺,有"心性好古,普度以德"之意,并由黎元洪亲自题写匾名。1921年秋,开始大规模的扩建,重修大雄宝殿及其他殿宇,塑造大小佛像多尊。1931年汉口大水时被淹没,水退后又继续修复,前后历时13年乃告竣工。

(4) 莲溪寺

莲溪寺是武汉目前唯一的一座佛教"女众丛林"——尼姑庵。它创建于元末明初,原址位于武昌大东门外7.5公里的蟠龙山。

莲溪寺以莲花道场著称于"武汉四大佛教丛林"中。1911年该寺奏准藏经,所藏佛经珍品直到"文革"前仍保存完好。同时还藏有墨玉观音、紫金钵等稀世珍宝。莲溪寺还是佛学教育基地。1928年在体空和尚主持下,筹集资金开办著名的华严大学,聘请性沏、机通、体如等法师为教职员,三年内为佛门培养弟子30多名,遍及海内外,是当时全国最高的佛学学府。

2. 武汉四大道教圣地

与"四大佛教丛林"相对应,武汉还有"四大道教圣地",分别是长春观、元妙观、武当宫及大道观,这里曾经是黄冠道教中人的"洞天福地"。

(1) 长春观

武汉长春观位于武昌大东门东北角双峰山南坡,是我国道教著名十方丛林之一。传说道教的祖师老子曾经在这里停留,早在公元前3世纪这里就开始有道教建筑出现。元朝时,全真派著名的代表人物丘处机来到这里修炼和传教,使它的规模进一步扩大,因为丘处机被称为长春真人,所以道观就称为长春观。自建立以来,长春观的影响就不断扩大,在明朝和清朝又继续扩建,形成现在的规模。它坐北朝南,依山而建,主要建筑有山门、灵官殿、太清殿、三皇殿等,布局紧凑,规模宏大。

长春观藏有被视为道教珍宝的全套明版《正统道藏》,加之神像、神龛、法器、匾额完整齐全,陈设古雅,故被誉为"江楚名区,道子云集之处,黄冠皈依之所"。观内尚存有白鹤闻经声飞来栖止的"来鹤轩";双手捧净瓶,仪态端庄的"慈航大士";镌刻着"长春琼玑""天皇宝诰"的功德祠壁;十方救苦难的子午钟亭,终南修道后游历江湖的吕洞宾显化的"还丹井"等。

(2) 元妙观

汉阳有一处"曲径通幽"之地,便是道教圣地元妙观。元妙观始建时在汉阳县治东边,南宋理宗淳祐年间(1241—1252),当地官府委托中妙真人叶靖庵重新修建,元末毁于兵燹。明洪武初年,赵廷兰任县令时,该观移至城西。1383年,"楚昭王有疾",官府"大修境内名地"。此间,元妙观在荆州江陵副都纪王智明羽士的主持下,做规模空前的扩建与修葺,殿庑门阁皆精丽,汉阳府管理道教事务的地方衙门"道纪司"设置于观内,著名道士韩明善曾在道纪司任职。

（3）武当宫

武当宫是武汉道教四大圣地中唯一冠以"宫"为名的道观。素有"乾坤秀萃之所,神灵之宅"之誉。据《大岳太和山纪略》载,位于湖北省均县以南（今十堰）的道教洞天福地武当山,不仅自然景色奇秀,而且各路神仙、羽士云集,自1274年（元至元十一年）武当山道士鲁大宥由北方访全真道归故里,与汪真常在武当山传全真道法,度弟子百余人,至此,武汉方始有全真道活动。素有"五里一庵十里宫,丹墙翠瓦望玲珑"之誉的武当山,殿宇大多受明成祖朱棣敕额,亦多以宫命名。相传鲁大宥的弟子发愿来到黄鹄山麓建造了武当山的行院,由此而得名武当宫。同其他道教圣迹一样,武当宫历来受到封建统治者的垂青。武当宫历任住持不仅重乐、贵术,亦好养生之道,且精通中医中药。明代《寰宇通志》载,武当宫原建于武昌平湖门内,即古黄鹤楼东侧,洪武初年续建,1445年重修,1673年（清康熙十二年）进行大规模重建,并立有"重建武当宫碑"。

（4）大道观

近代汉口辟为对外商埠,商贸繁盛的利济路一带,却有一处远近闻名的道教圣地。由于它地处人口稠密的闹市街道,故称作大道观。大道观历史虽不久远,但因地处闹市,一度名声颇大,甚至超过其他道观。

大道观以经忏活动著称于武汉道教界。1945年至1950年间,其经忏活动最为兴盛,每年半月以上的经忏法事多达十几次,小型焰口、斋醮几乎不断。

四、武汉饮食文化

武汉作为中部地区的中心城市,交通便利,商贾云集。随着历史的演进、岁月的沉积,这一地域自然形成了融合东西南北又独具特色的名肴和品种繁多的风味小吃,深受南来北往的宾客以及武汉当地人的喜爱。

1. 武汉菜

武汉是湖北省政治、经济、文化的中心,明末清初即已成为"四大名镇"之一。商业上的繁荣,必定促进烹饪事业的发展。武汉菜是湖北菜的典型代表,它以汉口、仙桃、汉阳、武昌、黄陂、孝感等地风味为基础,吸收了省内外各种风味流派之所长,逐渐形成了自己的独特风格,是湖北菜系的典型代表。

武汉菜选料严格,制作精细,注重刀工火候,讲究配色和造型,以烹制山珍海味见长,淡水鱼鲜与煨汤技术独具一格。口味讲究鲜、嫩、柔、软,菜品汁浓、芡亮、透味,保持营养,为湖北菜之精华。代表菜品有:炸藕夹、黄陂三鲜、菜薹炒腊肉、黄焖圆子、清蒸武昌鱼、莲藕排骨汤等。

(1) 洪山菜薹

洪山菜薹俗称"红菜薹",又名"芸菜薹",色紫红、花金黄,是武汉地区的特产。据史籍记载,红菜薹在唐代是著名的蔬菜,历来是湖北地方向皇帝进贡的土特产,曾为"金殿玉菜",与武昌鱼齐名。它营养丰富且色泽艳丽,质地脆嫩,为佐餐之佳品。洪山菜薹,尤以洪山宝通寺之卓刀泉九岭十八凹一带出产的品质最佳。优质红菜薹只产在洪山,若迁地移植,不仅颜色不同,口味也有差异。

相传民国初年,黎元洪离开湖北,到北京当大总统时,每临冬天,必派专差到洪山来运红菜薹。由于长途大批运输,鲜菜运到北京后,时间一久,菜薹失去原有的色泽和鲜味,较之产地新鲜嫩菜薹当然逊色不少,常使食者感到美中不足。于是有人出谋把洪山的泥土装上几火车皮运往北京试种,结果,菜薹虽长出来了,但色不红、味不鲜。试种失败,更感到洪山菜薹之可贵,以后不得不沿用老办法,用火车成批运转菜薹到北京。

(2) 武昌鱼

武昌鱼是湖北特产,与红菜薹同为"楚天"两大名菜之一,因产于武昌梁子湖而得名。武昌鱼学名"团头鲂",头小体高,面扁背厚,呈菱形;脂肪丰腴,肉味鲜美,汤汁清香,营养丰富,在众多的淡水鱼中,素为珍味佳肴。唐宋诗人岑参、苏轼、王安石等,都留有赞美武昌鱼的诗句。民间烹饪武昌鱼的方法,古代已有蒸、煮、炙等几种。随着时代的发展,烹饪武昌鱼的制作技术有了不断的改进和提高,已有清蒸、油焖、滑溜等多种方法,其中尤以清蒸别具一格、驰名中外。

(3) 黄陂三鲜

武汉黄陂有一句流行语:鳊鱼肥美菜薹香,黄陂三合庆吉祥。黄陂三鲜也称黄陂三合,是武汉市黄陂区的地方传统名肴,属于鄂菜系武汉菜,已经流传数百年。黄陂三鲜制作工艺繁复讲究,精湛细致。三鲜是鱼丸、肉丸、肉糕三样菜合而为一的统称,三样菜既可单独成菜,也可三样合一。在当地过年或红白喜事,都会有黄陂三鲜上席。黄陂三鲜老少皆宜,清爽可口,素有"没有三鲜不成席,三鲜不鲜不算好"之说。

(4) 莲藕排骨汤

莲藕排骨汤是武汉的一道传统名菜,极具地域特色,浓缩了荆楚美食文化的精华,制作原料主要有猪排骨、莲藕等。湖北是千湖之省、鱼米之乡,盛产莲藕。莲藕是武汉市特产,具有独特品质,外观通长肥硕、质细白嫩、藕丝绵长,而且口味香甜、生脆少渣、极富营养,药用食补两宜。莲藕排骨汤算不得汤中的极品,却最为武汉人推崇,武汉人无论节假日还是待客,莲藕排骨汤都是不可或缺的佳肴。

2. 武汉小吃

武汉小吃讲究"色味香形料",其中用料尤佳,不仅主料好,配料也从不含糊,否则做出来的东西就不地道了;其次,制作工艺精细,尤其善于把握"火候";最后就是物美价廉,老少皆宜。武汉的小吃很多,著名的有热干面、豆皮、汤包、烧梅、豆丝、牛肉粉、糯米包油条、糊汤粉、面窝,等等。汉味小吃的新贵要数20世纪90年代崛起的精武鸭脖。

(1) 热干面

热干面是武汉颇具特色的早餐和小吃。武汉热干面与山西刀削面、两广伊府面、四川担担面、北方炸酱面并称为"中国五大名面"。热干面既不同于凉面,又不同于汤面,面条事先煮熟,经过冷和拌油等工序,食用前迅速烫热,再淋上芝麻酱、香油、香醋、辣椒油等调料,增加了多种口味,吃时面条爽滑有筋道、酱汁香浓味美,让人回味无穷。

20世纪30年代初期,汉口长堤街有个名叫李包的食贩,在关帝庙一带靠卖凉粉和汤面为生。有一天,天气异常炎热,不少剩面未卖完,他怕面条发馊变质,便将剩面煮熟沥干,晾在案板上。一不小心,他碰倒案上的油壶,麻油泼在面条上。李包见状,无可奈何,只好将面条用油拌匀重新晾放。第二天早上,李包将拌油的熟面条放在沸水里稍烫,捞起沥干入碗,然后加上卖凉粉用的调料,弄得热气腾腾,香气四溢。人们争相购买,吃得津津有味。有人问他卖的是什么面,他脱口而出,说是"热干面"。从此他就专卖这种面,不仅人们竞相品尝,还有不少人向他拜师学艺。1930年,家在汉口满春路口的蔡明纬夫妇打出"蔡林记"的招牌经营热干面,店名的由来是因蔡家门前有两棵葱郁的大树,取名"蔡林记",寓意蔡家生意兴隆。正如他们夫妇所期盼的那样,"蔡林记"因面好、味正而声名大噪。

热干面对武汉人或在武汉待过一段时间的朋友来说,不再仅是一种小吃,而是一种情怀,未食而乡情浓浓,食之则香气喷喷。易中天先生说过:"热干面是武汉的肯德基。"现在武汉三镇大大小小的餐馆、面食摊上都有热干面供应。热干面还流传到豫南、陕南、赣西、皖西、湘北和川东,以及京、津、沪、渝等地。热干面也和黄鹤楼、归元寺一样,变成了武汉市亮闪闪的"城市名片"。

(2) 豆皮

豆皮是武汉人"过早"的主要食品之一,也是武汉民间极具特色的传统小吃。最初是武汉人逢年过节时特制的节日佳肴,后来成为寻常早点。在武汉,以老通城的三鲜豆皮历史最为悠久,也最负盛名,素有"豆皮大王"之誉。外地人到武汉,皆以能吃到老通城的豆皮为快。毛泽东曾品尝数次,赞不绝口。老通城豆皮制法:将绿豆、大米混合磨浆,在锅里摊成薄皮,内包煮熟的糯米、肉丁、鲜蛋、鲜虾仁等馅料,用油煎制而成。其皮金黄发亮,入口酥松嫩香。

老通城是1929年汉阳人曾厚诚开办的。1947年,抗战胜利,曾厚诚从大后方回武汉,在原址复业,改招牌为"老通城"食品店。1953年,曾厚诚去世,他的子女都是革命干部,不愿继承,请求国家接管。1955年元旦,老通城成为武汉第一家私营改国营的商店。同年11月,奉市委指示,在惠济路口开设了一个支店,1958年4月3日和9月12日,毛泽东先后来支店品尝了三鲜豆皮,留下了"国营要更好地为人民服务"的教导,成为老通城店史上最光辉的篇章。

(3) 汤包

汤包是武汉著名的小吃,以四季美汤包最负盛名。四季美汤包馆开办于1922年,四季美汤包是在苏式汤包的传统做法基础上不断改进形成的。其制馅讲究,选料严格,先将鲜猪腿肉剁成肉泥,然后拌上肉冻和其他佐料,包在薄薄的面皮里,上笼蒸熟,肉冻成汤,肉泥鲜嫩,佐以姜丝酱醋,异常鲜美。这种汤包具有皮薄、汤多、馅嫩、味鲜的武汉风味特色,有虾仁汤包、香菇汤包、蟹黄汤包、鸡茸汤包、什锦汤包等品种,花样繁多,风味独特。

(4) 面窝

面窝是武汉的小吃之一,也是武汉特有的,创始于清光绪年间(1875—1909)。当时汉口汉正街集家嘴附近有个卖烧饼的,名叫昌智仁,看到烧饼生意不好,就想办法创制新的早点品种。经过反复琢磨,他请铁匠打制了一把窝形中凸的铁勺,内浇用大米、黄豆混合磨成的米浆,撒上黑芝麻,放到油锅里炸,很快就做出一个个边厚中空、色黄脆香的圆形米饼。人们觉得很别致,吃起来厚处松软,薄处酥脆,很有味道。昌智仁称之为"面窝",至今流传了一百多年,成为一种价廉物美的特色早点。

(5) 烧梅

烧梅是武汉的传统小吃和早点。烧梅在中国各地都有,只是各地的叫法不同,武汉名小吃重油烧梅也就是北方的烧麦。武汉的烧梅与北方的烧麦馅料上没多大区别,不同的是武汉的烧梅很有特色,讲究重油里面放肉丁、香菇和笋,还有一味绝美调料黑胡椒。黑胡椒放得多有点辣,但是绝对香浓、滑糯。

(6) 豆丝

豆丝是武汉市黄陂区的三大特产之一,也是武汉八大名吃之一。豆丝是以绿豆、大米等为原料,磨碎成浆,在锅里摊成皮,切成丝,有汤豆丝、干豆丝、炒豆丝等多种吃法。

(7) 欢喜坨

欢喜坨又称欢喜团、麻圆,为湖北武汉、荆州、仙桃、天门等地的特色传统小吃。欢喜坨在武汉已有百余年历史,它是用糯米粉滚成圆团,再裹上一层芝麻,炸熟后外脆内软,外焦里嫩,咬一口,一声脆响后糖汁四溢,满嘴芝麻香。

(8) 糯米鸡

糯米鸡是武汉的传统小吃,任何有油炸点心的过早摊点一般都会有糯米鸡供应。糯米鸡由糯米、五花肉、香菇、豆干等经蒸煮、搅拌、裹面、油炸等工序而成。炸好后的糯米鸡外表金黄焦脆,凸凹不平,形如鸡皮,内里绵软有肉香,故而由此得名。

(9) 鲜鱼糊汤粉

鲜鱼糊汤粉是武汉特有的传统小吃,是与油条相搭配的小吃品种。糊汤粉的粉就是普通的圆米粉,它的独特就在于这糊汤上。糊汤粉的汤汁,是用两三寸长的野生小鲫鱼熬制成的。熬制出的鱼汤味鲜汁浓,鱼肉、鱼骨全融进了汤里,再配以胡椒、香葱,一碗鲜鱼糊汤粉扑面而来的是水乡泽国、鱼米之乡的气息和味道。

(10) 精武鸭脖

精武鸭脖是武汉最有名的传统小吃,因为起源于汉口的精武路而得名。精武鸭脖是将川味卤方改进后用在鸭脖卤制上,具有麻辣鲜香的风味,所以很快成了武汉人喜爱的名小吃。

3. 武汉特色美食街

"过早户部巷,宵夜吉庆街"成为武汉饮食文化的生动代表。武汉的特色美食街数不胜数,著名的有户部巷、江汉路、武汉天地、吉庆街、雪松路、兰陵路、楚河汉街、长提街、大成路、虎泉街、玫瑰街、石牌岭、二七路、统一街、粮道街等。

参 考 文 献

[1] 司马迁.史记[M].北京:中华书局,1959.
[2] 左丘明.左传(见十三经注疏)[M].北京:中华书局,1980.
[3] 张正明.楚史[M].武汉:湖北教育出版社,1996.
[4] 王葆心.汉浒金石小记、汉口竹枝词、一梦缘三种合刊[M].武汉:武昌益善书局,1933.
[5] 扬铎.汉口外国租界的产生和收回简述[J].武汉文史资料,1980(01).
[6] 潘新藻.武汉市建制沿革[M].武汉:湖北人民出版社,1956.
[7] 黄陂县文化馆.黄陂县作京城遗址调查简报[J].江汉考古,1985(12).
[8] 皮明庥,欧阳植梁.武汉史稿[M].北京:中国文史出版社,1992.
[9] 湖北省文物考古研究所.盘龙城:1963—1994年考古发掘报告[M].北京:文物出版社,2001.
[10] 皮明庥,陈钧,李怀军,等.武汉通史精要连载之一　沧海桑田 文明曙光——从"汉阳人"到三苗[J].学习与实践,2005(03).
[11] 王铁崖.中外旧约章汇编(第1册)[M].北京:三联书店,1957.
[12] 张正明.楚文化史[M].上海:上海人民出版社,1987.
[13] 王光镐.楚文化源流新证[M].武汉:武汉大学出版社,1988.
[14] 吴永章.湖北民族史[M].武汉:华中理工大学出版社,1990.
[15] 杨宝成,黄锡全.湖北省考古发现与研究[M].武汉:武汉大学出版社,1995.
[16] 皮明庥.武汉通史[M].武汉:武汉出版社,2008.
[17] 涂文学,刘庆平.图说武汉城市史[M].武汉:武汉出版社,2010.
[18] 涂文学.近代武汉城市文化散论[M].香港:香港天马出版有限公司,1995.
[19] 方知今.武汉会战纪实[M].北京:中国友谊出版公司,2015.
[20] 涂文学.沦陷时期武汉的经济与市政[M].武汉:武汉出版社,2007.
[21] 政协武汉市委员会文史学习委员会.武汉文史资料文库 第三卷(工商

　　　　经济)[M].武汉:武汉出版社,1999.
[22] 中共武汉市委,武汉市人民政府.武汉 2049[M].武汉:武汉出版社,2014.
[23] (美)埃德蒙·N.培根.城市设计(修订版)[M].北京:中国建筑工业出版社,2003.
[24] 顾朝林.都市圈规划:理论·方法·实例[M].北京:中国建筑工业出版社,2007.
[25] 董玉梅.历史的印章——武汉老地名[M].武汉:武汉出版社,2008.
[26] 彭建新.凝固的记忆——武汉老街巷[M].武汉:武汉出版社,2008.
[27] 武汉市政协文史学习委员会,等.品读武汉文化名人[M].武汉:武汉出版社,2010.
[28] 皮明庥,郑自来.武汉[M].北京:旅游教育出版社,2001.
[29] 武汉市人民政府文史研究馆.武汉名城话古今[M].武汉:武汉出版社,1987.
[30] 徐明庭.武汉风情[M].武汉:华中科技大学出版社,1992.